实用汽车维修技术丛书

汽车涂装技术

黄明祖 编著

·广州·

版权所有　翻印必究

图书在版编目（CIP）数据

汽车涂装技术/黄明祖编著. —广州：中山大学出版社，2020.12
（实用汽车维修技术丛书）
ISBN 978 - 7 - 306 - 07005 - 0

Ⅰ.①汽…　Ⅱ.①黄…　Ⅲ.①汽车—涂漆—技工学校—教材　Ⅳ.①U472.44

中国版本图书馆 CIP 数据核字（2020）第 206223 号

QICHE TUZHUANG JISHU

出 版 人：	王天琪
责任编辑：	熊锡源
封面设计：	曾　婷
责任校对：	袁双艳
责任技编：	何雅涛
出版发行：	中山大学出版社
电　　话：	编辑部 020 - 84110283，84113349，84111997，84110779，84110776
	发行部 020 - 84111998，84111981，84111160
地　　址：	广州市新港西路 135 号
邮　　编：	510275　　传　真：020 - 84036565
网　　址：	http://www.zsup.com.cn　E-mail：zdcbs@mail.sysu.edu.cn
印 刷 者：	广州一龙印刷有限公司
规　　格：	787mm×1092mm　1/16　15.5 印张　377 千字
版次印次：	2020 年 12 月第 1 版　2020 年 12 月第 1 次印刷
定　　价：	48.00 元

如发现本书因印装质量影响阅读，请与出版社发行部联系调换

前　　言

随着汽车工业的高速发展和汽车产量的逐年猛增，汽车涂装技术专业技能型人才的缺口也越来越大。这类人才不仅能动手操作，还能动脑进行管理和创新，是企业的技术骨干和社会急需人才。因此，各汽车制造厂、汽车改装厂和汽车修理厂等企业，将涂装技术专业技能型人才视如至宝，不惜高薪聘请，以期改善汽车外观的装饰性和提高产品价值。但是，近几年涂装技术专业技能型人才非常紧缺。为此，目前各中高职院校正在想方设法增开"涂装专业"技术课程，以及时为企业和社会培养专业技能型人才，满足企业和社会的需求。

教材建设作为汽车专业教育的关键环节之一，肩负着无可替代的重大使命，当前的教育教学标准要求我们的教材建设必须适应新的院校教育情势与社会人才需求情势。职业教育的专业教材必须针对学生自身特点，按照技能人才培养模式和培养目标，以应用性职业岗位需求为中心，以素质教育、创新教育为基础，以学生能力培养、技能实训为本位，使职业资格认证培训内容和教材内容有机衔接，全面构建适应21世纪人才培养需求的汽车类专业教材体系。

有鉴于此，我们结合目前国内外汽车涂装行业采用的新技术、新工艺、新材料，查阅了大量的相关技术资料，编写了这本《汽车涂装技术》。本书分为六个章节，包括汽车涂装基础知识、汽车涂装材料及涂装设备、汽车常规涂装工艺、汽车车身及塑料件典型涂装修复、汽车车身护理常识、汽车漆施工常见问题及对策等，系统地介绍了涂装工艺的相关知识。本书兼具专业性与实用价值。

编写本书的目的，一是为中高职院校培养技能型人才提供一本实用教材，二是为汽车制造业、汽车改装业、汽车修理业等行业的涂装技术人员提供重要参考资料。但限于编者的水平及经历，全书内容难以覆盖整个汽车涂装行业，疏漏、不当之处在所难免，敬请读者提出宝贵意见。

目　录

项目1　汽车涂装基础知识 ·· 1
　　任务1　汽车漆面基础知识 ·· 1
　　任务2　汽车涂装技术简介 ·· 4
　　任务3　环境保护与人身保护 ··· 8

项目2　汽车涂装材料及涂装设备 ·· 18
　　任务1　车身表面涂装材料 ·· 18
　　任务2　涂装工具与设备 ··· 35

项目3　汽车常规涂装工艺 ·· 66
　　任务1　清洁 ·· 66
　　任务2　损伤评估 ··· 69
　　任务3　研磨羽状边 ··· 73
　　任务4　底漆施工 ··· 76
　　任务5　原子灰施工 ··· 80
　　任务6　中涂漆施工 ··· 90
　　任务7　面漆施工 ··· 95
　　任务8　抛光工艺 ··· 104
　　任务9　调色技术 ··· 118
　　任务10　驳口工艺 ··· 134

项目4　汽车车身及塑料件典型涂装修复 ·· 147
　　任务1　汽车整装涂装修复 ·· 147
　　任务2　汽车车身典型损伤涂装修复 ·· 153
　　任务3　汽车塑料件的漆装修复 ··· 163

项目5　汽车车身护理常识 ·· 170
　　任务1　洗车 ·· 170
　　任务2　汽车玻璃的清洁维护 ·· 179
　　任务3　打蜡与抛光 ·· 187

　　任务4　汽车车身清洁护理 ································· 191
　　任务5　特殊装饰效果 ····································· 194
　　任务6　汽车油漆护理实务 ································· 202
项目6　汽车漆施工常见问题及对策 ···························· 212

项目1　汽车涂装基础知识

任务1　汽车漆面基本知识

一、漆面结构

附着在汽车外壳金属上的漆面一般由 4 个层次构成，即防锈漆、底漆、色漆和光油，一般厚度为 0.25～0.45 mm（亚洲国家车漆厚度为 0.25 mm，欧美国家车漆厚度为 0.45 mm）。

（1）防锈漆：主要是在金属表面形成一层保护膜，防止金属生锈。

（2）底漆：进一步防锈，促进漆层之间的黏合力，增加漆膜厚度。

（3）色漆：改善漆面质量，增加耐厚性，美化车身。

（4）光油：是一层透明的漆，既保持色彩鲜艳持久，又能耐磨不变花，犹如在照片上压了一层塑料膜。

二、普通漆与透明漆

为了便于理解，可以大致把汽车漆划分为普通漆和透明漆（镜面清漆）。

一般来说，两种漆具有相同的结构，即金属材料—电解漆—底漆—色漆，但透明漆还多一层，即一种通常用聚氨酯或氨基甲酸酯形式的透明表层——透明漆。

透明漆是车漆最外表的透明层，它是用以保护下层的色彩漆和为了美观而使用的新型涂料，欧美和亚洲国家的中高档车基本都用透明漆。

普通漆与透明漆的识别方法如下：

方法一：目测。透明漆光泽的层次比普通漆要深。

方法二：实验。用湿布沾一点研磨剂在车身不显眼处磨几下，布上若有颜色，则是普通漆；反之，则是透明漆。

目前采用的透明漆材料有 4 种：氨基甲酸酯、聚氨酯、氟、聚酯。透明漆有以下几个主要特点：

（1）透明漆美观，光泽度很高，但容易出现划痕。如果洗过车子后，用稍有些发硬的毛巾或麂皮去接触车，结果会发现发丝划痕。

（2）透明漆一般含有减少紫外线照射的保护功能（色漆不含此功能），只要透明层完好无损，它便可有效地延缓色漆的老化（褪色）。

（3）透明漆护理的好坏，一般通过"倒影线条"反映。拿一张报纸放在汽车漆面前，若能从透明漆反射的影中读报，说明此车的透明漆有影深，表层也光滑如镜，而普通漆则没有这种效果。

（4）与普通漆相比，透明漆更容易遭受环境的侵蚀。可对透明漆形成伤害的有害物质包括车尾气中释放出的二氧化碳的炭黑，飞机航空油中飘落的杂物以及酸雨、酸雾、酸雪等。一旦这些杂物飘落并吸附在车上，与空气中的水分结合，就会变为具有腐蚀性的酸性溶液，对透明漆造成腐蚀。经过日晒，日光中的紫外线发挥加温作用，便使其发生化学反应，侵蚀汽车漆的保护层。这种腐蚀在短期来看并不明显，但若长期不进行汽车漆面护理，这种日积月累的化学反应最终可能会侵蚀到色彩层、底漆层和金属材料。

东南亚国家的车漆硬度是 2H，厚度是 0.25 mm；欧美国家的车漆硬度是 4H，厚度是 0.45 mm。它们的差别这么大，是因为欧美国家风沙大，汽车在行驶时车漆容易受到伤害，所以欧美国家车漆喷涂得厚而扎实，但比较粗糙，像橘皮；而东南亚国家的车漆则较为平滑光亮。

三、车身漆面的类型划分

1. 按车身漆面的形成条件划分

（1）原车漆面：新车涂漆经过 200 ℃ 高温烘烤，干燥固化后，形成镜面光泽透亮、膜质坚硬的涂层。由于新车在全自动化生产线上完成涂装，环境洁净、无粉层污染，保证了新车漆面洁净无瑕疵。

（2）修补漆面：采用压缩空气法。因修补部位、面积、涂料及操作技术水平的不同，修补的漆面质量或多或少存在瑕疵，通常纹理不均匀、呈橘纹状，并伴随有尘粒。

2. 按漆面劣化、损坏的程度划分

（1）新车漆面：汽车生产厂家会在新车出厂前在车漆表面涂上一层保护蜡，这种蜡体中含有石蜡、树脂以及特氟隆等材料，可以对车身维持一年的防腐保护。如果过早对新车打蜡，反而会把新车表面的原装蜡除掉，造成不必要的浪费，一般新车三个月内不必急于打蜡。对新车漆面进行首次护理时，必须使用专业的开蜡水对车漆做开蜡处理，此后车辆应当按期坚持进行汽车美容专业护理。不规范、不专业的洗车和打蜡会加剧汽车漆面的老化速度，或对漆面造成额外伤害。

（2）轻微损伤漆面：外界环境如紫外线、有害气体、酸雨、盐碱气候、制动盘与蹄片磨损产生的粉尘及马路粉尘等会对漆面形成氧化层，造成漆面哑光或老化。这些轻微损伤通过专业的美容护理即可恢复汽车洁亮如新的效果。

（3）擦伤的漆面：损伤仅仅伤及外表面，钣金未变形，漆面无刮花划痕。

（4）划花漆面：划痕深入漆膜，但可经过专业美容如打蜡、抛光、研磨等来修复，如果划痕过长、过深且面积较大，则应修补漆面。

（5）碰伤漆面：应先修复钣金，再修补漆面。

（6）劣质老化的漆面：漆面经过日晒雨淋而严重老化，深色车漆发白、褪色，白色车漆泛黄，甚至有些车漆漆面龟裂，此时就必须进行重新涂装。

四、车漆的基本保养

相对金属而言，车漆的硬度低得多，因此，很容易被损伤，这样就要求平时更好地保

护汽车车身漆膜，并应注意以下事项：

（1）避免对漆膜进行强烈冲击、磕碰和刮伤，尤其要注意避免在行车中与尖硬物体划碰。

（2）擦洗车时，要用干净柔软的擦布、海绵进行。擦布和海绵内要防止混入金属屑和沙粒等，以免擦伤漆膜。

（3）不要用带有有机溶剂的擦布擦洗外表，并且不要把这种擦布或物品放在漆膜表面上。

（4）不要让人用脏手乱摸车身漆膜，因手上污物亦会伤害漆膜，并且脏手印留在漆膜上也较难消除。

（5）若有可能，轿车应停放在车库或阴凉的地方，避免日光的直接曝晒。

（6）若无大的损坏，不要轻易进行二次喷漆，以防止结合不好，导致漆膜脱落。

（7）冲洗车辆时，尽量少用碱水。用了碱水亦应及时用清水冲净，防止碱水对漆膜的腐蚀。

（8）对于车漆常出现的一些"病症"，用 AUSTO 漆面护理系列产品来护理，是一种极佳的护理方法。

五、普通漆研磨剂和透明漆研磨剂

研磨剂是一种含有摩擦材料的研磨用品，根据使用范围的差异，可分为普通漆研磨剂和透明漆研磨剂。

1. 普通漆研磨剂

普通漆研磨剂中作为摩擦材料的一般都是坚固的浮岩。根据浮岩颗粒的大小，可分为深切（或称重度）、中切（或称中度）和微切（或称轻度）三类，主要用于处理普通漆不同程度的氧化、划痕和褪色等漆膜缺陷。浮岩颗粒含有蜡、硅，其主要特点是坚硬、研磨速度快。但是颗粒中含有的硅不能进入漆房，因为硅颗粒一旦进入漆房，便会在空气中沉淀。此外，这些颗粒一般不会在研磨中产生质变，坚硬的浮岩如果用在透明漆上，很快就会把透明漆层打掉，因此普通漆研磨剂不适合用于透明漆的研磨上。

普通漆研磨剂有以下三种类型：

（1）普通漆微切：最细的一种，约等于1200号砂纸的功效。

（2）普通漆中切：研磨材料的颗粒要大于微切，约相当于1000号砂纸的功效。

（3）普通漆深切：一般呈橘黄色或红色，切割功能极强，但对漆造成的磨损也很大，相当于600号、800号砂纸的功效。

2. 透明漆研磨剂

进入21世纪，人们研发出一种新的研磨剂，叫作透明漆研磨剂。透明漆研磨剂中的摩擦材料有了很大的革新，微晶体物和合成磨料或陶土替代了浮岩，它们的切割功能依旧存在，但不像浮岩那样坚硬，所以对漆面伤害很小。在一定的热量下，新型的摩擦材料可通过化学反应变小或变无。透明漆研磨剂主要用于填充凹凸不平的漆面和修复漆面的细微划痕。这种研磨剂不仅适用于透明漆，也同样适用于普通漆。在国外，许多汽车护理人员已经完全抛弃了传统的研磨材料，因为他们接触更多的是车的金属层、原子灰层和底漆层。在处理这些漆层时,透明漆研磨剂在速度上与传统研磨剂相比要稍微逊色。虽然传统的普通漆研磨剂还在被广泛使用,但新型的通用型研磨剂正在逐渐取代它们的位置。

目前国内可见的透明漆研磨剂有:

(1) 透明漆微切:透明漆研磨剂中最细的一种,约相当于1500号砂纸的功效。虽然细,但它仍会留下发丝状划痕,所以还需要用更细的抛光剂去完善表面涂层的光泽度。

(2) 透明漆中切:相当于1200号砂纸的功效,有较强的切割功能,对车漆又不会造成太大的磨损,使用后须抛光还原。

(3) 透明漆深切:因为透明漆的一些特性,许多厂家干脆不提供用于透明漆的深切产品。透明漆要求切割速度快,相当于800号、1000号砂纸的速度和功能,但不能对车漆造成较大的磨损(因为透明漆比较"娇气")。因此,透明漆深切在使用上也很有特色,不熟练的人不敢用,使用惯了的人离不开它。许多有经验的技师包括习惯使用普通漆深切的人都对它爱不释手。的确,只要能正确掌握切割速度、方法及配套设备,知道怎样"还原"它所造成的摩擦痕,透明漆深切可省时、省力、省成本。在产品的分类上,需要说明的是,大部分厂家或经销商并没有很清楚地把研磨材料的等级标出来。这样做的原因有很多,比如有的厂家有自己的替代名称,有的则根本就不做任何区别。我们现在的区分是按逻辑把产品排列起来,便于大家购买使用。

特别要注意以下两点:

第一,现今的研磨剂含有浮岩和合成两大摩擦材料,含浮岩的不适合透明漆。

第二,研磨剂都是以其摩擦材料颗粒的大小决定其研磨功能的。没有任何一种单一的研磨剂可"治百病",因为在治理大划痕的同时,研磨剂又在造成小划痕,修复小划痕则需要更细的研磨材料,它们之间是"一物降一物"的关系。

任务2 汽车涂装技术简介

一、国内汽车涂装技术简介

1930年以前,我国汽车涂装领域是采用手工除油、除锈、手工刮腻子、手工刷漆等方法对汽车进行涂装的,所用涂料主要以油性漆、酯胶漆等低档的自干性涂料为主。当时的涂装方法效率极低,且劳动强度大,更严重的是,由于涂层的干燥时间较长,干燥过程中涂膜易黏附灰尘等杂质,因此涂装质量较低。1930—1950年,国内汽车涂装领域逐渐采用了手工喷漆,涂料品种也由油性漆改成了硝基漆和酯酸树脂漆。

一方面,1950—2004年,国内汽车涂装行业经过50多年的发展,尤其是近10年的腾飞式发展,我国的汽车涂装工艺发生了翻天覆地的变化。20世纪90年代初期,郑州宇通客车厂、扬州亚星客车厂等开始从日本岩田涂装机制造公司引进大型静电自动喷漆机;一汽、二汽、济南汽车厂等国内汽车制造大厂,也先后引进了先进的汽车涂装技术;上海轿车厂目前采用了漆前处理自动磷化生产线、电泳漆涂装线、机器手(也称机器人)自动喷涂面漆生产线等世界一流的汽车涂装设备。这些先进的涂装技术、工艺设备以及层出不穷的优质汽车专业涂料,令国产汽车涂料质量具备了优秀的耐候性、耐蚀性和极高的装饰性，并逐渐向世界先进水平看齐。在涂料品种方面，也从传统的油性漆、酚醛漆、醇酸漆、硝基漆等普通漆种，发展到目前已广泛使用的各种高装饰性汽车专用漆，如高档丙烯酸聚氨酯磁漆、高档银粉漆、闪光漆、珠光漆等。

另一方面，随着汽车工业的大发展，汽车涂装、涂料行业也获得腾飞，国际著名的涂装材料公司随着汽车产品的引进也进入我国，来华独资或合资建厂进行生产、供应及服务。例如，涂装前处理材料公司帕卡、汉高、凯密特尔，汽车涂料公司关西、PPG、杜邦（艾仕得）、巴斯夫、立邦等都来华设合资或独资公司，就地配套向合资汽车公司供应轿车用涂装材料。几乎是引进哪国的轿车产品，就配套选用该国系列的涂装材料。合资汽车公司新的涂装车间（线）也都委托国外涂装设备公司来设计承建。例如，德国杜尔、艾斯曼，日本大气社、帕柯工业设备等涂装设备公司来华设分公司。在改革开放40多年中，我国汽车涂装技术及涂装材料实现数次更新换代，使我国的汽车涂装工艺水平、涂装质量及环保目标值均已与国际接轨；车身涂层的外观装饰性、耐腐蚀性和耐候性已达到国际水平，以确保车身的使用寿命；涂装工艺设备也已达到世界一流水平。

二、国外汽车涂装技术简介

对于国外的汽车涂装技术，如日本轿车（丰田、元町轿车等）车身是采用三涂层烘干的技术工艺，即基材磷化处理后涂阴极电泳底漆，烘干后喷中涂漆，中涂漆烘干后喷面漆，面漆烘干后就完成了车身的涂装工艺。三涂层的总厚度通常为 80~100 μm，而欧洲轿车的涂层总厚度可达 150~200 μm。涂层厚一些，相应可提高漆膜的丰满度和装饰性，但涂装成本会增高。全日本轿车的颜色，通常白色占50%、蓝金属闪光色占10%、红色占8%、银闪光色占20%、其他色占12%。如日本丰田轿车，白色占60%~70%、蓝金属闪光色占10%、银闪光色占10%、红色占5%，可见日本用户特别喜欢白色轿车。但日本的出口轿车的颜色，白色仅占10%，其他均为闪光色和珠光色，有15~17种颜色。

德国大众子公司奥迪INGOLSTART厂是先采用喷浸组合式磷化处理后，再用阴极电泳涂底漆，之后喷中涂层和面漆，总涂层为三涂层体系。组合式磷化处理为分步法，共8道工序，其工艺过程为：喷淋脱脂（除油）→喷淋全浸组合脱脂及表面调整→喷淋冷水洗→喷淋全浸组合冷水洗→喷淋全浸组合磷化剂→喷淋全浸组合冷水洗→喷淋全浸组合纯化剂→喷淋全浸组合脱离子水洗。这种工艺的特点是，使用中温（50~60℃）脱脂剂和低锌磷化剂，工业用水常温水洗，采用双链传动输送工件，使处理的每个过程都能保证吊架上的油污等杂质不会落在车身表面，从而保证了磷化处理的质量。在涂装阴极电泳漆之前，先用120~130℃的新鲜热风吹干，再进行阴极电泳漆涂装。涂装阴极电泳漆的最大特点是，具有较高的耐蚀性和泳透力，较好地提高了汽车内腔的耐腐蚀性，而且漆膜的厚度十分均匀，外观光滑平整，附着力较常规底漆好得多，漆膜的厚度为15~20 μm。中涂漆是采用自动静电喷涂设备喷涂车身外部大面，喷涂时采用13支旋杯式静电喷枪，其中车身每侧各用4支喷枪，车身外顶部用5支喷枪，即前顶部用2支喷枪，后顶部用3支喷枪。喷涂时，车身两侧面为固定式静电喷枪，顶部的喷枪能上下左右移动。对门框的四周边面、车身的里部及行李舱里部等部位，采用静电喷枪人工（手工）喷涂。中涂层的喷漆厚度通常控制在35~40 μm。中涂层的颜色主要根据面漆颜色确定，一般以近似面漆颜色为准，以便与面漆喷后的颜色达到均匀一致。奥迪轿车常用的是 ALG69007 白色漆或 ALG68700 中涂漆。每台轿车的中涂漆喷涂完毕后，静置流平 4～5 min，而后用 160～180 ℃的高温烘干 15～20 min，再用冷风吹车身数分钟进行冷却。但在喷涂中涂层之前，根据工艺要求要先对车身进行密封，因为在发达的德国，其轿车在高速公路上行驶时不受时速限制，通常轿车的时速均超过 120 km。车身密封可分三步进行：第一步是底部防石击密封；第二步是车身钢板焊接部位的粗密封；第三步是对发动机盖、行李厢盖内外板、车门周边与车顶漏水槽等的细密封。密封工作完毕之后再进行中涂层喷涂，喷涂的各种漆为静电环氧、静电氨基、静电醇酸型，代号为 ALG90007。

轿车使用的面漆有两种类型，一种是氨基醇酸面漆，另一种为金属闪光漆。在漆种的功能上，金属闪光面漆明显优于氨基醇酸面漆，但氨基醇酸面漆的价格便宜，适用于普通、中档轿车涂装。喷涂氨基醇酸面漆可采用静电自动喷涂设备与手工静电喷枪相结合的方法进行，车身里部与外部的各周边棱面、行李厢里部、发动机室、门框边面等都是采用人工喷涂。面漆的颜色更换也是自动进行的，当某种颜色的喷涂结束后，由电脑根据车上挂的色卡识别下一台车所需喷涂的颜色。如是另一种颜色，喷涂设备就会自动先用溶剂洗净喷枪，而后迅速喷涂所需颜色的面漆。每次更换颜色的时间，一般为 20 s，若小于 19 s，有可能造成混色。

喷涂金属闪光漆时，要增加一道工序，即先用人工喷涂一道厚度为 10～15 μm 的金属闪光底色漆，而后再在底色漆的表面喷涂一道清漆罩光，清漆的喷涂厚度为 35～45 μm（干膜厚度）。喷涂金属闪光漆与喷涂氨基醇酸面漆的不同之处是，金属闪光漆不能采用静电枪喷涂，原因是漆中含有铝粉，在静电的作用下铝粉膜会竖起，使漆膜失去应有的金属光泽。而对于金属色浆的表面清漆罩光，车身外部各平整面采用自动静电喷涂机一次喷成，其他如车身里部及各周边面、棱面、角面等不易自动喷涂到位的部位，均使用人工喷涂。车身两侧的脚踏板外表面，采用固定式空气喷枪自动喷涂，漆种为水性黑漆，代号 ALG749050。车身各部位喷涂完毕后，用 130～145 ℃温度烘干 40～50 min，之后用冷风吹车身降至室温，再对全车进行质量检查。如有细小颗粒、轻微流淌、流挂等毛病（缺陷），则打磨抛光进行修饰，经检查合格后，转装配安装电路线，然后进行内腔喷蜡。对检查质量不合格的车身，做返工处理。

德国奥迪轿车涂装的全工艺程序为：预脱脂→主脱脂→冷水洗（2 次）→磷化→冷水洗→钝化→脱离子水洗→涂阴极电泳漆→水洗（4 次）→烘干（170～190 ℃，20 min）→冷却→打密封胶（即粗密封、底部防石击密封与细密封。粗密封指焊接部位、底部的密封，密封涂层厚度 1～1.5 mm；细密封指发动机盖、行李厢盖内外板、车门周边与车顶流水槽等的密封，密封的主要设备是气动高压泵、喷射枪、注射枪等）→人工擦净→检查修补→喷中涂漆→烘干（160～180 ℃，15～20 min）→吹冷风降温→磨光擦净（600～800 号砂纸机具磨光，手工擦净）→喷面漆→烘干→吹冷风降温→质量检查→转装配安装。

法国雪铁龙轿车的涂装工艺过程为：第一次喷淋脱脂（温度 55～60 ℃，时间 1～5 min）→第二次浸泡脱脂（温度 55～60 ℃，时间 1～5 min）→第三次脱脂（喷淋温度、时间同第一次）→喷水冲洗（30 s）→浸泡水洗（工业水，温度 30～35 ℃，时间

1～1.5 min）→表调（常温1～1.5 min）→磷化（47℃浸泡3 min）→喷水冲洗（30 s）→浸泡水洗→钝化→喷水冲洗（15 s）→浸泡水洗→电泳漆涂装→喷水冲洗（2次）→浸泡水洗→烘干→质量检查→涂焊缝密封胶→喷中涂漆→烘干（130℃，30 min）→局部磨光→细擦净→喷面漆→烘干→冷却→质量检查→注蜡（车身全部使用镀锌板时可取消此工序）。

以上主要对国外几家轿车生产厂的涂装技术及工艺过程做了简单介绍。下面将国外的载货汽车和客车的涂装技术及工艺程序分别做简单介绍，以便于进一步了解和掌握。

1. 美国载货汽车涂装技术

美国载货汽车的涂装技术水平位居世界前列。与他国相比，美国载货汽车的涂装工艺和设备均更加成熟先进。以美国道奇载货汽车的油漆涂装为例，其驾驶室及车厢部分是在焊装车间装焊组合完成。通过质量验查合格以后，先经过高压清洗，接着植入驾驶室与车厢分开的金属修饰线，再将驾驶室与车厢按配套的工艺流程送入一条地面链，用人工和气动磨光机将不整齐的焊缝打磨平整，最后进入油漆车间进行涂装。油漆车间是非常清洁的密封空间。车间管理也非常严格，要求所有进入车间的人员必须先换上白纸衣及纸帽，然后通过空气淋浴走廊，才获准进入车间。在这样的流程下，进入车间人员的身上一尘不染，确保了车间的清洁度，不会因为操作人员衣服、鞋帽上带有风尘杂质而影响涂装质量。车身在进入油漆车间后，先进行磷化处理，接着装涂阴极电泳漆，再根据用户的要求选择面漆颜色涂装面漆。工艺中所用的面漆一般为高固体珠光闪光漆，其配套体系分为两层，第一层是闪光底色浆，第二层是清漆罩光。色浆的代号为BASECOAT，清漆代号为CLEARCOAT。这种配套涂层的特点是漆膜细腻、光洁平滑、色调柔和、装饰性非常高，属于世界一流水平，并且所用涂料均为美国PPG公司生产的产品。在对车身面漆进行喷涂操作时，按单色漆和双色漆分为两条线，每条线上各有4台机器人，分别排列在两侧，专喷车身两侧外部。车身顶部由自动喷涂机喷涂，车身的前后围外部也使用机器人进行喷涂。车身的里部与各边棱部位，则采用人工喷涂。全喷漆室共有14台机器人（机器手）——驾驶室两侧每面各两台，车厢两侧每面各两台，前后围每面3台。喷涂方式为湿碰湿喷涂底色漆，湿碰湿喷涂罩光漆。

涂装工艺程序为：喷淋脱脂→浸泡脱脂→喷淋水洗→浸泡调整→磷化→浸泡水洗→浸泡钝化→脱离子水浸洗→新鲜脱离子水冲洗→电泳涂底漆→超滤水洗→脱离子水洗→烘干→打磨修饰→吹干，擦净→喷底色漆→喷罩光漆→烘干→冷却检查→涂底板密封胶→质量检查→转下道安装。

2. 日本载货汽车涂装技术

日本载货汽车的涂装技术，在世界上也占有领先地位，工艺设备先进，涂层的耐蚀性好且涂装生产成本低，面漆涂料多为氨基醇酸类与氨基环氧类烘干漆。由于使用的面漆种类价格便宜，且烘干后的涂膜附着力强，耐久性、耐水性好，所以涂装生产成本通常比其他国家的涂装成本低。现以日本日产柴公司生产的载货汽车涂装为例。该公司生产的载货汽车有轻型、中型、大型等多种类型，载物重量1～20吨，其中装配的轻型和大型载货汽车的驾驶室、车厢、车架、车桥及发动机的涂漆是在上尾厂进行。日产柴的涂装工作主要集中在上尾厂，就连日本群马汽车厂装配的中型载货汽车，除变速箱、车桥及发动机的涂漆设在本厂外，其主要的驾驶室涂装也是在上尾厂涂装后再运回本厂的。

3. 国外客车涂装技术

国外客车的涂装技术也很先进，如日本横滨客车制造厂是采用日本岩田涂装机公司生产的大型静电门式自动喷涂机来喷涂客车的大顶外部和车身的两侧围面，而车身的里部和前后围外部、各舱体的里部及各舱门的背面与周边等边棱角面，则是采用静电喷枪人工喷涂。采用门式喷涂机的特点是，涂装效率高、质量好、环境污染小。但这种设备主要适用于喷涂静电氨基烘干类面漆，不适用于喷涂双组份自干漆如双组份金属漆等。而德国、美国等先进国家的客车涂装，其车身多采用整车身磷化、整车身电泳漆涂装，但对面漆来说，如金属面漆，则主要采用手工喷涂。国外客车腻子的涂装，尽管在美国等先进国家，除车身的各部位平面采用机械刮涂与机械磨光外，其异形部位与边、角、棱等均采用手工，但国外客车外蒙皮的平整度较好，通常腻子的用量很少。

任务3　环境保护与人身保护

在汽车车身漆面修复涂装作业中，由于涂装车间所使用的涂料及溶剂等绝大部分都是有机物质，易形成漆雾、有机溶剂蒸气和粉尘等，操作人员长期接触或吸入体内会引起慢性中毒，有损健康。若将它们排放到室外则造成大气污染，有些具有光化学反应性的溶剂在受到阳光中的紫外线照射后会形成毒性更大的物质，造成公害。因此，从事涂装作业的操作人员及管理人员必须全面熟悉涂装车间和个人的安全防护知识，熟悉涂装公害及其防治方法。

一、环境保护

汽车涂装作业对车体起保护车身基层、延长使用寿命、装饰车体外观等作用，汽车维修企业的涂装车间几乎都是立体作业，在运用酸、碱和其他易燃涂料等物质进行涂装处理时，如果操作不当，很可能引发人身和设备事故。除此之外，在涂装过程中产生的"三废"——废气、废水和废弃物，也非常容易造成环境污染，所以涂装车间是工厂的公害防治重点和防毒防火要害区。进行涂装工作的技术人员和管理人员必须全面熟悉和掌握涂装安全知识，能够采取有效的方法控制污染和灾害的发生。

在汽车车身表面修复涂装作业中，由于作业量小，产生的废气、废水和废渣也相对较少。而施工过程中主要采用压缩空气喷涂法进行涂装，相比较而言，废气的危害则比废水、废渣严重得多。因此，在车身表面修复涂装作业中所产生的公害主要以大气污染为主，废水、废渣为辅。

1. 废气处理技术

在车身涂装作业中造成大气环境污染的主要物质是有害气体和粉尘。散发到空气中的有害气体主要是溶剂蒸气和漆雾。溶剂蒸气是一种有臭味的有害气体物质。一般液体涂料中含溶剂为50%～60%（硝基漆含70%以上），这些气体在涂装过程中几乎全部挥发并排入大气中。在烘干时，除挥发出涂料中的全部溶剂外，还会分解气体排入大气中。另外，在喷砂、干打磨腻子时所产生的粉尘，同样会污染空气，必须及时处理。

在汽车涂装作业中所排出的废气主要有三类物质：

（1）能成为光化学烟雾的有机溶剂，如二甲苯、甲基异丁基酮等。

（2）发出恶臭的涂料挥发成分：热分解生成物和反应生成物，如三乙基胺、丙烯醛、甲醛。

（3）涂装喷雾粉尘。

我国 GBJ4—1973 对工业废气规定的排放标准为：第一类生产性粉尘不得高于 100 mg/m³；第二类生产性粉尘不得高于 150 mg/m³。对溶剂蒸气臭气浓度控制在施工环境最大许可浓度的程度，才为合格。

废气治理的目的在于，将涂装作业中所排放的有害废气尽可能地减少，使其排放浓度小于该物质在空气中的最高允许浓度，而不致造成对大气的污染。

废气处理的方法，通常有活性炭或油吸附法、触媒氧化分解法、直接燃烧法和气体洗净法等。考虑到汽车车身修复涂装的特点，比较适合的处理方法有活性炭或油吸附法、触媒氧化分解法（在 200～400 ℃ 条件下靠触媒催化氧化来消除废气）两种。不管采用何种方法，最终排出的废气都必须符合有关规定才能被认为合格。修复涂装的废气处理方法见表 1-1。

表 1-1　修复涂装的废气处理方法

处理方法	原理及主要控制条件	优点	缺点
触媒氧化分解法	在 200～400 ℃ 下靠触媒氧化消除废气，停留时间为 0.14～0.24 s	1. 装置较小 2. 产生的其他有害物质相对较少	1. 催化剂及设备相对较贵 2. 需要良好的预处理 3. 若表面异物附着易失效
吸附法	用活性炭吸附处理，气体流速为 0.3～0.6 m/s，炭层厚度为 0.8～1.5 m	1. 可回收溶剂 2. 可净化低温、低浓度废气 3. 无须加热	1. 需要预处理除去漆雾、粉尘、油等杂质 2. 高温废气需要经过冷却 3. 仅限于低浓度

2. 废水处理技术

汽车表面修复涂装施工过程中的废水，主要是指喷涂过程中产生的废水。在喷涂过程中产生的废水含有残漆雾及有机溶剂成分，故必须进行处理。

在涂装作业中，生产线排放的主要废水有脱脂废水、磷化废水、电泳超滤废水、喷漆循环水。这些废水中含有大量酸、碱、溶剂、树脂、颜料等污染物，极有可能对自然环境中的水质造成污染，因此，这些废水需要经过净化工序，令其符合工业废水的最高允许排放浓度和地面水水质卫生要求。

工业废水中含有的有害物质分为两大类。第一类指能在环境或动物体内蓄积，对人体健康产生长远影响的有害物质，如汞、铅及其化合物等。第二类指其长远影响小于第一类的有害物质。第一类工业废水最高允许排放浓度见表 1-2。

表1-2 第一类工业废水最高允许排放浓度

类别	废水含有害物质	最高允许排放浓度/(mg·L^{-1})
第一类工业废水	汞及其无机化合物（以汞计）	0～0.05
	镉及其无机化合物（以镉计）	0.1
	六价铬化合物（以+6价铬计）	0.1～0.5
	砷及其无机化合物（以砷计）	0.1～0.5
	铅及其无机化合物（以铅计）	0.1～1.0
	pH值	6～9
	悬浮物	500
	BOD（5 d/20 ℃）	60～160
	COD	100～160
	石油类	10
	锌及其化合物（以锌计）	0.6～5
	氟无机化合物（以氟计）	3～10
	苯胺类	3
	氰化物（以游离氯根计）	3

工业废水处理一般分为以下三个级别：

一级处理：又称污水物理处理，是指通过简单的沉淀、过滤或适当的曝气，以去除污水中的悬浮物，调整pH值及减轻污水的腐化程度的工艺过程，该种处理可由筛选、重力沉淀和浮选等方法串联组成，可除去污水中大部分粒径在100 μm以上的颗粒物质。筛滤可除去较大物质，重力沉淀可除去无机颗粒和相对密度大于1的有凝聚性的有机颗粒，浮选可除去相对密度小于1的颗粒物（油类等）。废水经过一级处理后一般仍达不到排放标准。

二级处理：是指污水经一级处理后，再经过具有活性污泥的曝气池及沉淀池的处理，使污水进一步净化的工艺过程。常用生物法和絮凝法。生物法是利用微生物处理污水，主要除去一级处理后污水中的有机物；絮凝法是通过加絮凝剂破坏胶体的稳定性，使胶体粒子发生凝絮，产生絮凝物而发生吸附作用，主要是除去一级处理后污水中无机的悬浮物和胶体颗粒物或低浓度的有机物。经过二级处理后的污水一般可以达到农灌水的要求和废水排放标准，但在一定条件下仍可能造成天然水体的污染。

三级处理：也称为深度处理，是指污水经二级处理后，进一步除去污水中的其他污染成分（如氮、磷、微细悬浮物、微量有机物和无机盐等）的工艺处理过程。主要方法有生物脱氮法、凝集沉淀法、砂滤法、硅藻土过滤法、活性炭过滤法、蒸发法、冷冻法、反渗透法、离子交换法和电渗析法等。

在废水处理中，主要的方法有：

（1）凝集沉淀法，即靠自然沉淀使物质从水中分离出来的方法。

（2）上浮分离处理法，适用于凝集物质的比重比水轻的场合。其中：单靠与水的重差分离,称之为重力或上浮分离法;在凝集浮游物上附着细小的气泡,使其比重减小,浮在废水表面上分离的方法,称之为加压上浮分离法。

(3) 离子交换法,是指利用离子交换树脂基体上的离子交换基和水中同符号的离子相互交换的方法。

(4) 膜分离法,是指用膜透过溶液使物质分离的方法。

(5) 生化处理法,是指靠自然界中存在的细菌等微生物作用,分解废水中的有机物的废水处理方法。

3. 废渣处理技术

汽车车身表面修复涂装产生的废渣主要有以下几种:

(1) 漆前处理过程中产生的各种沉淀物,如锈蚀残渣等。

(2) 在清理涂料容器时产生的各种凝固层或凝块涂料。

(3) 清理喷涂室、烘干室及涂装设备时所产生的各种凝固层或凝块涂料。

(4) 水性树脂涂料所产生的各种残渣。

(5) 在涂装水处理过程中产生的各种残渣。

这些废渣的成分大多呈固态或半固态状,如腻子、废漆渣、旧涂膜等。这些废渣如果不进行适当的处理,随意丢弃,不控制排放,对人类所处的自然环境将会造成一定的危害。对于修复涂装所产生的各类废渣,能回收利用的进行回收利用,不能回收利用的,根据我国的《工业企业设计卫生标准》及废渣处理规定等有关法律法规,在适当的场所进行深埋、焚烧或投入海洋处理。有毒工业废渣的检验标准见表1-3。

表1-3 有毒工业废渣的检验标准

有害物质名称	检验标准	说明
水银及其化合物	不允许检出	
镉及其化合物	每升检液镉在 0.3 mg 以下	
铅及其化合物	每升检液铅在 3 mg 以下	根据溶解析出实验来确定浓度标准
砷及其化合物	每升检液砷在 1.5 mg 以下	
有机磷化合物	每升检液有机磷在 1 mg 以下	
氰化物	每升检液氰化物在 1 mg 以下	

其中,无害化处理有混凝土固化、塑料固化、沥青固化等方法。实验表明,任何一种无害化处理方法溶出实验都合格,因此,加工成砖块等进行有效利用,将成为经济的无害处理最有效的方法之一。

但是,目前我国汽车维修企业的规模普遍不大,车身表面修复涂装所产生的废弃物不多,加上环保意识的淡薄以及追求企业短期经济利益、片面强调生产成本等原因,几乎没有汽车维修企业对废弃物采取必要的措施。

二、人身保护

人身安全防护是从事汽车喷漆作业与美容作业的人员必须引起足够重视的问题。涂料、填料和稀料的挥发气体对人体有麻醉和毒害作用，操作者长期接触会受到很大伤害。作业人员只有采取了有效的保护措施，才可以从事喷漆等作业。进行涂装作业之前，要根据工作性质的不同，合理穿用或佩戴个人安全防护用品。

肥大的衣服、未扣上的衬衣袖子、悬摆的领带、佩戴首饰，及将衬衣悬在外面，这在车身修理车间都是非常危险的。工作时需要穿上规定的涂装工作服，如图1-1所示。

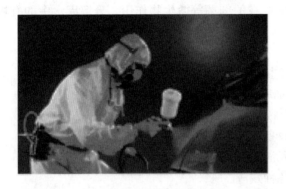

图1-1 涂装工作服

在喷漆场地应穿着清洁的维修工作服或不起毛的工作服。脏的、被溶剂浸渍的衣服会积存一些化学物质，贴近皮肤时会导致皮肤疼痛、发炎或皮疹。一定要穿长袖工作服以保证安全。

为了防止火花掉落在鞋上，工作裤要有足够的长度，能覆盖到鞋的头部为佳。尤其是在使用焊接设备时，为了增加焊接的安全性，焊接工应穿着工作裤、护腿或鞋罩等。在作业时，上身应穿着围裙加以保护。

1. 头部的保护

工作帽用于保护劳动者的头部，以消除或减轻坠落物、硬质物件的撞击和挤压伤害，还可以防止劳动者头发过长或掉落，对操作施工产生影响。佩戴工作帽是在生产中保护头部的有效方法，在工作场地要坚持全程佩戴工作帽，在喷漆室还要佩戴喷漆防护罩，以保持头发的清洁。

车身修理技师应戴上安全帽，在车下工作时应戴上硬质安全帽，如图1-2所示。

图1-2 安全帽和硬质安全帽

2. 眼部及面部的保护

在进行汽车车身涂装作业时，应戴上清晰的安全防尘镜、护目镜或防护面具等保护用品（图1-3）。现在不少企业要求全体员工在工厂的金属加工和喷漆场地，即使已戴有一般眼镜，也还要求戴上防尘镜或安全镜。因为在工厂的任何位置都可能有飞来物如灰尘、微粒或液体的喷溅物进入眼中。眼睛是不可能更换的，因此，人人都应养成在工作场地戴安全镜、防尘镜或防护面具的习惯。

 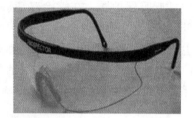

图1-3　防护面具和护目镜

另外，在焊接时必须戴上遮光的焊接头罩或焊接保护镜，它可以保护眼睛和面部不受飞溅物、熔化微粒和有害光线的伤害，太阳镜不能保护脸部不受伤害。

3. 呼吸系统的安全和防护

磨料的尘末、腐蚀性溶液和溶剂蒸发的气体、底面涂层和表面涂层的漆雾，都会给呼吸系统尤其是肺带来危害，特别是会给日复一日在污染环境中工作的工人带来严重的危害。

即使工作场地通风良好，仍需要戴呼吸保护器。呼吸保护器有通风帽式（供气式）呼吸保护器、滤筒式呼吸保护器和防尘呼吸保护器等三种类型。

（1）通风帽式（供气式）呼吸保护器。在汽车车身的喷漆过程中，很容易产生异氰酸盐。人体的呼吸器官如果暴露在异氰酸盐中，有可能会出现多种不良症状，如晕眩、腹痛和呕吐等。一个有过敏史或过度暴露于异氰酸盐中的人，即使空气中异氰酸盐浓度较低，仍会出现相当剧烈的不良生理反应。供气式呼吸保护器（图1-4）是一种可以防止吸入氰酸盐漆蒸气和喷雾引起过敏的装置，分为半面式供气面罩和全面式供气面罩两种类型。供气式呼吸保护器穿戴舒适，并且不需要配合试验。它通常由半面罩、整面玻璃和帽盔三个部分组成，可供呼吸的洁净空气可通过小直径的软管由单独的压气源供给人体。

图1-4　供气式呼吸保护器

供气式呼吸保护器由一台3/4 hp（hp即马力，1 hp＝735 W）（558 W）的小型无油气泵来供给空气，气泵的空气入口必须设置在远离喷漆场地且清洁、新鲜的空气环境中。有些工厂将气泵装在厂区墙外，远离作业区产生的污物和灰尘。如果必须用工厂的压缩空气，则应用收集器和炭末过滤掉油、水、屑片和异味。供给的空气必须有控制阀来匹配呼吸保护器的压力，并有一个在空气过热状况下自动鸣响或关闭压缩空气的装置（过热往往会引起一氧化碳对供给空气的污染）。

（2）滤筒式呼吸保护器。在喷涂磁漆、硝基漆以及其他非氰化物的油漆时，可以佩戴滤筒式呼吸保护器（图1-5）。这种保护器是由一个贴合人脸型并且密封的橡皮面具构成。其构造主要包含可拆卸的前置过滤器和滤筒，用以过滤空气中的溶剂和其他蒸气。此外，呼吸保护器上还设有进气活门和排气活门，以保证所有吸入的空气通过过滤器过滤，并保证人体呼吸能维持顺畅。

图1-5　滤筒式呼吸保护器

使用滤筒式呼吸保护器时，要将其与面孔贴合以防止污染的空气从漏缝中进入呼吸系统，这一点非常重要。在使用呼吸保护器之前，应进行定量的配合试验及正、负压检查。穿戴者应将手心放在滤筒上并吸气来检查负压。如面罩凹陷到穿戴者的脸上，则表明保护器与面部配合良好。穿戴者盖上呼气阀门并呼气做正压检查，如面罩鼓胀而无泄漏，则表明配合是合适的。另一种配合试验方法是将烷基醛酸盐（香蕉水）接近环绕面孔的封闭罩，如闻不到气味则表明配合是合适的。

滤筒式呼吸保护器有几种不同的规格，可装有或不装有面罩。大多数常用规格的保护器均可提供良好的保护。但是，穿戴这种形式的呼吸保护器应当注意，面部的毛发可能会妨碍面罩的气密性，给穿戴者的健康带来危害。因为面部毛发会妨碍面罩贴紧面部从而影响呼吸保护器的效能，所以面部毛发多的操作人员应当采用正压供气的呼吸保护器。另外，滤筒式呼吸保护器只适用于通风好的场地，一定不能在含氧量少于19.5%的环境中使用。

滤筒式呼吸保护器的维护，主要是保持它的清洁，按照制造厂的说明定期更换前置过滤器和滤筒。以下是一些其他的维修要点：
- 当通过保护器进行呼吸感觉困难时，应更换前置过滤器。
- 至少每周更换一次滤筒，一旦发现有溶剂气味时应及时更换。
- 定期检查面罩，确定其没有任何破裂或裂痕。
- 将呼吸保护器保存在密闭的储器中。
- 按照制造厂的说明书进行操作，以保证正确的维修和佩戴。

（3）防尘呼吸保护器。使用防尘呼吸保护器（图1-6）可以防止吸入喷砂灰尘。车身修理厂喷砂作业会产生粉尘，吸入后将可能引起支气管炎，也可能长期地危害肺部。不论何时，技师和其他人员只要在靠近喷砂场地工作时就应戴上防尘呼吸保护器。

按照说明书对防尘呼吸保护器进行正确的维修和佩戴。但应注意，防尘护罩不能防止吸入蒸气和喷漆雾。喷漆时，不能用它代替前两种保护器来使用。

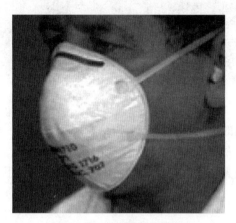

图1-6 防尘呼吸保护器

4. 耳朵的保护

敲打钢板或喷砂时所发出的噪声，对人们的听觉有不利的影响，严重的情况下甚至会损伤耳膜。因此，在金属加工车间工作时，需要佩戴耳塞（图1-7）或耳机护套，以保护耳膜不受高倍噪声的损害。

图1-7 耳塞

5. 手部的保护

为防止溶液、底漆及外层涂料对手的伤害，在喷涂、除油、洗净、使用有机溶剂时，需要佩戴耐溶剂手套（如图1-8所示）进行操作，防止有机溶剂吸入皮肤；在打磨或搬运时，要佩戴劳保手套，可充分保护手部，特别是对发动机罩、车身门板的拐角等较复杂的部位进行打磨时，更需要加强对手的保护。

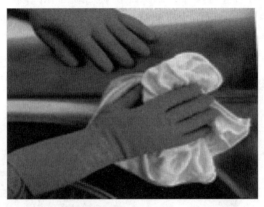

图1-8 橡胶手套

洗手时建议使用适当的清洁剂。每天工作结束后，要使用一种不含硅的护肤膏滋润皮肤，千万不要把稀释剂（如天那水）当清洁剂来用。

另外，进行打磨或抛光作业时，须根据实际情况戴相应的手套，比如棉纱手套和皮革手套。

6. 脚部的保护

穿上有金属脚尖衬垫（如钢板衬垫）及防滑鞋底的劳保鞋（图1-9）。金属衬垫可保护脚趾不受落下物体的伤害。好的工作鞋会使长时间站立的工作者感到舒适，但绝不能穿运动鞋或连衣鞋，它们不能为操作者提供相应的保护。喷漆时，许多技师喜欢穿上使用方便的鞋盖。实际上，使用更方便的鞋套、鞋罩已被维修企业广泛选用。

图1-9 劳保鞋

7. 临时急救

涂装生产车间应备有药棉、酒精、红药水、紫药水、碘酒、6%硼酸以及其他急救药物，并指定 1～2 名责任心强、又有一定医药知识的专人保管。对从事有毒作业的操作人员应定期进行体检，如发现中毒，必须及时采取措施。

项目 2 汽车涂装材料及涂装设备

任务 1 车身表面涂装材料

一、涂料概述

涂料是指涂于物体表面，能形成具有保护、装饰或特殊功能（如绝缘、导电、示温、隐身等）的固态涂膜的一类液体或固体材料的总称。涂装是将涂料涂覆于经处理后的被涂表面上，再经干燥成膜的工艺过程。

1. 涂料的组成

涂料产品种类繁多，用途也各有不同。就其组成成分而言，是由油料、树脂、颜料（填充料）、溶剂、催干剂和其他辅助材料等组成。按物质类型大致可分为主要成膜物质、次要成膜物质和辅助成膜物质三部分。

树脂是涂料的基本成膜物质，是涂料的基础物质，因此叫作基料、漆基。按树脂的来源可分为三大类：第一类是自然界的天然树脂，如松香、虫胶、生漆等；第二类是用天然高分子化合物加工制得的人造树脂，如改性松香、纤维素衍生物、橡胶衍生物等；第三类是化工原料合成的合成树脂，如丙烯酸树脂、醇酸树脂、聚氨酯树脂、环氧树脂等。

颜料是涂料中不挥发的物质之一，它赋予面漆色彩和耐久性，起美观装饰作用，同时使涂料具有遮盖力，并提高强度和附着力，改变光泽，改善流动性和涂装性能。颜料分着色颜料、体质颜料和防锈颜料三类。

溶剂是涂料的重要组成部分，起着辅助成膜的作用。它能溶解或稀释油料或树脂，降低其黏稠度以便于施工，并改善涂料的流平性，避免涂膜出现过厚、过薄、起皱等弊病。

辅助材料又称为助剂，它虽然不是主要或次要的成膜物质，用量一般又很少，但它在改善涂料的性能、延长涂料储存时间、扩大涂料的应用范围、改进和调节涂料施工的性能、保证涂装品质等方面都起很大的作用。涂料的辅助材料品种很多，根据它们的功能来划分，主要品种有催干剂、防腐剂、消泡剂、湿润剂、防潮剂、固化剂、紫外线吸收剂、悬浮剂、流平剂和减光剂等。

综上所述，涂料的构成如图 2-1 所示。

2. 涂料的主要作用

涂料涂装在物体表面上经干燥后，结成薄薄的膜层。这种覆盖在物体表面的涂膜有很强的附着力，起着隔离水分、烟雾以及外来腐蚀物质侵蚀的作用，通过增强封闭性使物体表面受到保护。

涂料的主要作用可以归纳为以下三个方面：

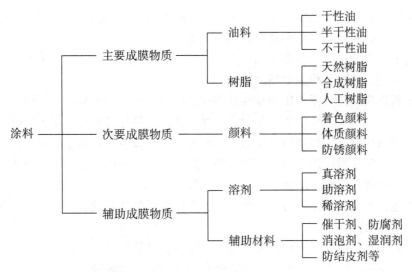

图2-1 涂料的构成

(1) 涂料防腐作用。车辆主要由钢板组成,如果钢板裸露的话,就会和空气中的氧气和水汽反应产生锈蚀。而涂料可以起到阻止锈蚀产生的作用,从而保护车辆表面。

腐蚀的危害是非常巨大的。据资料显示,全世界每年生产的钢铁中,大约有10%因腐蚀而变为铁锈,大约有30%的钢铁设备因此而损坏。腐蚀不仅带来材料的浪费,还经常伴随着停产、人身安全和环境污染等事故。世界上几个主要的工业发达国家的相关统计数据表明,因金属的腐蚀而造成的直接经济损失占国民生产总值的2%~4%,这些数字是非常惊人的,数字所代表的经济损失是非常巨大的。由此看来,涂料防腐保护作用显得至关重要。将涂料应用于金属的防腐保护,是目前最为普遍的金属防腐方式。这些涂料已经成为国民经济和人民日常生活中必不可少的材料。随着当前化学工业技术的进步,各种保护性强、污染性较低,具有耐酸、耐碱、阻燃、绝缘等性能的新型涂料产品接连问世。新型涂料的诞生,为金属防腐保护的发展提供了极其广阔的前景。

(2) 美化、装饰作用。随着人们生活水平的提高,人们追求创造一个良好的生活、学习、工作环境。在我们的生活中,周围环境对人们的健康起着重要的作用。涂料与美化、装饰紧密相连。当你走在城市的大街上,那些高楼大厦、奇特的建筑、家具、商品、机械设备,及环境都离不开色彩的美化。生活需要色彩的装饰,产品也要用涂料来装饰。根据汽车的种类、用途和档次,采用不同视觉效果和不同性能的涂料,赋予汽车光鲜亮丽的外观、舒适协调或对比强烈的色调。消费者在对比两种外形和工作性能接近的车辆时,就可以观察到,具有完美喷涂效果的车辆在市场上的销售价格明显更高。因此,进行车身表面喷涂的另一个目的,就是提升车辆的档次和价值。

(3) 标志作用。涂料可以改变物体表面的颜色,不同的颜色可引起人们的视觉、精神、心理产生种种不同的反应。因此,可以利用不同颜色的涂料作为标记加以区别和刺激。例如,在公路、铁路、机场等交通行业中,涂料的这种标志作用被应用得尤为广泛,常用不同颜色的涂料表示危险、警告、前进、停止等信号;化学工厂、仓库等场所用涂料的颜色表示易燃、有毒等标志;种种管道、容器、电器等涂上各种颜色作标志,使操作人

员容易识别；进行车身表面喷涂还有一个目的，即通过不同的颜色和标记使得各种车辆容易区分，例如蓝白相间的警车和红色的消防车等。

（4）涂料的特殊作用。涂料经涂装后，在特定的环境条件下能发挥特殊的作用。因此，有特殊作用的涂料又称为专用涂料。

专用涂料使用较为广泛，特别是在国防建设中更为突出。如机电产品涂上绝缘涂料起到绝缘的作用，汽车上一些特殊部位涂装防振、消声、隔热等涂料性能会更好。船舶长年累月在江河湖海中航行，经受海水浸泡、巨浪的冲刷，以及海底微生物的侵蚀等，需要使用性能良好的特殊涂料。还有用于军事装备上的涂料，如飞机、卫星用的抗辐射、耐高温涂料，战车、军舰、潜艇上的用于伪装的涂料等。

综上所述，涂料在国民经济、科学技术、人民生活等各领域起着重大而特殊的作用。

3. 涂料的分类

涂料的分类方法很多，按用途可分为木器涂料、建筑涂料、工业涂料等，按使用工序可分为底漆、腻子、二道漆、面漆；按涂料专用效果则分为绝缘漆、防腐漆。

国家标准对涂料的分类方法做了统一规定，标明涂料产品的分类以涂料基料中主要成膜物质为基础。若成膜物质中有两种以上的混合树脂，则以在漆膜中起主要作用的一种树脂为基础进行分类。

涂料共分18大类，具体分类情况见表2-1。

表2-1 涂料产品分类

序号	代号	涂料产品类别	主要成膜物质
1	Y	油脂涂料	天然沥青、石油沥青、煤焦沥青
2	T	天然树脂涂料	天然动植物油、清油（熟油）、合成干性油
3	F	酚醛树脂涂料	松香及其衍生物、虫胶、乳酪胶、动物胶、大漆及其衍生物
4	L	沥青漆类	改性酚醛树脂、纯酚醛树脂
5	C	醇酸树脂漆类	甘油醇酸树脂、季戊四醇酸树脂、各种改性醇酸树脂
6	A	氨基树脂漆类	脲（或三聚氰胺）甲醛树脂、各种改性氨基树脂
7	Q	硝基漆类	硝基纤维素和改性硝基纤维素
8	M	纤维素漆类	乙基纤维、苄基纤维、羟甲基纤维、醋酸丁酸纤维，其他纤维及醚类
9	G	过氯乙烯漆类	过氯乙烯树脂、改性过氯乙烯树脂
10	X	烯树脂漆类	氯乙烯树脂、改性过氯乙烯树脂
11	B	丙烯酸漆类	氯乙烯共聚树脂、聚二乙烯基树脂、聚乙烯醇缩醛树脂、聚苯乙烯树脂、氯化聚丙烯酸树脂等
12	Z	聚脂漆类	饱和聚脂树脂、不饱和聚脂树脂
13	H	环氧漆类	环氧树脂、改性环氧树脂

续表 2-1

序号	代号	涂料产品类别	主要成膜物质
14	S	聚氨酯漆类	聚氨甲酸酯
15	W	元素有机聚合物涂料	有机硅、有机钛、有机铝等元素有机聚合物
16	J	橡胶涂料	天然橡胶及其衍生物、合成橡胶及其衍生物
17	E	其他涂料	以上 16 类以外的其他成膜物质
18	—	辅助材料	溶剂、稀释剂、催干剂、固化剂等

各种辅助材料按用途不同，可分为如表 2-2 所示的几种类型。

表 2-2 辅助材料分类

代号	名称	代号	名称
X	稀释剂	T	胶漆剂
F	防潮剂	H	固化剂
G	催干剂	—	—

4. 涂料的命名

涂料命名规则用下列公式表示：

涂料的命名 = 颜色或颜料名称 + 成膜物名称 + 基本名称

例如：铁红醇酸底漆，白丙烯酸磁漆，等。

涂料中不含颜色和颜料的，称为清漆。对于有某些专业用途和特殊性能的涂料，应在成膜物质和基本名称之间表明，如：白醇酸画线磁漆，灰过氯乙烯机床磁漆。

如果基料中含两个或两个以上成膜物质，则选一种或两种成膜物质命名，主要成膜物质在前，次要成膜物质在后，如：氨基醇酸烘干磁漆。为方便起见，对成膜物质名称可作适当简化，如：聚氨基甲酯简称为聚氨酯。

5. 涂料的基本名称和型号

涂料的基本名称是根据用途、性能等方面的不同，用分类代号的方法加以区别的（表 2-3），并规定用 00~99 两位数字来表示基本名称。其中，00~13 表示涂料的基础品种；14~19 为美术漆；20~29 为轻工用漆；30~39 为绝缘漆；40~49 为船舶漆；50~59 为防腐漆；60~69 为特种漆；80~89 为其他备用漆。

表 2-3 涂料产品基本名称代号

代号	基本名称	代号	基本名称	代号	基本名称	代号	基本名称
00	清油	17	皱纹漆	38	半导体漆	62	示温漆
02	清漆	18	金属漆	40	防污漆、防蛆漆	63	涂布漆
03	调和漆	19	晶纹漆	41	水线漆、甲板漆	64	可剥漆
04	磁漆	20	铅笔漆	42	甲板防滑漆	66	感光漆
05	粉末涂料	22	木器漆	43	船壳漆	67	隔热漆

续表 2-3

代号	基本名称	代号	基本名称	代号	基本名称	代号	基本名称
06	底膝	23	罐头漆	44	船底漆	80	地板漆
07	腻子	30	绝缘漆（浸漆）	50	耐酸漆	81	鱼网淋漆
09	大漆	31	绝缘漆（覆盖）	51	耐碱漆	82	锅炉漆
11	电泳漆	32	磁漆	52	防腐漆	83	烟囱漆
12	乳胶漆	33	绝缘黏合剂	53	防锈漆	84	黑板漆
13	水溶性漆	34	漆包线漆	54	耐油漆	85	调色漆
14	透明漆	35	硅钢片漆	55	耐水漆	86	标志漆、马路画线漆
15	斑纹漆	36	电容器漆	60	防火漆	98	胶漆
16	锤纹漆	37	电阻漆、电位器漆	61	耐热漆	99	其他

涂料的型号由三部分组成，即一个汉语拼音字母和两组阿拉伯数字。字母表示涂料类别，前面一组阿拉伯数字表示产品的基本名称（见表2-3），后面一组阿拉伯数字则表示涂料产品分类序号（见表2-1），用来区别同一类型的不同品种，前后两组阿拉伯数字之间加一短横线使基本名称代号与产品分类序号分开，如图2-2所示。

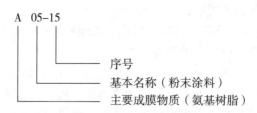

图 2-2 涂料的型号命名

从图2-2的例子中可以看出：A表示主要成膜物质，即氨基树脂；05为基本名称的代号（粉末涂料）；15是序号，表示这类涂料中的一个品种。

辅助材料的型号由两部分组成，即一个汉语拼音字母和1至2位阿拉伯数字。字母表示辅助材料的类别（见表2-2），数字为序号，用以区别同一类型的不同品种，字母与数字之间加一短横线，例如防潮剂F-2。

二、不同涂料及其用途

1. 油脂涂料

油脂涂料以干性植物油或部分半干性植物油，加入颜料、溶剂、催干剂等炼制而成。其优点是：漆膜柔韧、附着力好、不易粉化龟裂、耐大气性良好、对木材渗透性好、施工方便、价格低廉；而其缺点是：干燥慢、遮盖力差、漆膜软、耐化学性差、涂膜干后光泽低、不易打磨抛光、漆膜稍厚易起皱等。

油脂涂料主要用于室内外金属、木制品、建筑维修、调制腻子做基料，以及在要求不高的工程中使用。它的主要品种有清油、各色油性调和漆、厚漆、防锈漆等。

2. 天然树脂涂料

天然树脂涂料以干性植物油、天然树脂为主要成膜物质，并加入颜料、催干剂、溶剂制成。根据树脂和油的比例分为长油度（1∶3以上）、中油度（1∶2至1∶3）、短油度（1∶2以下）三种。

油和树脂的比例不同，产品的性能也有所区别。如短油度的涂料，干燥快、硬度高，光泽、耐磨等都比长油度涂料优良，显示出树脂的优点。常用于木器家具建筑门面、楼梯、栏杆、金属制品，以及工程机械、车辆的不重要部位。主要品种为脂胶磁漆、脂胶调和漆、脂胶腻子、钙脂漆、虫胶清漆、大漆等。

3. 酚醛树脂涂料

酚醛树脂涂料采用酚醛树脂、改性酚醛树脂和干性植物油作为主要材料，依照使用原料的差异，添加不同类型的催干剂、颜料和辅助材料调制而成。这种涂料可分为醇溶性酚醛树脂涂料、油深性纯酚醛树脂涂料、改性酚醛树脂涂料和水溶性酚醛树脂涂料四类。

四种涂料类别不同，性能用途也有所差异。以醇溶性酚醛树脂涂料为例。醇溶性酚醛树脂涂料分为热塑型和热固型两种。热塑型醇溶性酚醛树脂涂料自然干燥的速度较快、漆膜坚硬、对酸性和化学腐蚀的耐受性更强，缺点是漆膜较脆，附着力不强，在阳光直射下颜色容易变深，因此适合作为防腐涂料使用。热固型醇溶性酚醛树脂涂料在烘干以后，具有优秀的耐水、耐热、耐油、耐酸、绝缘等特性，但不耐碱，漆膜柔韧性有所欠缺，因此多用在防潮、绝缘、胶泥等方面。

由于酚醛树脂涂料有良好的耐水、防潮、绝缘等优点，多用于交通工具、机械、仪表、电表、电器、建筑木制品等作底漆、罩光和室内用漆。

4. 沥青涂料

沥青涂料是以天然沥青或人造沥青，加油料或不加油料为主要成膜物质的涂料。沥青是一种热塑材料，是历史悠久的涂料品种。由于其具有材料来源丰富、价格低廉、施工方便的特点，因此得到广泛应用。主要品种有纯沥青漆、加油沥青涂料、加树脂沥青涂料。沥青涂料具有优异的耐水性、良好的耐化学性能和绝缘耐热性，是一种很好的保护、防腐、装饰的涂料，常用于化工、机械、船舶、地下管道、轻工制品、小五金等。

5. 醇酸树脂涂料

醇酸树脂涂料是以醇酸树脂为主要成膜物质的一类涂料。醇酸树脂原料来源有三种：多元醇类、多元酸类和植物油类。采用多元醇、多元酸和植物油脂肪酸通过脂化、缩合制成，是合成树脂中最重要的一类树脂，在涂料工业中用途极为广泛，并有着主导的地位。

醇酸涂料使用范围广、适应性强，受到普遍欢迎，是我国大力发展的一类涂料品种。其主要性能有：漆膜干燥后耐候性好、不易老化、保光性能持久、耐摩擦、柔韧性强，可采用喷、刷、浸等施工方法，经烘干后耐油、耐水、绝缘性都大大提高。其缺点是：漆膜表面干燥较快，但彻底干燥时间较长，耐水性差、不耐碱，涂膜时每次不能涂装过厚，温度过高容易起皱。

6. 氨基树脂涂料

氨基树脂涂料是一种以氨基树脂和醇酸树脂作为主要成膜物质的涂料。氨基树脂是热固性合成树脂的主要品种之一。通常用于制作涂料的氨基树脂有三种：三聚氰氨甲醛树脂、脲醛树脂和苯代三聚氰氨甲醛树脂。如果只用氨基树脂制作涂料，涂料在经过加热固化后形成的漆膜就会硬而脆，附着力不足，因此需要和其他树脂配合使用。

目前，较为常见的是氨基树脂和醇酸树脂的配合，即在氨基树脂中加入不同比例的醇酸树脂，这样一来，不仅改善了氨基树脂的附着力，还能使醇酸树脂的硬度、光泽、耐水性和耐碱性等性能大大提升。

氨基树脂涂料可分为四大类，即氨基醇酸树脂涂料、酸固化氨基树脂涂料、氨基树脂改性有硝化纤维素涂料、水溶性氨基树脂涂料。这四大类氨基树脂涂料中，用途最广的是氨基醇酸树脂涂料。

一般来说，氨基树脂含量愈高，涂膜的光泽、硬度、耐水、耐油、绝缘性能等方面越好，但漆膜的脆性增大，附着力变差。

氨基醇酸涂料的特点是：漆膜外观光亮平滑，色彩鲜艳，漆膜坚硬，附着力强，结构强度高，保光保色性能好，清漆色浅不易变黄，耐候性强，不易粉化、龟裂，具有良好的耐水、耐油、耐溶剂、耐化学品性能，施工性能好，湿碰湿喷涂不易起皱，具有良好的电气绝缘性。其缺点是：由于该涂膜需要烘烤，固化温度较高，不适合在木器家具、橡胶制品、有机玻璃汽车补漆和某些不能烘烤的物件上使用。

由于该涂料有许多优良的性能，已被广泛地用于各种交通车辆、仪器、仪表、家用电器、钢铁家具、轻工产品等适应烘烤条件的制品。

7. 硝基涂料

硝基涂料是以硝化棉为主要成膜物质的一类涂料，通常称之为喷漆。硝基涂料虽然品种很多，但从性能和用途上讲，可分为外用硝基涂料和内用硝基涂料两大类。由于涂料中硝化棉的比例不同、改性树脂不同，以及增塑剂的品种不同，所以性能、用途也不尽相同。硝基涂料的优点是：涂膜干燥快、坚硬、耐磨，有良好的耐化学药品性能，耐水、耐油、耐汽油、酒精的侵蚀，且柔韧性好。调配合适的增塑剂，可制成柔韧性很好的软性硝基涂料，如硝基皮革漆。该涂料施工性能优越，可以在较差的环境下施工（如室外涂装），可湿碰湿喷涂，膜层干后可抛光上蜡。

硝基涂料的缺点是：固体含量低，一次喷涂成膜较薄，施工时须多次喷涂，消耗溶剂较多。在潮湿的环境下施工，漆膜容易泛白。由于硝基涂料干燥很快，因此不适合刷涂。涂料刺激味大，施工环境需要有良好的通风条件，否则操作人员容易发生中毒现象。

硝基涂料品种繁多、用途广泛。外用硝基涂料可用于各种金属表面、交通车辆、机械设备、木器家具、机电产品。内用硝基涂料多用于户内小型机械、各种仪表家具、装甲车、坦克内壁、光学仪器内部等。

8. 过氯乙烯树脂涂料

过氯乙烯树脂涂料是以过氯乙烯树脂为基础的涂料，还包括其他树脂、增塑剂、稳定剂、颜料（不含颜料的是清漆）及有机溶剂。过氯乙烯树脂涂料是一种挥发性涂料，目前大致可分为三种类型，即一般用涂料、耐化学涂料、航空涂料。每种类型的涂料都有底漆、磁漆、清漆，自成体系。

该涂料的优点是：自然干燥较快，次于硝基涂料，适合多种施工方法。有优良的耐化学稳定性，能在常温下耐25%的硫酸、硝酸及40%的烧碱达几个月之久。有良好的耐候

性、耐水性、耐湿热性，有很好的防火性能。其缺点有：固体含量低，附着力较差，表面干燥较快，但实干较慢，膜层表面硬度较硝基涂料差。

过氯乙烯树脂涂料广泛用于化工设备、混凝土建筑、地下管道、车辆、机械、机床、飞机、木器等表面涂装。

9. 丙烯酸树脂涂料

丙烯酸树脂涂料是由甲基丙烯酸酯和丙烯酸酯共聚树酯制成的涂料。为降低成本和改进性能，也常与其他不饱和的烯类单体联合使用，配制成各种不同性能的丙烯酸涂料。该涂料一般分为热固性和热塑性两类。由于它具有清漆色浅、漆膜干燥后坚硬光亮持久、耐水、耐酸碱、耐腐蚀、耐热性强等特点，又能和其他多种合成树脂并用，可配制成多种多性能、多用途的系列化丙烯酸树脂涂料，是近几年来发展很快的一种涂料。

由于丙烯酸涂料品种多，用途广泛，是室内外十分优良的保护和装饰涂料，主要用于飞机、交通车辆、机床设备、桥梁、建筑、高级木器、仪器仪表、家用电器和轻工产品等高级装饰的涂装。

10. 环氧树脂涂料

以环氧树脂作为主要成膜物质制成的涂料被称为环氧树脂涂料。环氧树脂涂料的种类较多，通常可分为烘烤型和常温固化型两大品种。环氧树脂涂料集酚醛树脂涂料、醇酸树脂涂料、过氯乙烯树脂涂料的优点于一身，弥补了酚醛树脂涂料抗化学性差、醇酸树脂涂料耐碱性不足、过氯乙烯树脂涂料附着力不强的缺陷，因此，环氧树脂涂料被广泛运用于钢铁表面防腐、铝镁合金等轻金属表面底漆，以及机电产品的绝缘漆涂装。环氧树脂涂料的缺点是户外耐候性较差，漆膜容易粉化，因此不适合用作户外高质量涂装。

11. 聚氨酯涂料

聚氨酯涂料是以聚氨基甲酸树脂为基料的涂料，可分为聚氨酯改性油、温固化聚氨酯、封闭型聚氨酯、催固化型聚氨酯、多羟基组分固化型聚氨酯五类。从使用上来讲可分为单组份和双组份两类。

这类涂料有多方面的使用性能，品种、数量都发展很快，是一种很有发展前景的新型涂料。它具有漆膜坚硬耐磨，优异的耐化学腐蚀性，良好的耐油、耐溶剂性能等性能，广泛用于木器、地板、飞机、汽车、机械机床、电器仪表、皮革、塑料、纸张、石油化工、地下设施等的涂装。其不足之处是涂料价格较贵，施工条件苛刻。

三、常用颜料的性能及用途

颜料由微细粉末组成，作为构成涂料的次要成膜物质，颜料在涂料中起到改善涂料物理化学性能、提升涂膜耐水性和耐碱性，以及防腐性等作用。颜料依照其化学成分，可分为有机颜料和无机颜料；按颜料的原材料来源，可分为天然颜料和合成颜料；按颜料的作用，则可分为着色颜料、防锈颜料和体质颜料。

1. 颜料的通用性

（1）遮盖力：颜料的遮盖力是指色漆涂膜中的颜料能起到遮盖承受涂膜的表面，使颜料能透过涂膜而显露出来的能力。颜料本身的遮盖力受到很多因素的影响，如颜料的颗粒大小、颗粒形状、折光率，以及对光的吸收能力等。

(2) 着色力：是指某一种颜料与另一种颜料混合后形成颜色强弱的能力。这影响着混合颜料的配制，也决定颜料的经济价值。决定着色力的主要因素是颜料的分散度。颜料的分散度越大，着色力越强。

(3) 渗色性：底漆的颜色渗透到面漆上来，使面漆变色，称为渗色。深色的底漆未干透，就在上面覆盖浅色的面漆，面漆中若含有强溶剂时易发生渗色。如铁红底漆中带有微量的有机红颜料，用含强溶剂的硝基漆罩面易使白色面漆泛红。

(4) 粉化：涂膜在大气中曝晒，吸收紫外光而发生光氧老化，高分子成膜材料老化后，不能更好地润湿颜料，使颜料粒子从漆膜表面析出，成为疏松的细粉。涂膜的户外老化抗粉化性的好坏是评价色漆涂膜户外老化性好坏的主要指标，这一指标与漆基材料的正确选用、配比和颜料的抗粉化性的强弱有关。

(5) 吸油量：是将100 g颜料调成浆状所需要的规定精制亚麻油的质量克数。颜料吸油量的大小跟颜料的颗粒大小、分散程度、颗粒表面性能等因素有关。一般来说，颜料的颗粒愈小，分散度愈大，孔隙愈多，相应的吸油量愈大，反之则愈小。

另外，影响吸油量的还有颜料的颜色、折光率、分散性能、耐热性、耐溶剂性、耐酸碱性等。

2. 着色颜料

着色颜料是涂料中用途、用量最多的颜料，它能使涂料具有丰富的色彩和良好的遮盖力。另外，它还能使涂料提高耐久性、耐碱性、耐磨性等性能。

(1) 着色颜料的分类及构成如图2-3所示。

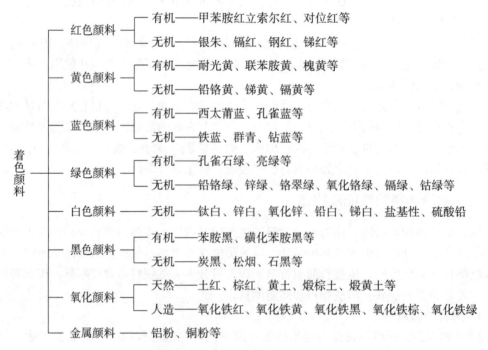

图2-3 着色颜料的分类及构成

（2）常用着色颜料的名称、性能及用途如表2-4所示。

表2-4 常用着色颜料的名称、性能及用途

颜料名称	别名	主要成分和性能	用途
镉红	硒硫化镉 大红色素	由镉和硒与碳酸或草酸镉煅烧分解而成。颜色鲜艳而饱和，着色力强、耐光、耐热、耐碱等，性能良好，但价格较贵	常用于涂料、搪瓷、玻璃等工业
氧化铁红	铁红 铁丹 铁氧红 锈红	是由硫酸亚铁或碗铁矿经高温煅烧而成，具有优良的化学稳定性，耐光性、耐候性良好，着色力和遮盖力（仅次于炭黑）也很强	用于橡胶、塑料、电磁、人造大理石、水泥等
甲苯胺红	猩红	是一种有机颜料，色泽鲜艳，着色力强、遮盖力好，耐光、耐热、耐水、耐酸碱性优秀，是一种优良的红色颜料	用于涂料、油彩、油墨等
大红粉	—	是一种有机颜料，质软，粉末鲜红，着色力好，遮盖力强，耐热、耐酸、耐碱等	广泛用于深涂料和油墨等
铅铬黄	铬黄 巴黎黄	是铬酸铅或铬酸与硫酸铅的混合物。它有良好的遮盖力，在大气中不易粉化，但耐光性差，色相易变成绿色，甚至棕黑色，不耐酸碱，有毒性	用于涂料和油墨、着色油彩、塑料等
铁黄	氧化铁黄	褐棕黄色粉末，具有很强的遮盖力、着色力，耐光性、耐大气性、耐碱性性能良好	涂料工业、建筑工业、油彩、颜料等
锶黄	铬酸锶	呈柠檬色，色彩艳丽，有较高的耐光性和耐热性，质地松软，遮盖力、着色力较低，价格较贵	高级防锈颜料及绘画色料
镉黄	—	色泽鲜艳，着色力、遮盖力强，耐湿性优良，能耐酸，但不耐碱，价格贵	绘画、陶瓷、搪瓷等，特殊性耐湿涂料用
铁蓝	普鲁士蓝	呈深蓝色粉末，着色力强，耐酸、耐光，耐候性良好，不耐碱且遇碱分解。遮盖力差	用于涂料、油墨等工业中
群青	深蓝 洋蓝 云菁	是由高岭土、纯碱硫黄硅藻土或石英粉经熔烧而成，耐光、耐热性好，能耐碱，但不耐酸，着色力、遮盖力差，在涂料中分散度不好，易沉淀	涂料、橡胶、造纸、印染、塑料等工业
酞菁蓝	—	蓝色粉末，性能优良，光泽鲜艳，遮盖力、着色力很强，耐光、耐温、耐酸碱性良好	涂料、油墨、橡胶、印染等工业

续表 2-4

颜料名称	别名	主要成分和性能	用途
酞菁绿	—	是铜酞菁蓝的氯代衍生物,是一种优良的绿色颜料,色泽鲜明,着色力、遮盖力、耐光性、耐热性良好,对酸碱作用稳定,价格较贵	涂料、油墨等工业
铅铬绿	—	用铁蓝铅铬黄生成的颜料,有良好的遮盖力、着色力、耐光性、耐候性,遇酸碱而分解,易燃	涂料、油墨、绘画等
酞菁铬绿	铁丹 铁氧红 锈红	是由重铬酸盐煅炼与碳、硫等还原剂反应制成,具有橄榄绿、灰绿、茶绿、草绿等不同色调,是含绿色的无机颜料,遮盖力强,耐光、耐候性良好,且极耐高温,但颜色不鲜艳	涂料、陶瓷、搪瓷、印染等
炭黑	墨黑 乌烟	炭黑是由有机物质经不完全燃烧或经热分解等各种方法制成,其主要成分是碳。有高的遮盖力、着色力、耐候性、耐光、耐温优良,化学性能稳定,酸碱对它不起作用	黑色涂料、橡胶工业
铁黑	氧化铁黑	由氧化亚铁与三氧化二铁配制成的粉末,有很强的遮盖力、着色力、耐光、耐大气性好,但不耐酸	建筑工业,防锈、涂料底漆等
钛白	二氧化钛 大红色素	是白色颜料中最好的一种。分金红石型和锐钛型两种,白度纯,着色力很强,对大气中的氧、二氧化碳、硫化氢和氨等都很稳定,具有耐光、耐热、耐稀酸、耐碱、不变色、无毒性的性能	用于涂料、油墨、造纸、橡胶、塑料、化妆品等
锌白	氧化锌 铁丹 铁氧红	是以锌矿或含锌的废渣为原料,经过高温熔烧等处理制成。颜色纯白,遮盖力不如钛白和锌钡白,耐光、耐热、耐候,不易粉化,不变色,性能良好	主要用于橡胶工业、涂料工业
锌钡白	立德粉	是由硫化钡和硫酸锌溶液作用而成的产物,颜色洁白,遮盖力强,着色力优,耐热性好,耐碱不耐酸,耐光性差,遇光易变暗,耐候性差	常用于室内涂料、橡胶、造纸、油墨等
锑白	—	外观洁白,遮盖力、着色力强,耐光、耐热性均佳,不易粉化,无毒性	用于防火涂料中

续表2-4

颜料名称	别名	主要成分和性能	用途
铝粉	—	是由铝熔化后喷成细雾再经球磨机研细或将铝片用机械制成铝箔，再用球磨机冲击成细小的鳞片状。可分为漂浮型和不漂浮型两种。有极强的遮盖力、耐热性和耐光性，有良好的防锈性和对紫外线的反射能力	多用于涂料工业等
铜粉	金粉	是铜、锌合金的细粉，呈美丽的金黄色，遮盖力强，漂浮性能好，易氧化变色	涂料工业、塑料、彩色贴花、丝网印花、胶印等

3. 防锈颜料

防锈颜料虽然没有鲜艳夺目的色彩，但具有突出的防锈能力，在防锈涂料中作为不可替代的底漆使用。根据防锈颜料的性质作用差异，一般可分为化学性防护型与物理性防护型两类，其具体分类如图2-4所示。

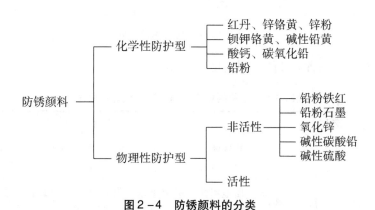

图2-4 防锈颜料的分类

（1）常用的化学性防锈颜料：

红丹是一种橘红色的粉末，对钢铁表面防锈能力强，但是有毒性，易沉淀，遮盖力强，吸油量小。

锌铬黄为柠檬黄色粉末，是轻金属优良的防锈颜料，在漆中有很强的缓蚀能力。在海洋气候条件下，对金属有良好的保护性能，遮盖力、着色力低于铅铬黄，但耐光性较强。

铅粉主要成分为氧化亚铅，是灰绿或灰黄色鳞片状细末，漂浮性很强，可浮在漆膜表面形成均匀的膜，能阻隔水汽和其他腐蚀气体渗入，减少漆膜透水性，是钢铁表面很好的防锈颜料。

锌粉主要用在富锌底漆中，常用作锌金属或镀锌金属表面的防锈漆。

锶钙黄外观呈黄色，常用于铝合金电泳漆中。

铅酸钙，防锈能力不如红丹，主要用于镀锌表面，防锈效果好。

铬酸钾钡颜色浅黄，主要用于铝镁合金表面，用作铝金属防护漆。

(2) 常用的物理性防锈颜料：云母氧化铁是一种天然矿物，也可由亚铁盐与苛性钠反应后经过处理而得，它的特性类似铁红，具有很好的机械强度，附着力强，弹性好，抗紫外线，耐高温，不褪色，不粉化，不渗透，是钢铁表面优秀的防锈颜料。

4. 体质颜料

体质颜料也被称为填充料，通常是白色或无色，且没有遮盖力和着色力，折射率也较低。体质颜料一般来自天然产品，容易获得且价格低廉。其主要功能是增加漆料的体积，由此降低原材料成本。此外，还能改变漆膜的光泽度，优化施工性能，提升漆膜的硬度、耐磨性、悬浮性等诸类性能。体质颜料的品种与分类如图2-5所示。

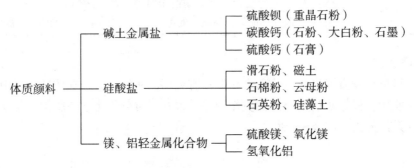

图2-5 体质颜料的品种和分类

常用的体质颜料品种、性能、用途见表2-5。

表2-5 常用的体质颜料品种、性能及用途

序号	名称	性能及用途
1	重晶石粉（硫酸钡）	耐酸碱，耐红外线，密度大，吸油量低，能使漆膜坚硬耐磨，但易沉底。常用于调和漆、底漆、防锈漆、腻子等
2	重体碳酸钙（石粉、白垩）	质地粗糙，不溶于水，易吸潮，呈微碱性。多用于调和漆、底漆、腻子中
3	轻体碳酸钙	性能与重体碳酸钙相似，体质轻，颗粒细，遮盖力比石粉高。用于底漆、腻子、平光漆、调和漆中
4	沉淀碳酸钙	性能与重体碳酸钙相似，质地较软，粒度很细，吸油量较大。广泛用于调和漆、底漆、腻子中
5	石膏（硫酸钙）	质地较粗、吸水量大，主要用于调配腻子
6	云母粉	耐酸碱、耐热，耐化学药品，用在漆中能提高漆膜弹性和韧性，防龟裂，延迟粉化。常用于防火漆中
7	石棉粉	质轻而松，吸油量大，耐酸、耐碱、耐热，稳定性极高。常作为耐酸漆、耐热漆、耐火漆的加强特殊性能颜料使用
8	石英粉	质地坚硬，吸油量小，耐热，不溶于酸。用作腻子、底漆、地板漆等

续表 2-5

序号	名称	性能及用途
9	滑石粉（硅酸镁）	在涂料中具有消光，防止漆膜流挂、开裂，防止颜料沉淀，增强涂膜耐水、耐磨性能的作用。用于底漆腻子和耐磨漆中
10	硅藻土	耐化学性能好，悬浮性强，吸油量较大，制造防火漆用
11	高岭土（瓷土、陶土、白土）	质地细腻洁白，耐光，耐稀酸和稀碱。用于底漆、水粉漆等，能提高漆膜硬度，防止颜料沉淀

四、涂料溶剂和常用助剂

涂料溶剂是一种可以溶解树脂、油类等物质，具有易挥发特性的有机溶液，是除粉末涂料以外，在生产其他涂料和进行涂装工艺时不可替代的重要成分。溶剂能够降低涂料中主要成膜物质的黏性，令其达到操作标准。溶剂非常容易挥发，在使用涂料进行涂装、干结成膜后，溶剂部分基本上会完全挥发掉，因此溶剂也被称为挥发部分。

1. 溶剂的分类

溶剂的种类很多，按其来源、化学组成可分为下列几大类：

（1）水：水作为溶剂，价廉易得，无毒无味，不燃不爆，是乳胶漆的主要成分。它可以单独与醇类或与醚醇类溶剂一起，作为溶解水性树脂和水性颜料的溶剂。但是，能与水混溶的有机溶剂是有限的，因此不能广泛使用。

（2）烯类溶剂：常用的有松节油、双戊烯。松节油是松树的分馏产物。它们的溶解力大于松香水，低于苯类溶剂，是油性漆和油基磁漆的较好溶剂。双戊烯的挥发速度比松节油慢，可作为油性漆的防结皮剂。

（3）烃类溶剂：是涂料工业中用量最多的一类溶剂，分为两大系统。

脂肪烃：如 200 号汽车溶剂（松香水）、煤油、汽油等，是脂胶漆类、酚醛漆类、中长油度醇酸树脂漆类的很好的溶剂。

芳香烃：如苯、甲苯、二甲苯等和其他有机溶剂混溶后，可作为硝基醇酸树脂漆、氨基烘漆等的稀释剂。

（4）醇类溶剂：包括甲醇、乙醇、丁醇、丙醇。乙醇又称酒精，工业酒精能溶解虫胶和许多合成树脂如环己酮树脂、缩丁醛树脂，但对一般涂料溶解力很差。甲醇能溶解硝化棉，它与脂类、酮类溶剂配合使用能增加溶解力。常用作硝基漆助溶剂的丁醇常作为乙醇的代用品。

（5）酯类溶剂：有醋酸乙酯、醋酸丁酯、醋酸戊酯等。它是由醇类和有机酸反应而形成的产物，也可由石油、天然气直接合成而得。它们的溶解力强，性质相似，搭配其他溶剂使用可作硝基漆、丙烯酸漆、过氯乙烯漆、乙烯漆等的稀释剂。

（6）酮类溶剂：溶解性强，是合成树脂的优良溶剂。常用的有丙酮、甲乙酮、环己酮、甲基异丁酮等。丙酮是脱漆剂的主要成分之一；甲乙酮挥发速度较慢，是合成树脂的优良溶剂；环己酮溶解力强，挥发速度慢，在硝基漆中起防止漆膜发白的作用，并使漆膜表面流平效果好；甲基异丁酮挥发速度快，溶解力强，常用于烘漆中。

（7）醚类和醇类溶剂：如乙二醇乙醚、乙二醇单丁醚、乙二醇单乙醚乙酯，多用于硝基漆、乙烯漆、环氧漆、聚酯漆和乳胶漆的溶剂。由于其价格较贵，很少在普通漆中使用。

（8）氯化烷烃类溶剂：这类溶剂的特性是溶解力强，不易燃烧，毒性较大，多用于特种漆和脱漆剂，如二氯甲烷、二氯乙烷中。

（9）硝基化烷烃溶剂：能溶解硝化棉、醋酸纤维素等，挥发速度快，如硝基甲烷、硝基乙烷等。

涂料溶剂按其作用可分为以下三类：

（1）真溶剂。能溶解涂料中的有机高聚物的溶剂。

（2）助溶剂。此种溶剂不能溶解有机高聚物，在与真溶剂混合使用时具有一定的溶解能力，并可影响涂料的性能。

（3）稀释剂。它不能溶解有机高聚物，也无助溶作用，但在一定程度上可以和真溶剂、助溶剂混合使用，价格比真溶剂、助溶剂低，可降低成本。

事实上，溶剂的分类是相对而言的，某一种溶剂在某种涂料中是真溶剂，而在另一种涂料中则作为助溶剂或稀释剂。以乙醇为例，乙醇在溶解虫胶树脂中是真溶剂，但在硝基漆中仅作为助溶剂和稀释剂。所以在选择溶剂时，要依照主要成膜性质和种类性能等进行全面综合的考量。在选择溶剂时，需要注意以下几点：①溶解能力；②颜色及杂质；③挥发速度和释放性；④闪点和自燃性；⑤气味和毒性；⑥货源和价格。

常用溶剂的性能和指标（溶解度、挥发率、闪点、自燃点等）见表2-6。

表2-6 常用溶剂的几种常数

名称	溶解度参数	挥发率/（mL·min^{-1}）25℃时	沸点/℃	闪点/℃	自燃点/℃
松节油	8.1	450	140～200	35	253
松香水	6.9	440～450	150～240	27～38	260
汽油	—	15	80～150	-10	253
苯	9.2	12～15	80.1	-11	580～650
二甲苯	8.8	81	135～154	17.1	490～550
丙酮	10	5	56.2	-17	600～650
环己酮	9.9	—	156.7	47	520～580
乙酸乙酯	9.1	10.5	77.1	-5	480～550
乙酸戊酯	—	90	142.1	24.4	560～600
乙醇	12.7	32	78.32	14	390～430
甲醇	14.5	—	65	12～14	—
正丙醇	11.9	—	97	15	—
异丙醇	11.5	—	82	12	460

续表 2-6

名称	溶解度参数	挥发率/（mL·min^{-1}）25 ℃时	沸点/℃	闪点/℃	自燃点/℃
正丁醇	11.4	—	118	35	—
异丁醇	—	—	108	25	—
仲丁醇	10.8	—	100	24	—
醋酸乙酯	—	—	77.15	-5	480~550
醋酸丁酯	—	—	126.5	23	420~450
醋酸戊酯	—	—	142.1	—	560~600

2. 常用稀释剂

稀释剂的基本功能是降低底层涂料和面层涂料的黏稠度，如果不加入稀释剂，这些涂料会因为浓度太高而无法进行喷涂作业。因此，必须正确使用稀释剂。稀释剂是由溶剂、助溶剂、冲淡剂三个部分组成，是涂料的重要组成部分，是挥发性液体。在涂料配制和施工过程中，稀释剂选择正确与否，对涂膜的性能和品质好坏都有很大的影响，如果稀释剂使用不合理或用错，即使品质好的涂料与工艺也会造成低劣的品质。常用稀释剂的名称和用途见表 2-7。

表 2-7 常用稀释剂的名称和用途

型号名称	曾用名称	用途
X-1 硝基漆稀释剂	喷漆稀料 甲级香蕉水 甲级信那水 甲级天那水	稀释能力高于 X-2，用于稀释硝基清漆、硝基底漆，也可用于稀释各种热塑型丙烯酸漆
X-2 硝基漆稀释剂	乙级香蕉水 乙级天那水 乙级信那水	一般用途的硝基漆料，也可用于洗涤喷漆工具
X-3 过氯乙烯漆稀释剂	甲级过氯乙烯稀释剂	稀释各种过氯乙烯底漆、磁漆、清漆、腻子等
X-4 氨基乙烯漆稀释剂	氨基稀料	用于稀释氨基漆、氨基锤纹漆、短油度醇酸漆、环氧酯类漆等
X-5 丙烯酸漆稀释剂	648 丙烯酸稀释剂	用来稀释各种丙烯涂料，也可用来作硝基漆稀料
X-6 醇酸漆稀释剂	醇酸漆稀料、磁漆稀料	用于稀释中、长油度的醇酸磁漆、底漆、清漆，也可用于稀释酯胶漆和酚醛漆
X-7 环氧漆稀释剂	环氧稀料	稀释用环氧树脂制成的清漆、磁漆、底漆、防腐漆、腻子等

续表2-7

型号名称	曾用名称	用途
X-8 沥青漆酯稀释剂	—	供稀释沥青漆用，不能用于稀释常温干燥的沥青漆
X-10 聚氨酯稀释剂	聚氨甲酸酯稀释剂	用于稀释聚氨酯涂料
X-15 硝基漆稀释剂	铅笔漆稀料	专供Q20-30、Q20-80硝基漆用，也可稀释其他铅笔漆
X-20 硝基漆稀释剂	特级香蕉水基丙烯酸稀料	用于稀释要求高的硝基漆，热塑性丙烯酸漆、环氧酚醛、罐头色装漆

3. 催干剂

催干剂又称为干料，是一种能够加速漆膜干燥的液体或固体，对干性漆膜的吸氧、聚合作用起着类似催化剂的促进作用，通常用在油性涂料和醇酸酯涂料中。接下来介绍几种常见的催干剂。

（1）钴催干剂：钴催干剂是一种具有极强催干效果的金属皂，其氧化作用自漆膜表面开始，令漆膜表面的干燥速度加快。需要注意的是，钴催干剂如单独使用或使用过量，就会令漆膜表面干燥过快，从而产生皱皮、造成底层难以干透、长期发软等问题。钴催干剂通常和钙、锌等助剂配合使用，催干效果较好。

（2）铅催干剂：能使漆膜从里到外聚合，干燥比较均匀，漆膜干后坚韧而硬，提高漆膜的附着力和耐候性，但其氧化催干性低，单独使用容易造成漆膜表面发黏，必须与钴、锰催干剂配合使用。铅皂有毒性，在食品和儿童用品的涂料中严禁使用。

（3）锰催干剂：催干特性在铅与钴之间，是氧化和聚合同时进行的一种催干剂。氧化作用稍强于聚合作用。它在热固型涂料中使用可提高漆膜的坚韧性和硬度，其效果比钴好，但色深并易发黄，不宜用于浅色漆中。锰催干剂虽可有效地促进底干，但也须与其他催干剂混合使用。

（4）锌与钙催干剂：环烷锌和烷钙都是辅助性的催干剂，与主催干剂配合使用，可改善漆膜的性能，消除起皱、发霜等毛病。在不能使用铅催干剂的产品如玩具、食品包装等的涂料中，可用钙催干剂代替铅催干剂。

（5）铁催干剂：环烷酸铁是一种表面催干剂，在高温下则具有较强催干作用，主要用于热固型涂料中。铁催干剂颜色深，因而适用于沥青烘漆、黑氨基烘漆等，并能增加漆膜的硬度和柔韧性。

（6）锆催干剂：是一种新型的催干剂，有独特的催干性，对其他催干剂有较强的催干作用，能有效地提高钴锰皂的催干作用。常在烘干型涂料中应用，可提高漆膜的硬度和光泽。

涂料催干剂的用量，是按照涂料中所含干性油或半干性油的数量计算的。醇酸树脂漆，可以树脂的含量或按干性油、半干性油的含量为基础，计算催干剂的需要量。

4. 固化剂和增韧剂

固化剂是一种具有催化作用的化合物，在双组份涂料中，能与合成树脂发生交联反应，生成膜。固化剂主要应用于不能自然干燥和烘烤成膜的涂料中，如环氧涂漆、聚氨酯漆、聚酯漆等。

常用的固化剂品种有环氧漆固化剂、聚氨酯漆固化剂、聚酯漆固化剂。

增韧剂也被称为增塑剂，它可与成膜物质进行高聚物混合，由此增加漆膜的弹性和附着力。增韧剂一般分为两种：一种是溶剂型增韧剂，这类增韧剂采用挥发速度很低的高聚物溶剂，由此增加高聚物的弹性。溶剂型增韧剂能够以任何比例互溶，也被称为化学增韧剂。另一种是非溶剂型增韧剂，这是一种高聚物的不挥发冲淡剂，用于增加高聚物的弹性，在互溶性方面有一定限制。非溶剂型增韧剂也被称为软化剂。

常用的增韧剂有苯二甲酸二乙酯、苯二甲酸二丁酯、苯二甲酸二戊酯、磷酸三乙酯樟脑、蓖麻油等。

5. 防潮剂和脱漆剂

防潮剂又名防白剂，是由高沸点和挥发速度较慢的酯类、醇类、酮类等有机溶剂混合而成的液体。在潮湿的条件下（相对湿度70%以上），空气中的水蒸气就会凝聚在漆膜表面，因水与溶剂不相溶，漆膜就会变成白色雾状，明显无光，这种现象称为泛白。加入适量的防潮剂，提高溶剂沸点，使溶剂挥发速度减慢，可防止泛白现象。

脱漆剂又叫去漆剂，主要是利用有机溶剂对漆层表面产生溶解、溶胀作用，将旧涂层清除掉。脱漆剂一般分为两类。一类是由酮类、醇类、苯类、酯类加石蜡混合制成的，有很好的溶胀漆膜性能，主要用于清除油脂、酚醛、硝基等旧漆层。另一类脱漆剂是由二氯甲烷、纤维素醚、石蜡等配合而成，毒性较小，脱溶速度快，主要用于清除环氧漆、聚氨酯漆等。

任务2 涂装工具与设备

一、刮涂工具的使用和维护

1. 刮涂工具简介

在汽车维修过程中，外表经钣金工的敲补、焊接后，还需要用腻子填补磨平。刮涂腻子常用的工具有硬刮具和软刮具两类。硬刮具有调灰刀、牛角刮刀、钢片刮刀等，通常用于涂刮平面及大面积凹坑；软刮具一般是指橡胶刮板，它一般用于涂刮小的凹坑，刮出的腻子表面较平滑、遗留孔隙较小。

（1）调灰刀：调灰刀也被称为刮灰刀、油灰刀。由木柄和刀板两个部分构成，木柄通常采用松木、桦木等制成，刀板则采用弹性较好的钢板制成。调灰刀的特点是可选择的规格较多，弹性较好，使用便捷。以宽灰刀为例，宽灰刀有100 mm和75 mm两种，可用在木车厢、客车板这类较大物体的平整面腻子刮涂或基层清理工序中；中号灰刀的宽度一般是50～65 mm，通常在调配腻子、小面积腻子补刮和清除旧漆等工序种使用；而窄灰刀则更多用在调配腻子以及清理腻子毛刺上。调灰刀及其握姿如图2-6所示。

图2-6 调灰刀及其握姿

（2）牛角刮刀：牛角刮刀的形状类似牛角，其特点是使用方便，可来回刮涂（左右刮涂），主要用于修饰腻子的补刮等。牛角刮刀使用后，应清理干净并置于木夹上存放，以防变形，影响使用。牛角刮刀及其握姿如图2-7所示。

图2-7 牛角刮刀及其握姿

（3）钢片刮刀：钢片刮刀由弹性极好的薄钢片制成，其特点是弹性好、刮涂轻便、效率高，刮后的腻子层平整，既可用于局部刮涂，也可用于全面刮涂，较适用于小轿车、大型客车等表面的腻子刮平。钢片刮刀及其握姿如图2-8所示。

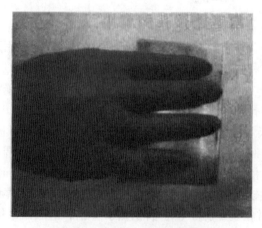

图2-8 钢片刮刀及其握姿

（4）橡胶刮刀：橡胶刮刀也叫橡胶刮板，一般由耐油、耐溶剂和膨胀系数较小的橡胶板制作而成，其外形尺寸和形状各有不同，可根据具体需要来选择。橡胶刮刀具有弹性，因此刮涂方便，可沿着物体表面的弧度和形状进行刮涂，完成更加平整的腻子层。在针对凹凸形、圆形、椭圆形等物面时，橡胶刮刀的优势尤为明显。在汽车涂装工序中，橡胶刮刀适用于刮涂弧形车门、翼子板等部位。橡胶刮刀及其握姿如图2-9所示。

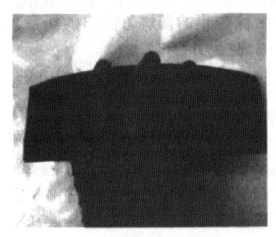

图2-9　橡胶刮刀及其握姿

2. 刮涂工具的维护和使用

工欲善其事，必先利其器。工具的维护对施工质量和施工效率有直接影响，所以花一定的时间对工具进行维护是值得的，也是必要的。对于刮涂工具的维护需要注意以下几点：

（1）及时清除刮具上残留的异物，检查刮具的刀口是否需要维修。

（2）使用过程中密切关注刮具刀口的平整度，一旦发现刀口有异物或损坏，应及时清除抹平或者进行更换。

（3）刮涂结束后，及时清理刮具上残留的腻子，并妥善保管。

刮涂工具如图2-10所示。其实施步骤如下：

图2-10　刮涂工具

（1）检查工具（目视法）。检查刮刀、灰刀是否干净，有无缺口、毛刺。如刮刀、灰刀有残留原子灰，可用研磨机配合砂轮（不低于 P240）进行打磨。有缺口时应进行更换。如有毛刺可用砂纸（不低于 P320）打磨。（刮刀、灰刀为金属材质，刀口锋利，应小心伤到自己或别人）

（2）在刮板上练习。在刮板上进行调灰练习。调灰手法有多种，选择一个最适合自己的手法反复练习即可。（练习时只用原子灰基料，不需要添加固化剂）

（3）在平面上练习。原子灰调配手法练习熟练后，可在门板平面处练习原子灰的敷涂手法及进一步练习刮刀的使用方法。

（4）在曲面上练习。平面练习熟练后，可在门板曲面处练习原子灰的刮涂手法及进一步练习刮刀的使用方法。

二、干磨设备简介

在涂装作业尤其是研磨旧漆、原子灰、中涂漆等工序中，干磨设备必不可少。与传统水磨工艺相比，当前的干磨工艺大大减少了废水排放量，有效降低了污染，生产效率获得明显提升，施工人员的劳动强度也明显得到缓解。干磨设备根据吸尘方式的不同，可分为移动式、中央集尘式和简易袋式三种类型，如图 2-11 所示。

移动式

中央集尘式

简易袋式

图 2-11 干磨设备类型

移动式干磨设备在使用与维护方面，灵活性好，价格便宜，适合小型修理厂使用；中央集尘式干磨设备集尘效果好，可同时带动多个干磨头，但该类设备需要铺设管路，占用空间大，适合大型维修站使用；简易袋式干磨设备小巧、灵活，但吸尘效果不佳，已很少使用。

干磨工具与设备主要包括研磨机、研磨机控制单元、集尘系统、配套管路等，如图 2-12 所示。

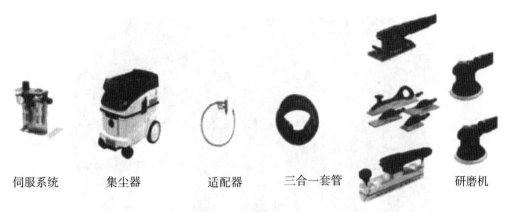

| 伺服系统 | 集尘器 | 适配器 | 三合一套管 | 研磨机 |

图 2-12 研磨设备组成

1. 伺服系统

伺服系统由一个调压器、一条凝结管和一个润滑油容器组成,如图 2-13 所示。调压器调节连接气动工具的气压,两个带润滑油的压缩空气接头和一个无润滑油的压缩空气接头装有特殊润滑油。

以费斯托干磨设备为例,其额定工作气压为 6 bar,每件费斯托气动工具需要至少 400 L/min 的空气流量。

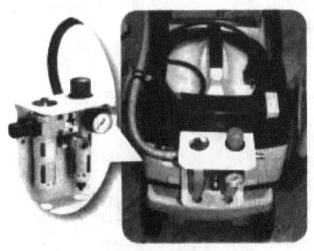

图 2-13 伺服系统

2. 集尘器

集尘器主要由电机、过滤器、控制单元、集尘袋组成,如图 2-14 所示。其主要作用是收集研磨的粉尘。

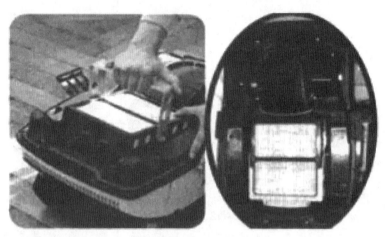

图 2-14 集尘器

集尘器的吸力大小可以通过控制旋钮进行调节，吸尘颗粒也可以调节。通常，集尘袋是一次性的，当集尘袋装满后就应及时倒掉灰尘，更换集尘袋。另外，应定期检查集尘器滤芯，如太脏，可用压缩空气吹去灰尘或直接更换。

3. 三合一套管

三合一套管是费斯托干磨工具的专利技术，它将进气、吸尘、回气三路合一，巧妙地设计在一起，制成了三合一套管，使用起来方便，且管路具有360°防扭曲功能，管路不会缠绕在一起，能使气流畅通无阻，如图2-15所示。

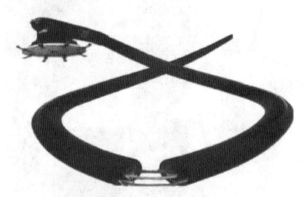

图 2-15 三合一套管

如果不慎将管路某一节弄坏了，可以将该节剪掉，重新安装即可，这让维修工作变得简单。

4. 研磨机

作为干磨设备的重要组成部分，研磨机是完成研磨旧漆、原子灰等工作的重要工具。研磨机依照运动方式的差异，可分为三类——单作用式、双作用式和轨道式。其运动方式不同，用途也不一样，研磨效果也有所差异。接下来以费斯托研磨机为例，对研磨机进行详细介绍。

（1）单作用研磨机：运动轨迹是单向旋转的研磨机被称为单作用研磨机，其特点是切削力强，效率较高，一般用于去除旧漆层或除锈等工作中，如图 2-16 所示。

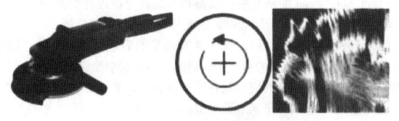

图 2-16 单作用研磨机

使用单作用研磨机的时候，研磨盘与工件表面需要形成一定的角度，通常在 15°~30°，角度不可过大，因此单作用研磨机也被称为锐角打磨机。其研磨速度较快，效率较高，不过研磨产生的痕迹也较为明显，通常用于除旧漆、除锈等工作。

（2）双作用研磨机：其运动轨迹是旋转运动及偏心振动，偏心幅度大小有 7 mm、5 mm、3 mm 三种。不同偏心幅度的研磨机其适用范围也不同：一般偏心幅度越大，振动幅度越大，切削力越强，研磨效率越高，研磨出的痕迹越粗糙；反之，偏心幅度越小，振动幅度越小，研磨出的痕迹越细腻。

偏心 7 mm 的研磨机（图 2-17）振动幅度大，研磨效率高，适用于研磨原子灰、去除旧漆层等粗磨工作。在使用时应将研磨机先放在工件表面上，再开动机器，在打磨时应尽可能地平放。

图 2-17 偏心 7 mm 的研磨机

偏心 3 mm 的研磨机（图 2-18）振动幅度小，研磨的痕迹细腻，适合精细研磨，如研磨中涂漆。

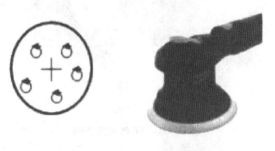

图 2-18 偏心 3 mm 的研磨机

偏心 5 mm 的研磨机一般配有软垫与硬垫。在研磨中涂漆时，一般配以软垫；在研磨原子灰时，一般配以硬垫。需要注意的是：就效率而言，在进行粗磨的时候，偏心 5 mm 的研磨机效率低于偏心 7 mm 的研磨机；就细腻度而言，在进行细磨的时候，偏心 5 mm 的研磨机细腻度不如偏心 3 mm 的研磨机，因此其应用范围并不广泛。

（3）轨道式研磨机（图 2-19）：其运动轨迹是前后左右振动，振动幅度有 4 mm、5 mm 两种，多用于大面积原子灰的粗、中级研磨，不适合中涂底漆的细研磨。

轨道式研磨机在研磨原子灰时应平放在原子灰表面，在移动研磨机时也要保证平行移动，这样才能保证研磨出来的原子灰表面平整。

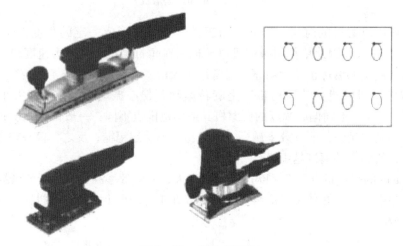

图 2-19 轨道式研磨机

5. 手工磨板

除了研磨用的研磨机外，研磨漆面使用的工具还有手工磨板。手工磨板主要是在精细研磨原子灰时使用，是做细研磨必不可少的研磨工具。手工磨板的规格有多种，下面以费斯托手工磨板套装为例进行介绍。

（1）手动长方手刨（图 2-20）：其规格为 400 mm×80 mm，主要用于大面积原子灰修饰打磨，如车门、机盖、车顶等平面处的研磨。

图 2-20 手动长方手刨

(2) 手动大方手刨（图2-21）：其规格为228 mm×115 mm，主要用于大面积原子灰修饰打磨，如车门、机盖、车顶等平面处的研磨。与手动长方手刨的差异在于前者更宽，后者更长。

图2-21 手动大方手刨

(3) 手动中方手刨（图2-22）：其规格为200 mm×80 mm，主要用于中小面积原子灰的修饰打磨，如平面、边角、线条等处的打磨。

图2-22 手动中方手刨

(4) 手动小方手刨（图2-23）：其规格为133 mm×80 mm，主要用于小面积原子灰的修饰打磨，如小平面、边角打磨等。

图2-23 手动小方手刨

三、研磨设备的选用与维护

研磨设备的动力源除上述的气动以外还有电动,在选用时应综合考虑场地、设施、成本、使用寿命等,见表2-8。

表2-8 气动工具和电动工具的选用与维护

动力源	气动	电动
选用前提	使用现场必须有充足的压缩气气源	使用现场有220 V/(50~60)Hz的民用电源
安全性	气动工具的运动完全是机械振动,很安全	容易造成短路,在涂装车间多水的情况下,存在安全隐患
维修保养	气动工具系机械产品,结构比较简单,便于维修与保养,常见的问题是马达叶片磨损,需要更换 温馨提示:应保证使用清洁干燥的压缩气;如果在没有吸尘的环境下使用,磨机轴承容易出现卡死现象,需要进行更换	电动工具的结构较气动工具要复杂一些,常见问题是换碳刷。但如果在进口电动工具上换用国产碳刷,由于国产碳刷较进口碳刷硬得多,常常会造成转子过早损坏,需要进行更换 如果在没有吸尘的状态下使用,磨机的轴承会因灰尘过多而容易卡死,需要进行更换
使用效果	在压缩气气量充足、压力足够的前提下,气动磨机使用比较轻便;如果压缩气气压不足,气量不够,则影响气动磨机的使用效果。如力量不够,打磨速度慢,打磨速度不稳定	只要有220 V/50 Hz的民用电源,电动磨机力量就能充分发挥,打磨效果总体比较理想,力量足。由于其内部有马达与转子,重量一般比气动工具重
使用寿命	在正常条件下,使用寿命较电动工具长一倍以上	由于碳刷与转子之间的摩擦,马达周期性地发热,尤其是在高频率使用的条件下,其使用寿命往往相当于4~5副碳刷的寿命

研磨时使用的工具和设备如图2-24所示,研磨实习场景如图2-25所示。

图 2-24 研磨时使用的工具

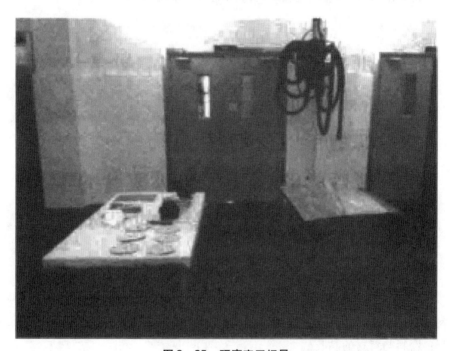

图 2-25 研磨实习场景

研磨机的操作步骤如下:

(1) 检查工具:查看耗材是否充足、工具是否完好。(重点检查研磨盘毛毡的黏贴力,如果黏贴力差,应及时更换研磨盘)

(2) 连接打磨机电源和气源等外部连接:检查电源插头时不允许用湿手去触摸;连

接气管接头时要连接牢靠;气动研磨机额定工作气压一般为 6 bar。(额定工作气压是指研磨机在工作状态下的气压,如果气压不足,应通过气压表调节螺栓进行调节)

(3) 黏贴砂纸:砂纸是有毛毡的,只要将砂纸轻轻黏在研磨机的表面即可。(所选砂纸的型号要和研磨盘的型号一致,砂纸上的孔要和研磨盘上的孔对齐)

(4) 用研磨机去除旧漆:在使用装配完毕的研磨机去除旧漆的时候,首先要佩戴防护用品,操作时需要一只手握住研磨头,另一只手握住研磨机与管路的结合部位,然后将研磨机稳稳地平置于板件上。除旧漆的工具组合通常是 7 号机配合 P80 砂纸。

(5) 用研磨机研磨原子灰:在使用装配完毕的研磨机研磨原子灰的时候,操作同上,首先要佩戴防护用品,操作时需要一只手握住研磨头,另一只手握住研磨机与管路的结合部位,然后将研磨机稳稳地平置于板件上。研磨原子灰的工具组合通常是 7 号机配合 P80～P240 砂纸。

四、砂纸的选用

砂纸在干磨工艺中是一个比较重要的材料,所以了解砂纸至关重要。

1. 砂纸简介

砂纸通常是由磨料、底胶、面胶、背材等组成,如图 2-26 所示。

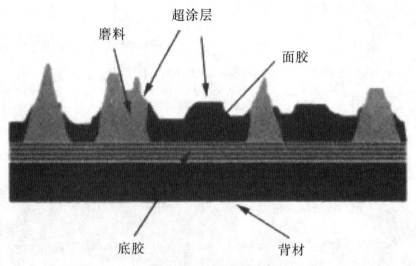

图 2-26 砂纸的组成

磨料:分为天然磨料和合成(人造)磨料,提供硬度、尖锐性和韧性。
底胶:磨料与背材的黏胶。
面胶:磨料间的黏胶。
背材:研磨材料(砂粒)的承载体,通常有纸、布、纤维、薄膜、复合体。
超涂层:是研磨介质表面的一种特殊涂层,按作用来分有防堵塞涂层和冷切削涂层等,这是高级干磨砂纸特有的一种技术。

一般砂纸磨料的硬度和尖锐性主要反映在切削力上,而韧性主要反映在掉砂量和砂纸的耐用性能上。表 2-9 是目前比较通用的 7 种矿砂的基本性能。

表 2-9 磨料性能

矿砂种类	硬度（HV）	韧性
天然刚玉	3400	3.4
石榴石	1360	0.8
氧化铝（人造刚玉）	2000	1.0
氧化锆（锆刚玉）	1500	2.3
陶瓷氧化铝	1600	2.3
碳化硅	2500	0.9
人造钻石	8000	9.1

通常而言，矿砂的硬度越高，其切削能力越强；韧度越高，矿砂的研磨寿命越长。氧化铝和碳化硅是汽车涂装研磨工艺中最为普遍的磨料。

碳化硅（图 2-28）硬度比氧化铝（图 2-27）高，但氧化铝韧性更强。以氧化铝作为磨料进行打磨时，磨料不易破碎，切削力主要通过磨钝的方式损耗。而硬度较高的碳化硅在作为磨料投入打磨工序中时，则容易破碎从而产生锋利的锐角，因此其切削能力更强。

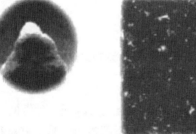

图 2-27 氧化铝　　　　　　　　　图 2-28 碳化硅

水砂纸多用在湿磨工艺中，使用时应先浸水，使砂纸完全浸湿，这样可防止因为手工打磨折叠而引起的脆裂，特别是冬天温度低时，应先用温水浸泡，以防止砂纸脆裂。使用时应注意以下事项：

（1）对于一般常规打磨，将水砂纸裁成 1/4 大小，约 11.5 cm×14 cm，这种尺寸大小适中，适合手握操作，方便灵活，是维修时最常用的。

（2）对于小面积打磨，将砂纸裁成 1/8 大小，约 5.75 cm×7 cm，这种尺寸配合小垫板适合小面积打磨及处理局部留痕处的磨平。

（3）对于大面积打磨，将水砂纸横向裁成 1/4 大小，约 7 cm×23 cm，根据打磨板的规格进行裁剪。一般打磨前把砂纸固定在标准打磨板上进行打磨，对于较大面上的缺陷有较好的平整作用。水砂纸裁剪法如图 2-29 所示。

 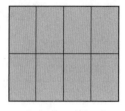 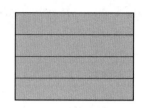

　　（a）常规打磨　　　　（b）小面积打磨　　　　（c）大面积打磨

图2-29　水砂纸裁剪法

在使用水砂纸的时候，必须带水进行研磨，因此很容易造成板件锈蚀、涂层起泡等现象，目前在大部分高端车的维修工艺中已经不再使用水砂纸。

三维打磨材料也被称为菜瓜布，其研磨颗粒置于纤维组织内，因而质地柔软，具有较好的研磨效果和较高的重复利用率，且拿取方便，因此在研磨时，菜瓜布的使用非常普遍。常见菜瓜布的颜色有红色、灰色和黄色，根据颜色的不同，其用途也有所区别，具体用途如图2-30所示。

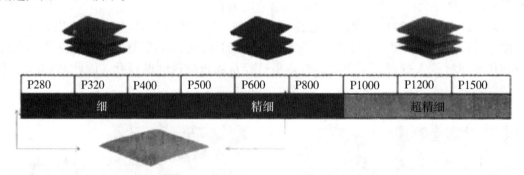

图2-30　不同三维打磨材料的用途区别

2. 砂纸的正确选用

在研磨时要根据不同的研磨工序选择合适的砂纸。砂纸的选择原则如下：

（1）根据打磨规则从粗到细，以相差不超过100号的砂纸循序渐进。

（2）根据油漆的遮盖力选择砂纸，应保证砂纸痕可以被该涂料填充或遮盖。

（3）底材前处理的砂纸一般为80～500号，面漆缺陷处理的砂纸一般为800～3000号。

中（欧）、美、日砂纸型号对比，见表2-10。干磨砂纸与水磨砂纸的粗细对比，见表2-11。不同工序推荐选用的砂纸型号，见表2-12。

表2-10　不同标准的砂纸型号对比

欧洲FEPA标准/中国GB标准	美国ANSI标准	日本JIS标准
P1200	600	1200
P1000	500	1000
P800	400	800
P500/P600	360	600

续表 2-10

欧洲 FEPA 标准/中国 GB 标准	美国 ANSI 标准	日本 JIS 标准
P400	320	500
P360/P320	280	400/360
P280	240	360/320
P240/P220	220	280
P180	180	180
P150	150	150
P120	120	120
P100	100	100
P80	80	80
P60	60	60
P50	50	50
P40	40	40
P30	30	30

表 2-11 干磨砂纸和水磨砂纸的粗细对比

干磨砂纸	P60	P80	P120	P150	P180	P240	P280	P320	P360	P400
水磨砂纸	P150~P180	P180~P220	P240~P280	P280~P320	P320~P360	P400~P500	P500~P600	P600~P800	P800~P1000	P1000~P1200

表 2-12 不同工序推荐选用的砂纸型号

工序	砂纸型号			
	P60~P80~P120	P180~P240~P320	P400~P500~P800	P1000~P1200~P1500
除旧漆	➡	—	—	—
磨羽状边	➡	➡	—	—
磨原子灰	➡	➡	—	—
磨中涂漆	—	➡	➡	—
抛光前处理	—	—	➡	➡
驳口区研磨	—	—	—	➡

3. 砂纸打磨实施步骤

砂纸打磨实施步骤如下：

（1）正确区分砂纸大小的规格。观察不同砂纸型号的研磨颗粒大小的区别：一般砂纸序号越大，研磨颗粒越细；反之，序号越小，研磨颗粒越粗。

（2）选择砂纸打磨旧漆。打磨旧漆时，旧漆层可能有腻子层，比较难打磨，所以选择砂纸时，砂纸范围在 P60～P120。（在黏贴砂纸时要保证砂纸上的孔和研磨盘上的孔对齐）

（3）选择砂纸打磨原子灰。打磨原子灰层时，需要磨平磨光，先使用机磨粗整平，再用手刨修饰。选择 P80～P180 机磨砂纸和 P180～P240 手刨砂纸。（做好安全防护，工作鞋、工作服、手套等穿戴齐全）

（4）选择砂纸打磨中涂底漆。研磨中涂底漆是为涂面漆做准备，所以表面不允许有砂纸痕，在选择砂纸上就要求更精细，砂纸范围为 P400～P500。（做好安全防护，工作鞋、工作服、手套等穿戴齐全）

（5）喷漆后处理选择砂纸。喷漆完成后，面漆层上会残留灰尘颗粒物或者会有局部的小流挂，要对这些缺陷进行处理，应选择 P800～P3000 的砂纸。（做好安全防护，工作鞋、工作服、手套等穿戴齐全）

五、喷漆工具的使用与维护

喷枪作为涂装工艺的关键性设备之一，在维修涂装中的作用尤为突出。尽管不同类型的喷枪有一部分通用的零部件，但其用途却各不相同，每种类型和型号的喷枪都适用于相对应的特定范围的喷涂作业。因此，学会选择适宜的喷枪进行喷涂作业，是保障喷涂质量的重要前提。

1. 喷涂工具简介

（1）喷枪的结构组成：喷枪的工作原理是通过压缩空气将液态涂料雾化后，均匀地喷涂于工件表面。喷枪的重要部件是可拆卸的喷头装置，喷枪喷头由风帽、喷嘴（也叫顶针）等零件组成，风帽上包含主雾化孔、辅助雾化孔和扇幅控制孔三个部位。喷枪结构详见图 2-31，喷枪的重要零件的名称及其作用见表 2-13。

1. 风帽；2. 喷嘴；3. 顶针；4. 密封圈；5. 空气阀顶杆；6. 扳机；7. 数字气压表；8. 颜色识别系统；9. 空气接头；10. 喷幅调节旋钮；11. 气压调节旋钮；12. 流量调节旋钮；13 枪壶接头。

图 2-31 喷枪的组成

表2-13 喷枪各主要零件的名称和作用

名称	作用
风帽	把压缩空气引入漆流中,使漆液雾化
主雾化孔	形成真空,吸出漆液
扇幅控制孔	借助空气压力控制扇形面
辅助雾化孔	促进漆液雾化,若孔大或多,则雾化能力强,反之则弱
喷幅调节旋钮	调到最小时,扇面为圆形,全开调节旋钮,扇面成椭圆形
顶针	控制漆液的流量的多少
密封圈	起密封作用
顶针弹簧	当扳机放开时,使顶针回位
流量调节旋钮	旋到最小时,扣扳机没有漆液流出,全开时,出漆量最大
气压调节旋钮	调节气压大小

（2）喷枪的种类及特点：常用的喷枪种类很多，用途各不相同，但根据供应涂料的方式主要有吸上式、重力式和压送式三种。此三种喷枪的类型（供漆方式）见表2-14。三种喷枪的性能对比见表2-15。

表2-14 喷枪分类

序号	名称	示意图	说明
1	吸上式喷枪		靠压缩空气的吸力及大气压力喷出油漆并形成漆雾,是目前应用较为广泛的喷枪
2	重力式喷枪		靠漆料的重力将漆料供到喷嘴,再依靠抽吸作用吸出喷嘴,广泛应用于汽车修补行业
3	压送式喷枪		压送式喷枪的喷嘴与气帽正面平齐,不形成真空,漆料被压力压向气帽,压力由一个独立的压力罐提供,适合大型车辆整车喷涂

表2-15 喷枪性能比较

类型	涂料的供应方式	优点	缺点
吸上式喷枪	枪壶在喷枪的下方,油漆是靠喷嘴处产生的吸力供应	由于枪壶较大,适合做大面积的喷涂作业	不同黏度的油漆会影响喷枪的吸送能力,从而产生不稳定的喷涂效果
重力式喷枪	枪壶在喷枪的上方,油漆是靠地球的引力以及压缩空气在喷嘴处产生吸力供应至枪嘴	枪壶置于喷枪的上方,使用灵活,而且不同的黏度对喷涂后的差异性影响较小	枪壶的容量较小,不适合做大面积的喷涂工作
压送式喷枪	枪壶和喷枪是分开的,油漆在枪壶内被压缩空气加压,并供应至喷嘴	容量大,适合做大面积的连续性施工,并提供灵活的喷涂效果	不适合做小面积的修补喷涂,喷枪清洗较困难

(3) 喷枪的雾化过程:喷枪可以定义为用空气压力把漆液转化为微小颗粒的工具,这个过程称为雾化。彻底了解雾化机制是正确使用喷枪的关键。雾化把油漆在喷流中分裂为微小而均匀的颗粒并适当地喷在汽车表面,这些颗粒聚集起来形成厚度均匀的薄膜,具有镜面般的光泽。雾化的过程可分为三个基本阶段,见表2-16。

表2-16 喷漆雾化过程

阶段	示意图	说明
第一阶段		油漆被重力或空气吸力送入喷嘴,并开始被气流包围,有产生雾化的趋势
第二阶段		从喷嘴而来的油漆被气流包围,气流使油漆开始分散
第三阶段		辅助雾化孔和扇幅控制孔处的气流作用在油漆上,使油漆进一步分散并形成扇形漆雾

2. 喷枪的选用

喷枪的选用遵循以下原则：

（1）根据喷涂对象的面积大小来选择喷枪。如果喷涂对象的喷涂面积较大，就要选用枪壶容积较大的喷枪，以此保证喷涂时漆膜的连续性，还能缩减换料耗时，提高工作效率。

（2）根据涂料的种类选择喷枪。以喷涂溶剂型油漆为例：在喷涂溶剂型油漆时，需要选择相应的溶剂型喷枪；而喷涂水性漆时，则需要选择水性漆喷枪，由此才能更好地遵循涂料特性进行保质保量的喷涂作业。

（3）根据喷涂质量标准来选择喷枪。有些产品对喷涂质量要求较高，此时就应选用雾化性能好、操作调整方便、更加可靠、能确保喷涂质量的喷枪。例如：在喷涂底漆时，要求喷涂作业快速达到漆膜厚度，因此，要选用口径较大的喷枪；而在喷涂色漆的时候，对雾化效果要求较高，此时则应选用口径较小的喷枪。

（4）根据喷枪的自身特性进行选择。喷枪自身的质量、大小和影响喷枪性能的空气用量以及供漆方式、供漆量、操作性能等，都在喷枪选择的考虑范围之内。

（5）喷枪口径越大，所需要的空气压力越大。喷枪口径的尺寸与喷枪嘴上空气帽的风孔是互相匹配的。空气帽有多孔型和少孔型。多孔型空气帽空气用量较大，雾化性能更好，涂膜品质更佳。少孔型空气帽空气用量较小，雾化性能较差，可用来喷涂品质要求不高的工件。

（6）喷枪的口径大小、涂料的黏度、出风孔的排风量，及排列角度等因素会影响喷涂涂料的雾化程度。在选择喷枪时，要按照涂料的种类差异来选择具有相应口径和出风孔的喷枪嘴。底漆喷漆与面漆喷漆对喷枪的要求参见表2-17。

表2-17 底漆喷漆与面漆喷漆对喷枪的要求

修补类型	油漆类型	喷枪	喷涂口径/mm	雾化气孔
局部修补	中涂底漆	重力式	1.3～1.7	少
	面漆		0.8～1.4	多
全车喷涂	中涂底漆	重力式	1.6～1.7	少
		吸力式	1.9～2.0	少
	面漆	重力式	1.3～1.4	多
		吸力式	1.6～1.7	多

喷枪在使用时应按照厂家建议及使用需要调节喷枪参数，表2-18列举了喷枪的调节参数。

表 2-18 喷枪调节参数

喷枪参数	HVLP（高流量低气压）	RP（优化减压）	传统高气压
喷枪型号	SATA jet 2000	SATA jet RP	SATA jet B
建议喷气压/bar	2.0	2.5	4
风帽气压/bar	0.7	～1.3	～1.7
耗气量/(L/min)	430	295	380
喷涂距离/cm	13～17	15～23	18～23
传递效率	65%+	65%+	35%～45%
枪嘴直径选择/mm（*标准型号）	1.0, 1.2, *1.3, 1.4, 1.5, 1.7, 1.9, 2.2	1.0, 1.2, *1.3, 1.4, 1.6, 1.8, 2.0, 2.5	1.0, 1.4, 1.5, 1.7, 2.0

在压缩空气供应充足且稳定的情况下，选用 HVLP 喷枪；反之，则使用 RP 喷枪。HVLP 喷枪油漆散失量少，对人身、环境的危害要小于 RP 喷枪，目前有逐渐取代 RP 喷枪的趋势。

3. 喷枪的正确使用方法

（1）在喷涂施工前，首先检查并调整喷枪，使之处于良好状态，保证正常施工。

（2）喷枪与被涂物表面应保持适当的距离。当喷枪与板件间的距离较近并以高速喷涂时，会使涂膜起皱；距离太小，涂膜增厚，涂料起堆，容易产生流挂。喷枪与板件间距离太大时，可能会产生"橘皮"或干喷现象，也会影响面漆的颜色，涂料损失也大。一般喷枪与板件间的距离应控制在 150～200 mm，如图 2-32 所示。

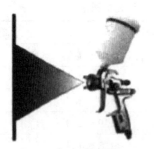 

（a）距离近　　　　　　　　　　（b）距离远

图 2-32 喷枪的操作距离

（3）喷涂作业时，喷枪与被涂物表面应该始终保持垂直。喷枪移动时，应保持水平移动，如图 2-33 所示。喷枪的移动方式不正确，会使涂膜厚度不均匀。

(a) 正确　　　　　　　　　　　　　　(b) 不正确

图 2-33　喷枪的移动方式

（4）喷涂时的气压选择与涂料种类、稀释剂种类、稀释后的黏度等因素有关。传统喷枪的气压较高，一般为 0.35～0.5 MPa 或按试喷结果确定。为适应环保的要求，目前常用的 RP 喷枪的气压要求约为 0.25 MPa，HVLP 喷枪的气压要求约为 0.2 MPa。合适的喷涂气压，能获得良好的喷雾、散发率和喷幅。气压低，油漆雾化效果差，喷涂出来的油漆颗粒粗，油漆容易堆积，易产生"流痕"；压力过高，溶剂可能过度蒸发，严重时会形成干喷现象。

（5）喷雾是喷枪的气压、距离等综合因素的结果，应事先在试纸上测定和调整好。操作时，面对试纸，保持 90°夹角和合适的距离（图 2-34），把扳机扳到底再立即放开，然后测定喷雾形状内漆液的均匀性和喷雾的形状。喷雾的调节方式如图 2-35 所示。根据喷涂工艺要求，调节出漆量，其调节方式如图 2-36 所示。

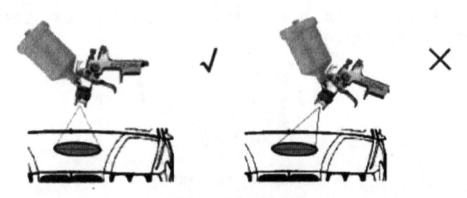

图 2-34　喷枪角度示意图

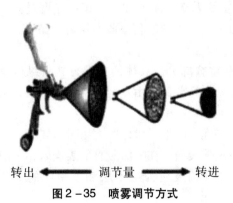

转出 ← 调节量 → 转进

图 2-35　喷雾调节方式

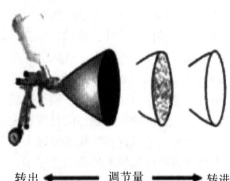

转出 ← 调节量 → 转进

图 2-36　出漆量调节方式

放松气帽的锁紧螺母，拧动气帽，使气帽角处于上下的位置，这时气帽产生的喷雾是水平的方向。再次喷涂，一直扳住扳机，直到漆液往下流（称为淹没喷雾）。检查各段流挂的长度，如果各项调整正确，各段流挂的长度应相似，如图2-37所示。

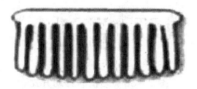

图2-37 流挂均匀

如果喷束太宽或气压太低，流挂呈分开的形状，如图2-38所示，可把喷幅控制旋钮拧紧，或把气压提高34.5 kPa，交替进行这两项调试，直到流挂长度均匀为止。

图2-38 流挂两边长

如果流挂中间长、两边短，如图2-39所示，则是因为喷出的油漆太多，应把出漆量旋钮拧紧，直到流挂长度均匀为止。

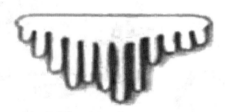

图2-39 流挂中间长

（6）喷枪的移动速度与涂料的干燥速度、环境温度和涂料的黏度有关。移动速度一般为0.8～1.2 m/s。移动速度过快，会使涂膜粗糙无光，流平性差；移动速度过慢，会使涂膜过厚，易产生流挂。移动速度应尽量均匀一致，否则涂膜厚薄不均匀。在喷涂过程中，绝不能让喷枪停着不走，否则会产生流挂。

（7）在进行喷涂的时候，枪幅之间需要存在重叠部分。具体的重叠方式有纵行重叠法、横行重叠法和纵横交替法。喷涂路线一般遵循由高至低、由左至右、由上至下、由里至外的顺序进行。应按计划好的行程稳定而均匀地移动喷枪。

对于拐角或边缘这些喷涂难度较大的部位，要优先喷涂。操作时要正对需要喷涂的部位，先将所有边缘和拐角处都喷涂完毕，再喷涂水平表面。在喷涂竖直的表面时，一般从最上部开始喷涂，喷嘴与上部边缘齐平，喷枪重叠幅度应为第二层和上一层的1/2至3/4，或1/3至2/3。喷枪的重叠幅度如图2-40所示。

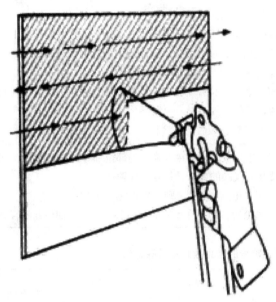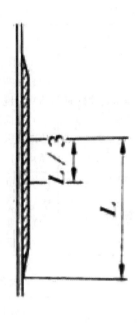

图2-40 喷枪重叠幅度

4. 喷枪的维护

喷枪在使用完后应立即清洗，以保证喷枪的性能处于良好的状态。除此之外，还应定期检查喷枪的各部件，对出现问题的部件应及时维修或更换，表2-19是喷枪的维护项目。喷枪在使用中难免会遇到一些故障，喷枪常见的故障及排除方法见表2-20。

表2-19 喷枪的维护项目

序号	项目	步骤
1	空气帽的清洗	（1）把空气帽拆下，浸泡在清洁的稀释剂里 （2）用专用的毛刷刷洗气孔，并用压缩空气吹干 （3）将气帽装配调试，看雾化情况，决定是否需要进一步清洁
2	虹吸式喷枪和喷杯的清洗	（1）从喷枪上把喷杯拆下，此时还有漆液在物料管中，须留在喷杯中不要拿开，松开空气帽2～3圈 （2）拿一块布罩在空气帽上，扳动扳机。此时空气从物料管内通过，将残留在物料管中的物料冲回到喷杯内，倒掉喷杯内的物料 （3）用刷子蘸溶剂将喷杯刷洗干净，然后用蘸有清洁剂的抹布将喷杯擦拭干净 （4）将清洁的溶剂倒入喷杯内（大约1/3），通过喷枪喷溶剂清洗液体物料管，最后用抹布蘸清洁的溶剂将喷枪擦拭干净

续表2-19

序号	项目	步骤
3	压送式喷枪的清洗	（1）关闭涂料罐的压缩空气，打开泄压阀，松开空气帽2～3圈 （2）用布罩在空气帽上，扳动扳机，使涂料由软管回到涂料罐中 （3）清洗涂料罐并加一些溶剂在涂料罐内 （4）把涂料罐再安装好，打开所有的空气阀，扳动扳机，使溶剂在软管中流动，以达到清洁软管的目的 （5）清洗喷枪和空气帽，最后清洗涂料罐，使用前装配好
4	喷枪的注油	（1）如果每天都使用喷枪，则要在有弹簧的部位加一点轻润滑油，如控制出漆量的顶针弹簧和空气阀的弹簧，每年加注两次 （2）如果每周使用喷枪2～3次，则每年加注一次 （3）每天使用完喷枪后，都要在喷枪的其他各零部件处加注几滴轻润滑油

表2-20 喷枪的常见故障及排除方法

常见故障	标准喷幅	倾向一边的圆形喷幅严重弯曲	喷幅不连续，跳动	喷幅破裂，呈燕尾状	喷幅朝一边扭曲
故障现象					
故障原因及排除方法	—	雾化孔没有清洁干净，用专用的喷嘴或更换喷嘴组	喷嘴或者枪针松动，应旋紧；枪壶通风口堵塞，应清洁	稀释剂太多，气压太高，喷幅太宽	其中一边的雾化孔不干净，清洁雾化孔，如有必要，更换喷嘴组

使用喷枪时的设备与工具如图2-41所示，喷枪实习场景如图2-42所示。

图2-41 使用喷枪时的设备与工具

图2-42 喷枪实习场景

5. 喷枪的操作步骤

喷枪的操作步骤如下：

（1）检查工具：查看喷枪是否完好，风帽、枪嘴是否有堵塞现象，如有，应用专用工具清除。（切勿用牙签或铁丝等尖锐物品清除喷枪堵塞）

（2）连接喷枪气源等外部连接：连接时应保证气管接头与喷枪接头配套，并扣动扳机，检查气压表是否完好。

（3）调整喷枪的参数：调整喷枪参数时，应根据喷枪的型号、喷涂的油漆等要求进行调节。

（4）喷水练习：按照喷枪的使用方法，在门板上操作练习，看喷出的水珠的均匀程度，让学生练习对喷枪的控制。（注意喷枪的距离、走枪速度、重叠幅度）

六、烘烤设备的使用与维护

汽车涂装作业中，主要的烘烤设备有烤房和烤灯。了解并合理地应用烘烤设备既能保证修补质量，又可提高生产效率。

1. 烤漆房

烤漆房是一种用于固化、烘干涂膜和加快自干漆涂膜的固化设施。现在常用的烤漆房有三种：热空气对流干燥式（图2-43），一般用于对溶剂型涂料进行干燥；红外线辐射干燥式（图2-44），一般用于对水溶性涂料进行干燥；紫外线辐射干燥式，一般用于对UV漆进行干燥。对烤漆房的基本要求是：

图2-43 热空气对流喷烤房

图2-44 红外线辐射喷烤房

(1) 进入烤漆房内的空气必须通过过滤,由此保证空气中无尘。在较冷的冬季,经过过滤的空气还要进行加温,以满足烤漆房施工工艺的要求。

(2) 空气在烤漆房内必须从天花板流向地面,采用下行式的空气流动方向。

(3) 溶剂型涂料烤漆房在进行喷涂时,烤房进风量必须达到 12,000 m^3/h;水性漆烤漆房在进行喷涂时,进风量需要达到 18,000 m^3/h。

(4) 烤漆房必须进行密封,隔绝外部灰尘颗粒。

(5) 烤漆房内的空气需要经过过滤,再排入自然环境中,由此减少环境污染。

(6) 烤漆房运作时,需要始终维持正压状态——保持房内压力大于外界压力,由此防止外界灰尘进入烤漆房内。房内气压与外界气压的压力差一般保持在 4~12 Pa。气压过小可能会导致灰尘进入;而气压过大则可能导致烤漆房房门无法关闭,进而影响喷涂质量。

(7) 一般规定烤漆房内的噪声应小于 85 dB,噪声不可超标。

(8) 烤漆房内应配备灭火装置,达到国家对油漆厂安全防火的要求。

(9) 在喷涂水性漆时,对烤漆房内压缩空气的要求较高,房内需要配备三节管油水分离器。

一般烤漆房有两种工作状态,即喷漆状态和烤漆状态。在喷漆时,外部空气经过初级过滤网过滤后由风机送到房顶,再经过顶部过滤网二次过滤净化后进入房内。房内空气采用下行式送入烤房,空气以 0.2~0.3 m/s 的速度向下流动,使喷漆后的漆雾微粒不能在空气中停留,而直接通过底部出风口被排出房外,这样不断地循环,使喷漆时房内空气清洁度达 98% 以上,从而最大限度地保证喷漆的质量。喷漆时的烤漆房工作循环,如图 2-45 所示。

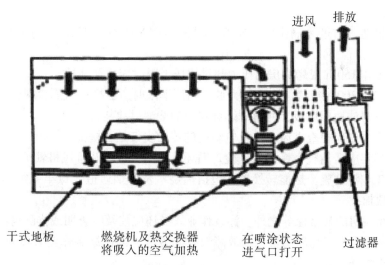

图 2-45 喷漆原理

烤漆时,风机将外部新鲜空气进行初过滤后,与热能转换器发生热交换,随后送至烤漆房顶部的气室,再经过第二次过滤净化,送入烤漆房。热风经过风门的内循环作用,除吸进少量新鲜空气外,绝大部分热空气又被继续加热利用,使得烤漆房内温度逐步升高。当温度达到设定的温度时,燃烧器自动停止;当温度下降到设置温度时,风机和燃烧器又自动开启,使烤漆房内温度保持相对恒定。最后当烤漆时间达到设定的时间时,烤漆房自动关机,烤漆结束。烤漆时的烤漆房工作循环,如图 2-46 所示。

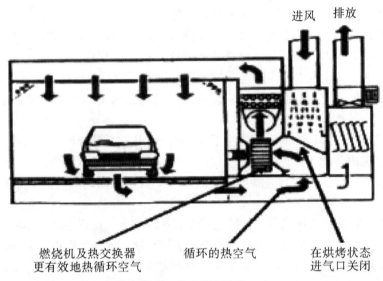

图 2-46 烤漆原理

烤漆房在使用时应做好日常维护,维护时应注意以下几点:
(1) 烤漆房内的墙壁应喷涂保护液,以便吸附漆尘,防止漆尘污染墙壁,并定期做好清理工作。
(2) 每星期清洁进风隔尘网,检查排气隔尘网是否有积塞,如房内气压无故增加,则必须更换排气隔尘网。
(3) 每工作 150 h 或烤漆房内压力超过内压上限时应更换地棉。
(4) 每工作 300 h 或烤漆房内压力低于内压下限时应更换进风隔尘网。
(5) 每月清洁地棉地板,并清洗燃烧器上的柴油过滤装置。
(6) 每个季度应检查进风和排风电动机的传动皮带是否松弛。
(7) 每半年应清洁整个烤漆房,检查循环风活门、进风及排风机轴承。
(8) 每年应清洁整个热能转换器,包括燃烧室及排烟通道,每年或每工作 1200 h 应更换烤漆房顶棉。

除了对烤漆房的日常保养之外,涂装作业人员还应能及时查明或排除烤漆房常出现的故障。表 2-21 列举了烤漆房常见的故障及排除方法,以便涂装作业人员及时排除故障,保证工作的正常开展。

表 2-21 烤漆房常见故障及排除方法

故障	可能原因	排除方法
燃烧机启动 15 s 后,燃烧机故障指示灯亮	(1) 油箱缺油 (2) 油管接头处有漏气 (3) 进油管上的滤网太脏	(1) 把油箱装满油 (2) 把油管重新接好 (3) 清洗滤网

续表 2-21

故障	可能原因	排除方法
燃烧机马达不转动	(1) 已到设定时间 (2) 温度表所显示的温度到设定温度 (3) 油泵卡死	(1) 重新设定时间 (2) 重新设定温度 (3) 检查油泵转轴是否有杂物或油渣卡紧
喷漆时风量偏小	(1) 第一道过滤棉堵塞 (2) 风阀处于打开状态	(1) 清洁每一道过滤棉 (2) 检查风阀是否动作
烤漆时升温慢	风阀没有打开	检查风阀是否动作
主风机不启动	(1) 保险丝熔断 (2) 热继电器离位 (3) 电器短路	(1) 更换保险丝 (2) 按下复位按钮 (3) 更换电机

2. 辐射干燥设备

辐射作为热传递的一种方式，也应用到油漆干燥技术当中。辐射的加热原理是将热量转化为各种波长电磁振动的辐射能，这一过程被称为热辐射。运用热辐射进行物体干燥、以红外线作为辐射热源的干燥设备，被称为红外线干燥设备。

通过三棱镜折射后，我们可看到日光中含有赤、橙、黄、绿、青、蓝、紫七色可见光，在一头一尾的红色和紫色可见光边上，是不可见光，这些不可见光根据波长的不同分为红外线和紫外线，它们都是一种电磁波，如图 2-47 所示。

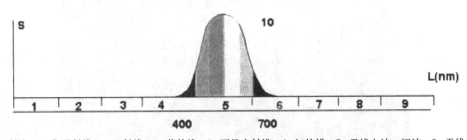

1. 宇宙射线；2. 伽马射线；3. X 射线；4. 紫外线；5. 可见光射线；6. 红外线；7. 无线电波-短波；8. 无线电波-中波；9. 无线电波-长波；10. 人眼感光曲线；L. 波长；S. 人眼感光强度。

图 2-47 电磁波光谱

(1) 红外线的干燥特点：①干燥速度快并由内向外干燥，溶剂易挥发，干燥时间短。②干燥质量好，涂层干燥均匀，可避免产生针孔、气泡等缺陷。③升温速度快，大大缩短烤干的时间。④红外线干燥设备结构简单、效率高，节约设备投资和占地面积。⑤红外辐射具有方向性，可用于局部加热。⑥红外线以直线运行，因此要尽量使工件表面受到红外线的直接照射，才能取得良好效果。

(2) 红外线设备的工作原理如图 2-48 所示。长波红外线对漆膜的穿透力较弱，在用其进行加热时，会导致加热对象的漆面表里干度不一；中波红外线穿透力中规中矩，无法通过加热对象的表面干燥情况来判断整个漆膜的干燥程度；短波红外线的穿透力较强，在加热时，由内向外进行干燥，因此漆膜干燥较为彻底，效果最好。短波红外线干燥设备目前应用最为普遍。

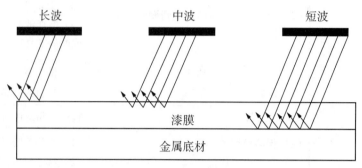

图 2-48　红外线穿透漆膜

（3）红外线辐射干燥的速度取决于以下因素：①辐射源与受热面的距离。应根据涂层厚度和环境等状况，参照厂家设备说明书选择合适的距离。②受照射面的反射率和吸收率取决于物质的颜色，不同颜色的物体对红外线的吸收率不同，深色比浅色的物件干燥快。③涂装工件越重，干燥时热量消耗越多，干燥越慢。

3. 烘烤设备的维护工具与实习场景

烘烤设备的维护需要用到的工具与设备，如图 2-49 所示。烘烤实习场景，如图 2-50 所示。

图 2-49　烘烤设备维护时使用的工具与设备

图 2-50 烘烤实习场景

4. 烘烤设备使用的操作步骤

（1）检查工具、设备：查看喷烤房、烤灯是否完好，耗材是否足够。（喷烤房、烤灯使用的是 220V 交流电，注意用电安全）

（2）烤漆房使用（喷漆时）：先打开喷烤房电源开关，再打开照明开关，最后将功能旋钮打到喷漆挡。

（3）喷烤房使用（烘烤时）：先打开喷烤房电源开关，再打开照明开关，设置烤漆时间，再设置烘烤时间，将功能旋钮打到烤漆挡，启动燃烧机。（在烘烤时，观察故障指示灯是否点亮，如果故障指示灯亮，应及时查出故障并排除）

（4）短波红外烤灯使用：连接好外部电源，打开电源，设置全灯管工作，再设置辐射方式为常态工作，设定烘烤时间，设定烘烤距离（现在的烤灯有感应器，只要达到距离，绿灯就亮；过近，红灯亮；过远，黄灯亮），启动开始按钮。

项目3 汽车常规涂装工艺

任务1 清洁

一、清洁的作用

在整个涂装维修过程中，各个环节都离不开清洁，可见清洁在涂装维修中的重要性。在不同的工序中，清洁的作用也是不同的，根据涂装的工艺流程，可将清洁的作用大致概括如下。

1. 清洁车身，便于损伤区域的检查

进行车身损伤程度评估前，首先应进行全车清洗，其目的是为了清除车身污染物，便于准确、全面地鉴定涂膜损伤程度（图3-1），同时为后续工作打下良好的基础。

车辆清洁

检查受损区

图3-1 清洁车身，便于损伤区域的检查

2. 清洁漆膜上的污物，防止漆膜产生缺陷

评估损伤程度是为修复做准备，虽然涂装操作可能只是针对车身的某一块板件或板件的某一部分，但仍需要彻底清洗车上的泥土、污垢和其他异物，尤其注意门边框、行李厢、发动机舱罩缝隙和轮罩处的污垢。如果不清除干净，新涂装的漆膜上就可能沾到污渍。此外，将车身清洗干净也有利于车间工位和烤漆房的清洁。常见漆膜缺陷如图3-2所示。

鱼眼

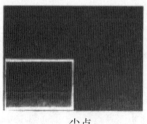
尘点

起泡

图3-2 漆膜缺陷

3. 为涂装施工准备良好的底材

针对不同的材料，我们应根据底材的实际情况，在预处理中使用不同的清洁剂，以便彻底清除可能影响涂层效果的表面污染物，为涂装施工准备良好的底材。如钢铁材料已锈蚀，必须用除锈水或打磨机清除干净；塑料件容易积累电荷，需要用除静电的清洁剂彻底清洁。

二、清洁的方法

现代汽车车身的制造工艺在满足强度和使用寿命要求之余，还需要满足现代社会对其性能安全、美观度、节能环保、价格等方面的需求。20世纪80年代的轿车整车质量中，钢铁占80%，铝占3%，树脂为4%；从1978年世界爆发石油危机以来，高强度钢板、表面处理钢板等轻量化材料的使用占比逐年递增，有色金属材料的用量也有所增加，其中，轻便的铝增量明显。除此之外，塑料等非金属材料的使用也越来越多。近年来，高性能工程塑料、复合材料的研发成为主要趋势，品种各异的新型材料替代了普通塑料，在汽车上得到广泛应用。在清洁时，应根据汽车车身材料属性的差异，在预处理中使用相应的清洁剂，以便有效地清除可能对涂层效果造成不良影响的表面污染物。

1. 常见修补底材

清洗汽车时，肥皂、水和水性清洁剂是去除水溶性污染物的常用材料，而非水溶性的污染物只能通过专门的清洁剂才能去除。专业化学清洁剂可以去除硅脂、蜡、油脂和油渍。修补漆主要遇到旧漆面、金属和塑料3种类型基底（表3-1）。

表3-1 修补底材类型

底材	种类	常见污染物	选用清洁剂
旧漆面	原厂漆	保护蜡中的硅油	除硅、除油清洁剂
	修补漆涂层	受到树脂、盐污染 受到灰尘、鸟粪污染	除硅、除油清洁剂 水
	新电泳底漆层面板	保护液、油污	除硅、除油清洁剂
金属	钢板	锈蚀、油污	金属清洁剂 除硅、除油清洁剂
	镀锌钢板	氧化锌、油污	金属清洁剂 除硅、除油清洁剂
	铝	氧化铝、油污	金属清洁剂 除硅、除油清洁剂
塑料	热塑性塑料	脱膜剂 静电	塑料清洁剂 除硅、除油清洁剂 除静电清洁剂
	热固性塑料	脱膜剂 静电	塑料清洁剂 除硅、除油清洁剂 除静电清洁剂

塑料表面无气孔，带有残留脱膜剂。由于硅油可用于为大部分塑料器件脱膜，因此，须用专业塑料清洁剂多清洗几次。水溶性脱膜剂的运用正日益广泛，但这种脱膜剂只能用水去除。因此，第一步就是用温的肥皂水清洗塑料。若在清洗步骤之间适度地短时间加热，效果将更佳。

2. 清洁操作方法

使用的工具如图3-3所示。

图3-3 车辆清洁工具

车辆清洁的具体实施步骤如下：

（1）车辆清洗：用洗车机将车辆彻底清洗，并使用洗车毛巾将水迹擦拭干净，其目的是洗掉水溶性污染物，方便评估损伤。操作人员身上不要佩戴锋利、坚硬的饰品，以免损伤漆面、汽车装饰品等易伤物品；洗车毛巾使用前应检查是否干净、是否有异物。

（2）检查未洗掉的污染物：绕车检查是否有用水无法清洗掉的污染物，并判断是哪一类污染物。在污染物清洗不掉时，操作人员切勿用力使劲擦拭，以免损伤漆面。

（3）穿戴防护用品：洗车时，操作人员应穿戴的劳动保护用品有工作服、防护眼镜或面罩、橡胶手套、防水围裙、防水鞋、工作帽等。

（4）设备与工具准备：防护眼镜或面罩、橡胶手套、防水鞋及防水围裙等；水桶、海绵块或毛手套、刷子、大毛巾、门窗玻璃清洁剂、抹布、鹿皮、车身清洗剂、火山泥、柏油清除剂等；高压水枪、泡沫机、空气压缩机、气管、气枪等。

（5）清洁步骤：取出地毯、脚垫等进行清洗、晾干；检查车门、车窗等是否关严，防止高压水冲进驾驶室；将水压调整为高压水柱，冲掉车身表面的沙土等污染物，冲洗的顺序是从上到下、从前到后。注意在车身表面有严重的沙土时不要用手或毛巾擦拭，防止划伤车漆表面；用泡沫机喷洒车身清洗剂，要适量、均匀；用软海绵或毛手套蘸清洗剂（肥皂水）擦车。擦车的顺序是：车顶、挡风玻璃、发动机罩、保险杠、灯具、车身的一个侧面（包括玻璃）、车身后部（包括玻璃、尾灯）、车身的另一侧（包括玻璃）以及车轮。如果车身上有沥青等顽固污渍，需要用柏油清洗剂清洗。如果车身附着有漆雾、铁粉等污染物，需要用火山泥擦除；将高压水枪调整为扇面状水流，冲洗全车，将清洗剂泡沫冲洗干净；用大毛巾擦拭全车，对于玻璃、边角等部位用麂皮精细擦拭，缝隙等容易存水的地方可用压缩空气吹干；将取出清理并晾干的车内物品装回原位；清洗完毕后，将车辆置于光线良好处，仔细检查整个车身表面，将车身表面仍然遗留的污物擦拭干净。

（6）使用记号笔标出损伤部位：车身清洁干净以后，即可开始对车身进行检查工作，找到受损部位，使用记号笔标示出来，为后续的修理工作提前做好准备。

任务2　损伤评估

做完车辆清洁后就要进入车辆损伤部位评估阶段。车辆损伤评估是更好、更快、更合理维修车辆的前提，是选择恰当维修工艺的关键。损伤评估的内容一般包括损伤部位、损伤程度、以前的修理状况，及底材是什么材料等内容。

一、车辆损伤简介

1. 损伤部位

不同的损伤部位所用时间及工艺也不同。如图3-4所示将车身分为3个不同的区域，即A、B、C三个区。如果损伤部位在A区，无论损伤轻微还是严重，都不建议做快修；如果损伤部位在B区，可以视情况而定，轻微损伤可以做快修，损伤严重时则不建议做快修；如果损伤部位在C区，是最适合做快修的部位，但严重损伤则不建议做快修。

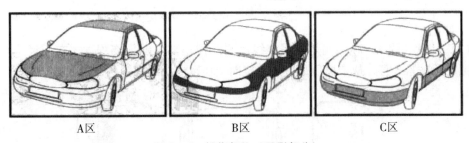

图3-4　损伤部位（阴影部分）

2. 损伤程度

车身的损伤程度是影响维修时间的重要因素。检查工件的损坏情况，严重的送回钣金重新较正。对于损伤程度的评估，一般建议用以下三种方法评估。

（1）目测（图3-5）：就是用眼睛去观察损伤的情况。在观察的时候，要选择光线充足的地方或者在检测灯的帮助下观察。观察时要迎着光线，分不同角度评估，并用记号笔做好标记。

图3-5 目测评估

（2）手摸（图3-6）：就是用手去检查损伤的程度。在触摸损伤部位时最好戴上手套，并从多个方向仔细检查，在检查时要注意去除手上佩戴的手表、戒指等硬物，防止划伤漆面。

图3-6 手摸评估

（3）尺量（图3-7）：就是利用直线尺测量损伤部位的损伤程度。在用尺子量的时候要把尺子贴紧车身，从未损伤部位开始拉向损伤区域，观察损伤部位的损伤程度。

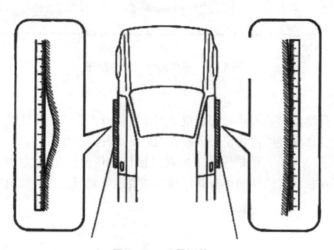

图3-7 尺量评估

3. 漆膜状况

车辆如果已经维修过，则要判断之前的修理状况。检查以前的修理状况主要是检查油漆类型、涂膜类型及漆膜厚度。

打磨法：裁一小块砂纸（粒度为60#）；在漆膜受损区域内选一小块漆面，用打磨块配合对漆膜进行打磨，直到露出金属；通过涂层的结构可以看出这辆汽车过去是否经过重新喷涂。

涂抹溶剂法：用棉纱浸硝基稀释剂；戴好橡胶手套，用棉纱在涂膜表面上摩擦；观察棉纱表面状况。如果棉纱上粘有车身色漆，说明漆膜面漆为自然干燥型（硝基型），如图3-8所示；擦不掉色的面涂层是烘烤型或聚氨酯型；如果原漆膜膨胀或收缩，则为未完全硬固的烘烤漆。虽然聚氨酯型和烘烤型涂料通常不受溶剂影响，但是，如果涂层固化不足或涂层变质，那么它们在受到摩擦时，也会有些掉色或褪色，但掉色程度会很轻。

图3-8 单组份、双组份油漆鉴别

使用白色棉布（棉花）配合细抛光蜡，擦拭涂层表面。如果漆膜掉色则是单工序涂层；如果漆膜没有颜色掉落，则是双工序涂层。如图3-9所示。

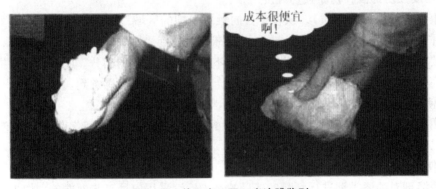

图3-9 单工序、双工序涂膜鉴别

二、车辆损伤正确评估

车辆损伤评估所使用的工具与用品如图3-10所示。

图3-10 车辆损伤评估工具

车辆损伤评估的具体操作步骤如下：

1. 直尺测量损伤程度

在已经清洁好的车辆上对损伤部位进行评估，先使用直尺测量损伤程度。将一把直尺放在车身没有被损坏的区域上，检查车身和直尺间的间隙。然后将直尺放在被损坏的车身钣金件上，评估被损坏的和未被损坏的车身钣金件的间隙相差多少，来判断损伤的情况。如果在用直尺评估时，损坏件有凸出部分，将影响评估操作，此时可用冲子或鸭嘴锤将凸起的区域敲平或稍稍低于正常表面。

2. 手摸损伤部位，判断损伤程度

戴上手套（最好为棉质），从各个方向触摸受损的区域，但不要用任何压力。摸的时候要将注意力集中在手掌的感觉上。为了能准确地找到受影响区域的不平整部分，手的移动范围要大，要包括没有被损坏的区域，而不是只触摸损坏的部分。此外，有些损坏的区域，手在向某个方向移动时，可能比向另一个方向移动时更易感觉到。

3. 使用抛光蜡判断漆膜类型

使用抛光蜡对漆膜类型进行判断，其目的是为后续采用何种工艺做准备。使用细蜡擦拭。

4. 使用溶剂判断油漆类型

使用溶剂对油漆类型进行判断，其目的是为后续采用何种工艺做准备。如果漆膜被溶解，则应在后续程序中清除掉。在此步骤中，应佩戴相应的防护用品。

5. 使用膜厚仪判断漆面状况

膜厚仪的作用主要是判断车辆是否维修过，漆膜的厚度超过原厂标准值时即可判断该

车已进行过维修，这会直接影响后续修复的时间和成本。膜厚仪在使用前应先校准。

6. 确认损伤范围，制定修复计划

根据以上评估，确认损伤范围，并制订出修复计划方案。

任务 3 研磨羽状边

一、羽状边研磨简介

汽车清洗好后，要仔细检查车身漆面，寻找漆膜破损迹象，如气泡、龟裂、脱落、锈蚀，以及在烤补、气焊等修理过程中引起的部分损坏。对于上述破损，必须将旧漆膜清除掉，清除程度可根据旧漆膜的损坏程度和重新涂装后的质量要求，进行全部和部分清除。除旧漆一般是用单旋转打磨机配合 60～80 号砂纸研磨。当然，损伤程度不同，使用的工具和砂纸型号也是有差异的，严重的损伤选用粗砂纸，轻微的损伤（没有伤到底漆或者底材）选用细砂纸。清除了旧涂膜的边缘是很厚的，为产生一个宽的、平滑的边缘，可以将涂膜的边缘打磨成一个平滑的斜坡，我们称之为羽状边，整个研磨过程即羽状边的研磨，如图 3-11 所示。

图 3-11 羽状边的研磨

如果某一区域受到冲击，就有可能影响涂膜与金属之间的附着力，故必须清除原有涂膜。利用 80 号砂纸研磨受损区域，直至暴露出受损区域的裸金属，如图 3-12 所示。

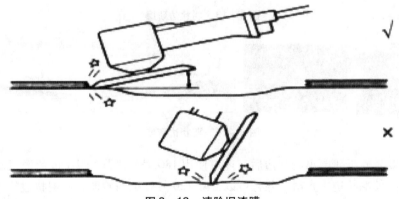

图 3-12 清除旧漆膜

清除了涂膜的边缘是很厚的，如果没有做羽状边研磨就将原子灰补上去，就会造成漆面出现原子灰印。其原因在于，原子灰和固化剂调和后 0.5～1 小时便可研磨，但是要等

到完全干燥，即使在炎热的夏天也需要一个星期，所以基本上在施工过程中，不可能等到完全干燥才进行下一步施工程序，故在烤漆施工完成后，所补的原子灰经过一段时间，还是会略微下陷，而这时候，如果底层没有做羽状边研磨，就会因为斜面太过陡峭而出现土痕。因此，将每一个断层做好1～3 cm的羽状边研磨，其斜面便可承受因补土经过长时间后下陷而造成的高低差，而不会出现土痕。

如图3-13所示，羽状边的研磨方法很多，可以沿着旧漆边缘转动着研磨，也可以从旧漆面向损伤区域打磨。无论应用哪一种方法，必须遵循以平滑为原则。研磨时使用偏心振动的7 mm研磨机配合120号砂纸研磨。对于新的、未曾修补过的漆膜，羽状边的宽度研磨至3 cm为宜（图3-14）；对于已经修补过多次的漆膜，每层至少研磨5 mm。不管是新漆膜还是旧漆膜，我们对羽状边的研磨效果最终的判断标准是平顺、无台阶且研磨范围尽可能地小。

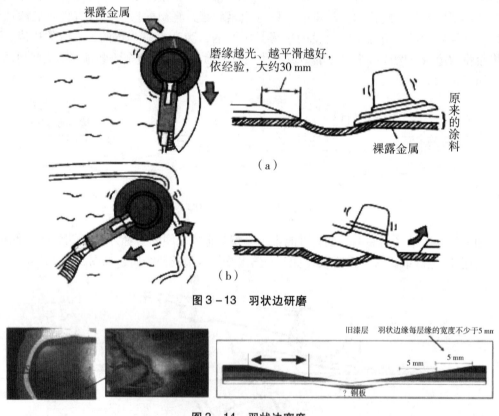

图3-13 羽状边研磨

图3-14 羽状边宽度

使用120号砂纸研磨出羽状边后，还应使用180号砂纸配合7 mm研磨机对羽状边边缘进行研磨，使羽状边更光滑，并且可以去除120号砂纸的砂痕。从羽状边的边缘起向外3～5 cm的范围内还应使用240号砂纸配合7 mm研磨机进行磨毛，为原子灰施工提供操作区域，如图3-15所示。

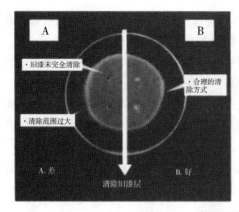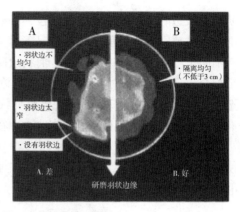

图 3-15 清除旧漆层、羽状边研磨对比

二、羽状边的正确研磨

羽状边研磨时使用的工具，如图 3-16 所示。

图 3-16 羽状边研磨时使用的工具

在进行研磨羽状边工序前，要将工作鞋、工作服等护具穿戴完备；在使用除油剂时，应佩戴防毒面具和耐溶剂手套；在施工前，首先应对损伤部位进行清洁，防止油污影响砂纸寿命，同时避免灰尘进入实操区。

应选用 7 mm 研磨机配合 80 号砂纸对旧漆层进行研磨清除。需要注意的是，研磨机偏心越大，研磨效率越高，研磨痕迹越粗糙。在实际操作时，要根据具体情况进行选择。

首先，将研磨机控制开关开至"AUTO"挡。在研磨头上贴好砂纸，检测研磨机的运转是否正常，若研磨机运转无力，则须依照厂家要求检查相关部件参数是否设定在规定范围之内。此外，还须保证将砂纸上的吸尘孔与研磨头吸尘孔对齐，若二者没有对齐，则会影响吸尘效果与电机寿命，造成磨头毛毡磨损。

将研磨机平放在损伤部位，把损伤部位的旧漆层除掉，在此步骤中应佩戴相应的防护用品，研磨范围不能过大，应控制在损伤范围内。

使用 80 号砂纸将损伤深处的旧漆膜清理干净，为底漆提供良好的附着力，不能将研磨机倾斜较大角度去清除损伤深处的漆膜，以免损坏研磨盘。

研磨羽状边时选用 120 号砂纸配合 7 mm 研磨机研磨出羽状边，沿着损伤漆膜边缘研磨，羽状边的范围应在保证平顺的情况下尽可能地控制在很小的范围内。

从不同角度判断羽状边的效果，羽状边研磨至平顺即可。如已经平顺，则可选择 180 号砂纸配合 7 mm 研磨机对羽状边边缘进行修饰，以降低砂纸痕。

选择 240 号砂纸配合 7 mm 研磨机对羽状边周围进行磨毛处理，此范围应根据施工者水平高低进行控制，原则上应尽可能地小。在刮涂原子灰时，原子灰刮涂区域应在磨毛范围内。

使用吹尘枪除去灰尘，使用除油剂除去油污，在此步骤中应佩戴相应的防护用品。这样，羽状边的研磨就完成了。

任务 4　底漆施工

一、汽车底漆简介

底漆的作用主要是提供附着力和防腐蚀。底漆一般不具备填补车身表面缺陷的能力，但能使得裸露的金属表面适合使用原子灰、中涂底漆以及面漆。它作为被涂表面与涂层之间的媒介层，使两者牢固结合。底漆的种类繁多，如汽车车身的材质除钢铁外，还有铝、镀锌铁板、塑料等，针对不同的底材，要选用适当的底漆。正确选择合适的底漆是非常关键。它不仅可以降低成本，方便施工，而且可以延长漆膜的耐久性，充分发挥漆膜的作用，达到汽车涂装的质量要求。另外，施工方法与涂层的质量也有相当大的关系，如漆膜的厚度、均匀度、干燥程度，稀释剂的使用，施工环境（温度、相对湿度），涂装表面的预处理，等等，也会影响底漆的涂装质量。汽车用底漆的种类和功能，如图 3-17 所示，其性能见表 3-2。

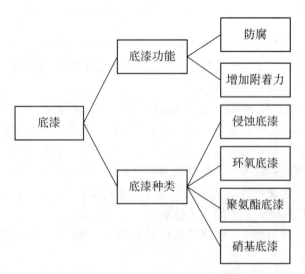

图 3-17　汽车用底漆的种类和功能

表 3-2 底漆的性能

性能	侵蚀底漆	硝基底漆	聚氨酯底漆	环氧底漆
防锈	⊗	⊗	◎	◎
附着	◎	⊗	○	◎
固化	◎	◎	○	⊗

注：⊗表示差；○表示一般；◎表示好

二、底漆的特性

（1）底漆对底材表面应有良好的附着能力，对其他面漆或中涂层要有良好的结合能力。

（2）底漆干燥后要有很好的物理性能和机械强度，能随金属伸缩、弯曲，能抵抗外来的冲击力而不开裂、不脱落，能够抵抗其上面涂层的溶剂溶蚀而不会咬起。

（3）底漆要具有一定的填充力，能够填平底材上微小的高低不平、孔眼和细小的纹路等。

（4）底漆要便于施工，涂膜流平性要好，不流挂、干燥快，而且要容易打磨平整、不粘砂纸，保证漆面平滑光亮。

应根据涂装的要求和使用的目的采用不同类型的底漆，根据工件表面状态和底漆的性质选择适当的涂装方法。

底漆涂膜的强度和结合能力的大小取决于涂膜的厚度、均匀度及其是否完全干燥。底漆涂膜一般不宜过厚，以 $15\sim25~\mu m$ 为宜（在汽车表面装饰性要求不高、底漆上直接喷涂面漆的情况下膜厚可以在 $50~\mu m$ 左右），过厚则涂膜干燥缓慢，还容易造成涂膜强度不够和附着力不良。

三、底漆的类型

底漆的种类比较多，现在的汽车涂装中以环氧树脂底漆和侵蚀底漆最为多见。根据用途和防腐机理可分为隔绝底漆、磷化底漆和塑料底漆等类型。

1. 环氧树脂底漆

环氧底漆是环氧树脂底漆的简称，这类底漆是物理隔绝防腐底漆的代表漆种。环氧树脂作为一种线型的高聚物，由环氧丙烷与二酚基丙烷缩聚而成，具有极强的黏结力和附着力，以及突出的韧性和耐化学性。环氧底漆的优点如下：

（1）环氧底漆使用在金属、木材、玻璃、塑料、陶瓷、纺织物等材质上，都表现出优秀的附着力和黏结力。

（2）环氧底漆的涂膜韧性佳，耐挠曲，硬度高。

（3）环氧树脂的分子结构中含有醚键，而醚键是最为稳定的化学成分，因此，环氧树脂对水、溶剂、酸等化学品尤其是碱性化学品具有突出的耐受性。

（4）具有优秀的电绝缘性、耐久性和耐热性。

除此之外，环氧树脂类涂料也存在部分缺点，如表面粉化较快（这也是其主要作为底层涂料的原因之一）。环氧底漆使用的固化剂是胺类，对人体皮肤存在一定的刺激性，因此在使用时要注意防护隔绝。

2. 侵蚀底漆

侵蚀底漆是以化学防腐手段来达到防腐目的，主要代表为磷化底漆。磷化底漆是以聚乙烯醇缩丁醛树脂溶于有机溶剂中，并加入防锈颜料四盐锌铬黄等制成，使用时与分开包装的磷化液按一定比例调配后喷涂。品牌漆中的磷化底漆一般都已经制成成品，按一定的比例加入固化剂使用即可。

金属表面涂装磷化底漆后，磷化液（弱磷酸）与防锈颜料四盐锌铬黄反应，生成同一般磷化处理相似的不溶性磷酸盐覆盖膜，同时生成的铬酸使金属表面钝化。由于聚乙烯醇缩丁醛树脂具有很多极性基团，它也参与了锌铬颜料与磷酸的反应，转变成不溶性络合物膜层，与上述的磷酸盐覆盖膜都起到防腐蚀和增强涂层附着力的作用。

磷化底漆作为有色及黑色金属的防锈涂料，能够代替金属的磷化处理，在提高抗腐蚀性和绝缘性、增强涂层与金属表面的附着力等方面比磷化处理更好，而且工艺和设备要求比较简单。但磷化底漆涂膜很薄，一般为 $8\sim15\,\mu m$，因此，一般不单独作为底漆使用，所以在涂装磷化底漆后通常仍用一般底漆打底。

磷化底漆在使用时要注意的一点是，因其具有一定的侵蚀作用，所以不能用金属容器调配，使用的喷枪罐也应是塑料罐，在喷涂完毕后应马上清洗喷枪。磷化底漆施涂完毕后不要马上喷涂其他底漆，而应等待一段时间（20℃，2 h）后再进行下一步操作。

3. 塑料底漆

塑料底漆的作用主要是增强塑料底材和面漆层的黏合能力，同时具有去除静电的功能。通常为单组份，开罐即可使用，直接喷涂一薄层，等待 10 min 左右（常温），待稍稍干燥后就能继续喷涂中涂层或面漆。

环氧底漆与磷化底漆对底材都具有良好的防腐性，对其上的涂层也都具有良好的黏结能力，应正确选用底漆，其使用不当将会影响面漆层的质量。选用原则如下：对大面积的裸金属通常采用首先喷涂一薄层磷化底漆，然后再喷涂较厚涂层的环氧底漆；对于良好的旧漆层或面积不大的裸露金属区域可以直接喷涂磷化底漆；对于塑料件需要喷涂塑料底漆；在打磨时没有磨到底漆层的良好旧漆层可以不必喷涂底漆而直接喷涂中涂层或面漆。

四、底漆的喷涂

在喷涂底漆层之前，先将需要喷涂的区域用清洁剂清洁干净，去除油污、蜡渍及灰尘，经适当遮盖后进行喷涂。

底漆层的喷涂膜厚可根据情况掌握。一般情况下，如果底漆层上还要喷涂中涂层，则可将底漆喷涂得薄一些，只要能够达到防腐和提高黏附能力的目的就可以了；如果在底漆层上直接进行面漆的喷涂，则需要喷涂得厚一些，根据不同的要求可以进行打磨。总的喷涂膜厚以不超过 $50\,\mu m$ 为宜。需要注意的是，在旧涂层上修补、喷涂底漆时，要选用与原涂层无冲突的底漆。

底漆干燥后要经过适当的打磨，为下一步喷涂工作做好准备。打磨时为更好地判断打

磨的程度，应使用"打磨指导层"。

打磨指导层，即在需要打磨的涂层上薄薄喷涂或擦涂一层其他颜色的颜色层，意在使打磨到的区域与未打磨的区域在颜色上有一定的差异，以便于在打磨时观察打磨的程度——指导层被磨掉的地方即为高点，而未被磨掉的部位即为低点，指导层全部被磨掉后，需要打磨的区域即比较平滑了。可用于指导层的材料有很多，通常需要打磨的区域是漆膜，则用雾喷的方法喷涂一层极薄的单组份硝基漆当作指导层，原子灰的打磨一般用擦涂碳粉来进行打磨指导。指导层的颜色以反差大一些的为好，尽量使用黑、灰、白等容易遮盖的颜色。

1. 对大面积裸金属喷涂底漆

对大面积裸金属的底漆喷涂时，一般首先进行磷化处理，然后再喷涂隔绝底漆。磷化处理通常用喷涂磷化底漆的方法来进行，喷涂时要根据不同的底材选用不同的底漆。

对于钢板，薄喷一层磷化底漆即可；对于铝合金板材，需要喷涂含有铬酸锌的底漆进行钝化处理；对于镀锌板等底材，通常不用喷涂侵蚀性底漆，直接喷涂隔绝底漆即可。

通常，侵蚀性底漆不单独使用，其上还要额外喷涂隔绝底漆，二者共同组成底漆层。因此，侵蚀性底漆的漆膜厚度较薄，一般以 15 μm 左右为宜。在进行侵蚀性底漆的喷涂时，要采用塑料容器，遵循使用说明进行调配，喷涂时采用的喷枪也以塑料枪罐为宜。在喷涂完毕后，须立即进行清洗，以避免枪身遭受侵蚀。侵蚀性底漆的喷涂面积不宜过大，以恰能遮盖住裸露金属部位为宜。

侵蚀性底漆完全干燥后，不用进行打磨处理，便可直接喷涂隔绝底漆。隔绝底漆通常采用环氧树脂型，这类底漆的黏度较大，因此，需要选择口径较大的喷枪。如使用环保型喷枪，宜选用 1.7～1.9 mm 口径的底漆喷枪。

隔绝底漆的喷涂方法是先薄喷一到两遍，二者间隔 5～10 min（常温），膜厚通常为 30～35 μm，只须将裸露金属覆盖便可；底漆喷涂完毕后须静置 5～10 min，等溶剂挥发一会儿，再加温 60～75 ℃烘烤 30 min。

待漆膜完全干固后，用 240～360 号干磨砂纸配合打磨机进行打磨，也可使用 600 号水磨砂纸进行湿磨。打磨时注意不要将底漆磨穿，若发生磨穿，则须对磨穿部位进行底漆的重新喷涂。

2. 对旧涂层喷涂底漆

旧涂层经过打磨后如果没有裸露出金属底材，可以不喷涂底漆，直接喷涂中涂漆或施涂原子灰；如果旧涂层打磨后有部分区域露出了金属底材，只要对裸露的金属部位喷涂底漆而不必全面喷涂，对小部分裸露金属的处理也可以适当简化，可以不必喷涂侵蚀性底漆。经过喷涂底漆的部位必须经过打磨后才能喷涂中涂漆或面漆，打磨时必须将所喷涂的底漆打磨平整、光滑，并打磨出羽状边。

任务5 原子灰施工

一、原子灰简介

原子灰（腻子），又称为聚合型腻子，是一种膏状或厚浆状的涂料，它容易干燥，干后坚硬，能耐砂磨。腻子一般使用刮具刮涂于底材的表面（也有使用大口径喷枪喷涂的浆状腻子，称为"喷涂腻子"），用来填平底材上的凹坑、缝隙、孔眼、焊疤、刮痕，以及加工过程中所造成的物面缺陷等，使底材表面达到平整、匀顺，使面漆的丰满度和光泽度等能够充分地显现。

在涂原子灰前底材要达到一定的要求，如合理的钣金件安装，表面平整度的变形量应不超过 2 mm，底材不应有裂口或未焊接的接缝，等。否则，过厚的原子灰层会降低涂层的性能，裂口和缝隙会吸进潮气，导致锈蚀的产生，最终会破坏原子灰和金属的结合。汽车在行驶中的振动和应变，会使过厚的原子灰层及处理不当的钣金件变形，造成原子灰层的开裂、脱落。

除此以外，根据汽车涂层的质量要求，合理选择原子灰及正确的施工方法也是非常重要的，它关系到能否发挥原子灰的填补缺陷能力、施工性能、施工速度和涂层的使用寿命。原子灰的种类及功能，如图 3-18 所示。

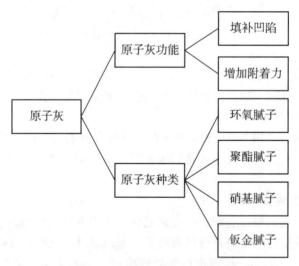

图 3-18 原子灰的种类及功能

二、原子灰的组成

原子灰是涂料，所以也是由树脂、颜料、溶剂和填充材料等组成的。现在较为常用的原子灰树脂有聚酯树脂和环氧树脂等。环氧树脂原子灰具有良好的附着力、耐水性和防化学腐蚀性能，但涂层坚硬不易打磨。由于其附着力优良，可以刮涂得较厚而不脱落、开裂，多用于涂有底漆的金属或裸金属表面。聚酯树脂原子灰也有着优良的附着力、耐水性和防化学腐蚀性能，而且干后涂膜软硬适中，容易打磨，经打磨后表面光滑圆润，适用于很多底材表面（不能用于经磷化处理的裸金属表面，否则会发生盐化反应造成接触面不能干燥而影响附着力）。聚酯树脂原子灰经多次刮涂后，膜厚可达 20 mm 以上而不开裂、脱落，所以应用最为广泛。现在常见的原子灰基本都是聚酯树脂原子灰。

原子灰中的颜料以体质颜料为主要物质，配以少量的着色颜料。填充材料主要使用滑石粉、碳酸钙、沉淀硫酸钡等，起填充作用并提高原子灰的弹性、抗裂性、硬度，以及施工性能等。着色颜料以黄、白两色为主，主要是为了降低彩度，提高面层的遮盖能力。

原子灰多为双组份产品，需要加入固化剂后方能干燥固化，以提高硬度和缩短干燥时间。聚酯树脂型原子灰多用过氧化物作为固化剂，环氧树脂型原子灰多用胺类作为固化剂。

三、原子灰的种类

原子灰的种类很多，经常使用的有以下 5 种。

1. 普通原子灰

普通原子灰多为聚酯树脂型，膏体细腻，操作方便，填充能力强，适用于大多数底材，如良好的旧漆层、裸钢板表面等。因其具有良好的附着力和弹性，也可用于车用塑料保险杠和玻璃钢件，但刮涂不宜过厚。普通型原子灰不适用于镀锌板、不锈钢板和铝板等，以及经磷化处理的裸金属表面，这样附着能力会达不到，造成开裂。但在这些金属表面首先喷涂一层隔绝底漆（通常为环氧基）后即可正常使用。

2. 合金原子灰

合金原子灰也称金属原子灰，比普通原子灰性能更加良好，除可用于普通原子灰所用的一切场合外，还可以直接用于镀锌板、不锈钢板和铝板等裸金属而不必首先施涂隔绝底漆，但不适用于经磷化处理的裸金属表面。合金原子灰因其性能卓越、使用方便，所以应用也很广泛，但价格要高于普通原子灰。

3. 纤维原子灰

纤维原子灰的填充材料中含有纤维物质，干燥后质量轻但附着能力和硬度很高，因此能够一次刮涂得很厚，可以直接填充直径小于 50 mm 的孔洞或锈蚀而无须钣金修复，对孔洞的隔绝防腐能力也很强。用于有比较深的金属凹陷部位，填补效果非常好。但表面呈现多孔状，需要用普通原子灰做填平工作。

4. 塑料原子灰

塑料原子灰专用于柔软的塑料制品的填补工作。调和后呈膏状，可以刮涂也可以揩涂，干燥后像软塑料一样，与底材附着良好。虽然干后质地柔软，但打磨性很好，可以机器干磨，也可以用水磨，常用于塑料件的修复。

5. 幼滑原子灰

幼滑原子灰也称填眼灰，有双组份的，也有单组份的，以单组份产品较为常见。填眼灰膏体极其细腻，一般在打磨完中涂层之后、喷涂面漆之前使用，主要用途是填补极其微小的小坑、小眼等，提高面漆的装饰性。因其填补能力比较差，且不耐溶剂，易被面漆中的溶剂咬起，所以不能作为大面积刮涂使用，但它干燥时间很短（几分钟），干后较软，易于打磨，用于填补小坑非常合适，可以提高生产效率并能保证质量，所以也是涂装必备的用品。

四、原子灰的施涂

刮腻子又称打腻子，是一项手工作业。常用工具有调拌腻子盒（木制或金属制作）、托腻子板、腻子铲刀、腻子刮刀（又分牛角刮刀、橡皮刮刀、钢片刮刀）等。原子灰的刮涂应在喷涂完底漆后进行，若需要填补的区域范围比较小，在不影响其附着能力的基础上可以直接刮涂于裸金属上。有些原子灰的施工厚度可以达到 20～30 mm，但仅限于特殊情况，且面积不可过大。一般施工原子灰的厚度为 2～3 mm，不可过厚。

1. 原子灰的调配

原子灰有很多品种，在施工时可以根据不同的情况合理选用。施工的底材对原子灰的附着力也有一定的影响，在填平施工时要根据不同的底材选用不同的原子灰。例如，镀锌板及铝合金板材、不锈钢表面等不可直接施涂普通聚酯原子灰，只能使用合金原子灰，否则会造成附着力不良。如要刮涂普通原子灰则必须首先喷涂隔绝底漆后才能达到理想的效果。磷化底材表面不能直接刮涂原子灰，必须首先喷涂隔绝底漆后才能施工。

在进行原子灰的施涂时，首先将需要施涂的区域进行打磨、清洁，然后将原子灰按使用手册标明的比例正确混合固化剂。聚酯原子灰通常使用过氧化物固化剂，其添加比例要严格遵照使用说明，不可随意增加或减少，而且混合一定要均匀。固化剂添加过量，虽然可以促进干燥，但剩余的过氧化物会与其上面的涂层发生氧化反应，引起面漆的脱色等；添加量过少会引起原子灰层干燥不彻底，在喷涂时出现咬底等现象。原子灰的颜色通常为灰白色或淡黄色，但固化剂的颜色通常为鲜艳的红色或黄色，在调配时两种颜色均匀地混合后即可进行刮涂施工。

原子灰混合固化剂后其活化寿命很短，只有 5～7 min（常温），在温度较高的季节，可施工时间会进一步缩短。所以，原子灰的调配和施工速度要快一些，在其活化时间内尽快施工完毕。在气温低于 5 ℃时，原子灰和固化剂的反应将会减慢或停止，造成不易干燥，所以应采用升高施工场所温度的方法来促进固化，或用红外线烤灯进行加热，但烘烤温度不可超过 50 ℃。加热温度太高，原子灰在干燥时会产生应力，容易造成开裂、脱落等。

2. 原子灰施工准备与腻子的调和

（1）劳动保护：刮涂腻子时，应穿戴的劳动保护用品一般只需要普通工作服和棉手套即可。

（2）安全注意事项：腻子在固化中会产生热量。如果遗留在混合板上的腻子在腻子施涂工作以后立即放在垃圾筒里，腻子产生的热量可能引燃易燃物品。因此，一定要确认腻子已经凉透了，才能将之弃置。

（3）刮腻子前金属表面的处理：清除掉受损伤或老化的旧涂膜，修整好与保留旧涂膜的边缘交接部位之后，对于需要刮涂腻子的表面，必须用压缩空气彻底清除粉尘。对于外露的金属表面，要用洗件汽油和溶剂进行脱脂处理。雨天和湿度高的季节，金属表面往往沾附有湿气，应该用红外线灯和热风加热器，提高金属表面温度，除去湿气。寒冷季节也可采用相同的办法处理，这样既可以提高腻子的附着力，又可以避免面漆涂装后出现起层、开裂等质量事故，同时腻子层的干燥速度也会随之而提高。

（4）腻子的选择：挑选腻子一是要求与金属和旧涂膜的附着性能好；二是要求耐热

性好，要能在 120 ℃条件下，承受 30 min 以上，也不产生起层、开裂、气泡等现象；三是腻子的施工作业性能，刮腻子后要求 30 min 左右就能进行打磨，腻子的刮涂和打磨作业性能要好。

（5）检查腻子的覆盖面积：为了确定需要准备多少腻子，须再次估计损坏的程度。但是，此时不能触及有关的区域，以防止在有关部位沾上油迹。

（6）腻子的调和：

取腻子：腻子通常装于铁制的罐内，固化剂装在软体的管子内。首先，用专用工具撬开腻子盒盖，可使用长柄腻子刮刀或搅拌棒之类的工具将腻子充分搅拌均匀；然后，将适量的腻子基料放在混合板上并按规定的混合比添加一定量的固化剂。一般是以 100∶2 或 100∶3 的比例拌和。若固化剂过多，干燥后就会开裂；如果固化剂过少，就难以固化干燥。需要注意的是，一次不要取出太多的腻子调和，因为调和后的腻子会很快固化，如果还没刮涂到规定部位即固化，则调和的腻子便不能再用，造成浪费。

拌合腻子：①用刮刀的尖端舀起固化剂，将其均匀散布在腻子基料的整个表面上。②抓住刮刀，轻轻提起其端头，再将它滑入腻子下面，然后将它向混合板的左侧提起。③在刮刀舀起大约 1/3 腻子以后，利用刮刀右边为支点，将刮刀翻转。④将刮刀基本上与混合板持平，并将它向下压。一定要将刮刀在混合板上刮削，不要让腻子留在刮刀上。⑤拿住刮刀，稍稍提起其端头，并且将上述的在混合板上混合的腻子全部舀起。⑥将腻子翻身，翻转的方向与第③步中的相反。⑦与第④步相同，将刮刀基本上与混合板持平，并将它向下压，从第②步开始重复。⑧在进行第②步到第⑦步时，腻子往往向上朝混合板的顶部移动。在腻子延展至混合板的边缘时，舀起全部腻子，并且将它向混合板的底部翻转。重复第②步到第⑦步，直到腻子充分混合。

3. 刮腻子的方法

刮腻子时，可视施工需要从右到左一次性横刮，从上到下竖刮并从左到右横排，围绕施工面四周刮，或从右到左横刮并从上到下竖排，如图 3-19 所示。

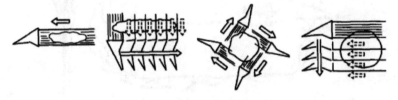

图 3-19　刮原子灰的基本动作

第一次刮原子灰：将刮刀竖起沿着铁板薄薄地压挤补涂，如图 3-20 所示。

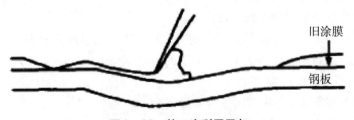

图 3-20　第一次刮原子灰

第二次刮原子灰：将刮刀倒斜35°～45°重涂，需要量稍微多点，最初补于需要范围内，重叠时渐广，如图3-21所示。

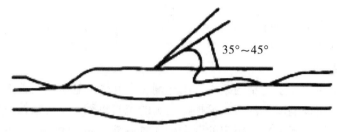

图3-21 第二次刮原子灰

最后刮刀呈倒平状将表面刮平，同时把原子灰周围刮薄，如图3-22所示。

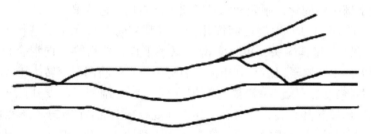

图3-22 第三次刮原子灰

4. 不同平面腻子的涂布

（1）平面部分腻子的涂布，方法如图3-23所示。

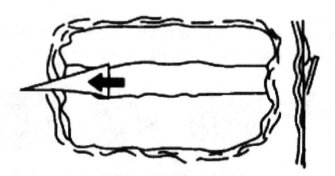

图3-23 平面部分的涂布

平面部分涂布原子灰的步骤是：

步骤1：以压挤方法将涂布面全部涂布。

步骤2：最终将原子灰外围部分厚膜刮薄，与周围的涂膜段差缩小。

步骤3：按所涂布的原子灰的1/3～1/2的量再刮涂一遍，将原子灰与原子灰间的段差缩小。同时周围部分要刮薄。

步骤4：重复步骤3，将涂布面按需要量刮涂。

步骤5：刮平涂布面，使其无原子灰间的段差。

在向平面施涂原子灰时,要注意以下事项:

第一,如果刮刀在各道施涂中,仅向一个方向移动,原子灰高点的中心就会有所移动。这种情况很难打磨,所以刮刀在最后一道施涂中必须反向移动,以便将原子灰高点移回中央。

第二,原子灰必须比原来的表面高。但是,最好只略微高一点,因为如果太高了,在打磨过程中,就要花许多时间和力气来清除多余材料。

第三,原子灰施涂在工件表面上的范围,必须以打磨过程中所留下的打磨划痕为限。如果没有打磨划痕,原子灰就粘不牢。

第四,施涂原子灰要快,必须在混合以后 3 min 以内施涂完。如果花费时间太长,原子灰就可能在该道施涂完成前固化,影响施涂。

(2)弧形表面及角落的涂布:使用有弹性的橡胶刮刀较容易施工,如图 3-24、图 3-25 所示。

图 3-24 弧形表面的涂布

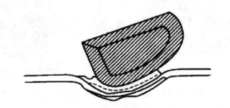

图 3-25 角落的涂布

(3)菱角线处的原子灰涂布:菱角线无法拉直时请使用如图 3-26 所示的方法涂布原子灰。其步骤是:

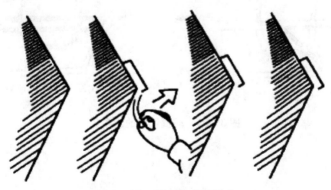

图 3-26 菱角线处的涂布

步骤1：沿着菱角线贴胶带，单边涂布原子灰。
步骤2：在步骤1所涂布的原子灰半干燥时，撕去胶带。
步骤3：在步骤1所涂布的原子灰上沿着菱角线贴胶带。
步骤4：反方向涂布原子灰。
步骤5：半干燥后撕去胶带。

（4）防撞饰条的涂布：依位置与作业者的不同，其作业方式各异，如图3-27至图3-32所示。

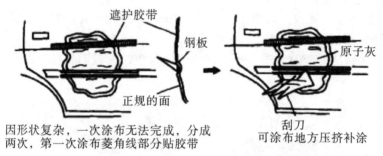

图3-27　防撞饰条的涂布1

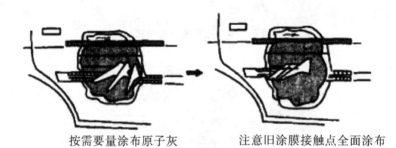

图3-28　防撞饰条的涂布2

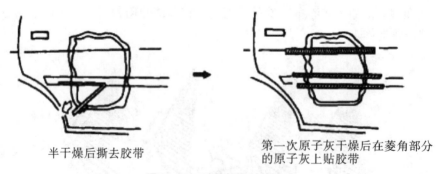

图3-29　防撞饰条的涂布3

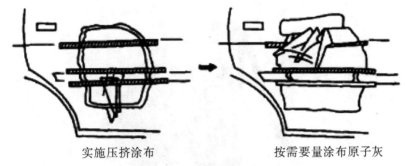

实施压挤涂布　　　　　　　　按需要量涂布原子灰

图3-30　防撞饰条的涂布4

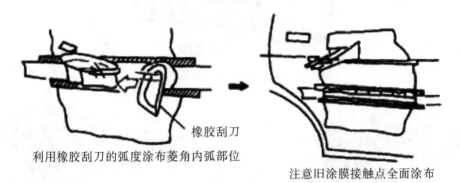

橡胶刮刀

利用橡胶刮刀的弧度涂布菱角内弧部位　　　注意旧涂膜接触点全面涂布

图3-31　防撞饰条的涂布5

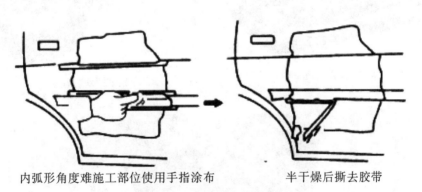

内弧形角度难施工部位使用手指涂布　　　半干燥后撕去胶带

图3-32　防撞饰条的涂布6

5. 原子灰的打磨

打磨原子灰层主要是为了取得平整光滑的平面。原子灰的打磨方法有以下几种：

（1）粗打磨：

采用移动式或吊臂式的干磨系统（如图3-33所示），视打磨原子灰的情况而定。选用圆形或方形的磨灰机，并固定使用80号的干磨砂纸（如图3-34所示）。

图3-33 干磨系统

a. 方形磨灰机　　　　　　　　b. 圆形磨灰机

c. 干磨砂纸

图3-34 磨灰机和磨砂纸

把磨灰机贴住原子灰表面后再开动,否则会碰损磨灰托盘或加深打磨深度。磨灰托盘必须全面贴合原子灰表面,不能施力过大,然后将原子灰表面打磨出大致的形状。按照原子灰最长方向来回打磨,然后再按垂直、斜向的方向进行打磨,不能超出原子灰范围。

(2) 中打磨:

步骤1:用手掌触摸粗打磨的原子灰表面,感觉粗打磨后的状况。

步骤2:更换干磨砂纸,以120～180号干磨砂纸细磨原子灰,打磨羽状边(打磨位置超出原子灰刮涂范围,与工件的表面有一个平滑的过渡),打磨出最终的表面(在更换砂纸时要逐级渐进,每次跳级不能超出100号)。

打磨的要领:将打磨机轻压在原子灰层表面,左右轻轻移动磨灰机,切忌使劲重压。

打磨时应注意,磨灰机的工作面应保持与原子灰表面平行,如图3-35所示。打磨时不能施力过大,应将打磨机轻轻压住,靠旋转力进行打磨。若施力过大,就不能形成平整表面。磨灰机的移动方向如图3-36所示。先沿①所示方向左右移动;随后沿②和③所示方向斜向移动;最后沿④所示方向上下移动,这样可以基本消除变形。如果再沿①所示方向左右移动一次,消除变形效果更好。

图3-35 磨灰机磨原子灰

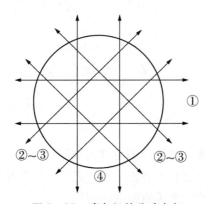

图3-36 磨灰机的移动方向

(3) 手工打磨修整:腻子打磨完成后,要检查腻子表面,若发现有气孔和小的伤痕,应马上用填眼灰修补。填眼灰的施涂修补过程是:

步骤一,搅拌填眼灰。填眼灰的盛装有两种形式,一种是盛装于软体金属或胶管内,一种是盛装于金属罐内。对于盛装于软体金属或胶管内的填眼灰,搅拌时,用手反复捏揉管体即可;对于盛装于金属罐内的填眼灰,可用专用工具打开盖后,用搅拌棒充分搅拌。

步骤二，取填眼灰。用腻子刮刀取少量填眼灰置于腻子托板上，也可以置于另一个刮刀刀片上。填眼灰一般不需要添加固化剂，取出后即可使用；有的填眼灰需要按比例加入稀释剂混合后才能使用。填眼灰固化时间很短，用量也少，所以应少取，并且应在尽量短的时间内用完。

步骤三，施涂。气孔和伤痕的修补如图 3-37 所示。用小的腻子刮刀，以刀尖部位取少量的填眼灰，对准气孔及划痕部位，用力将填眼灰压入气孔或划痕内，必要时可填补多次。

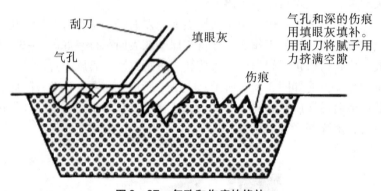

图 3-37　气孔和伤痕的修补

步骤四，填眼灰的干燥。一般填眼灰施涂后，在自然条件下 5～10 min 即可完全干燥，无须烘烤。

步骤五，填眼灰的打磨。填眼灰施涂后，会破坏原来打磨平整的腻子表面，另外，填眼灰的性能不如腻子，所以必须将多余的填眼灰完全打磨掉。干打磨采用粒度为 150～180 号砂纸；若湿打磨则采用 240～320 号砂纸。打磨时要配合磨块，直到气孔和划痕外的填眼灰完全被打磨掉为止。

任务 6　中涂漆施工

一、中涂底漆简介

中涂底漆一般固体分子高，可以得到足够的膜厚（大约 40 μm），机械性能好，尤其是具有良好的抗石击性，另外还具有表面平整、光滑、打磨性好、耐水性优良等特点，对汽车整个漆膜的外观和性能起着至关重要的作用。

中涂底漆层在涂层组合中是在面漆层之下的涂层，主要起增强涂层间附着力、加强底涂层的封闭性和填充细微痕迹的作用。因此，中涂底漆层要有一定的附着力、耐溶剂性和填充性，以保证为面漆层提供一个完美的施工表面，并突出面漆的装饰性。作为面漆层与底漆层、腻子层、旧涂层之间的媒介层，中涂底漆层还应具有对底漆层、腻子层、旧涂层、面涂层的良好配套性。目前，在汽车上使用的底漆层、腻子及面漆层品种繁多，性能各异，正确选择中涂底漆层非常重要。这不仅关系到合理使用涂料，发挥中涂底漆层的品质，还关系到节约面漆、降低成本、方便施工，以及提高面漆层的装饰性等一系列问题。

另外，中涂底漆涂层的施工方法和条件，如漆膜厚度、干燥条件、喷涂技术、稀释剂的选用、涂料黏度、施工设备、施工环境，及腻子作业的质量等都会影响中涂底漆层涂装后的质量，进而影响面涂层的质量。因此，我们必须重视中涂底漆层在涂层中的作用，重视中涂底漆层的施工质量。中涂漆的分类及功能，如图3-38所示。

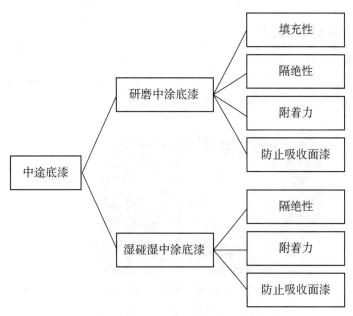

图3-38 中涂漆的分类及功能

中涂漆还应具备一定的保护车体面板免受碎石弹击伤害的性能及防潮性等功能。车辆在以一定的速度行驶时，这些"特殊子弹"可能会以每小时几百千米的速度撞击车身表面。这种撞击的力量之大可能会导致车辆表面及挡风玻璃破裂受损。因此，油漆漆膜一定要耐受这种程度的撞击，至少要让底漆涂层不被破坏，否则会导致车门锈蚀。中涂漆性能对比，见表3-3。

表3-3 中涂漆性能对比

性　能	1K丙烯酸中涂	聚氨酯中涂	1K硝基中涂
附着力	◎	◎	⊗
填充性	◎	◎	○
隔离性	◎	◎	⊗
抗水性	⊗	◎	⊗
干燥性			
打磨性	◎	◎	◎

续表 3-3

性　能	1K 丙烯酸中涂	聚氨酯中涂	1K 硝基中涂
防吸收性	⊗	◎	⊗
配合面漆颜色	⊗	◎	⊗

注：⊗表示差；○表示一般；◎表示好

二、中涂底漆施工规范

1. 底材准备

在喷涂中涂底漆之前，使用 240 号打磨砂纸配合双轨道偏心 7 mm 打磨机打磨底层，要求不漏底、无漏磨，如图 3-39 所示。

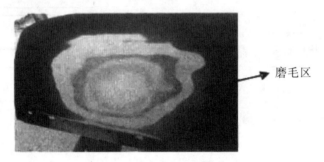

图 3-39　240 号砂纸研磨范围

如果砂纸过于粗糙，打磨划痕就会过深。这样，中涂底漆则会喷得过厚，推荐的干燥时间因此会显得太短，结果砂痕就会显现，如图 3-40 所示。

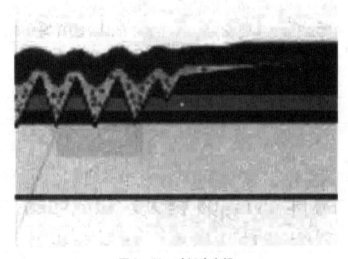

图 3-40　砂纸痕太粗

2. 中涂漆混合

根据产品手册和包装上的提示，按比例要求进行中涂漆的混合。例如施必快多功能中涂漆 8590，其调配比例为 3∶1 并按 5%～10% 的比例添加 3309/3310 硬化剂和稀释剂，调配好后还需要放置一段时间。

3. 中涂漆喷涂

大口径的喷枪更适合用来喷涂中涂漆。其重力式为 1.6～1.7 mm；吸力式为 1.9～2.0 mm。中涂漆喷涂 2～3 层（厚度为 80～120 μm），每层的喷涂相隔时长根据环境而定，一般为 5～10 min。第一层的喷涂是对底层的初步密封，以薄喷为宜，若喷涂过厚，在后续工序中，则可能因中涂底漆的溶剂渗入旧油漆层中而产生隆起。第二涂层和第三涂层是真正起作用的填充中涂底漆涂层。如图 3-41 所示。

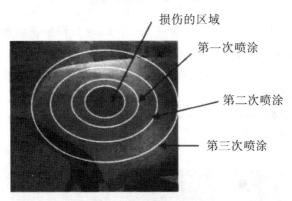

图 3-41 中涂漆喷涂示意图

当第一层经过充分闪干静置（直到无光泽）后，便可以喷涂第二层，再经过闪干静置第二层（直到无光泽），然后才喷涂第三层。要确保每一层填充中涂底漆的喷涂面积都要比上一层的喷涂面积宽出一掌的范围。

4. 中涂漆干燥

中涂底漆喷涂完后需要静置 5～10 min，便可使用烘房或红外线烤灯进行烘烤干燥，干燥时间根据产品性能、厚度和温度而定，详细情况需要参考相关产品技术资料。烘房干燥时，温度设定为 60 ℃，时间设定为 20～30 min；红外线烤灯干燥需要 10～15 min，在环境温度为 20 ℃时，需 5 h 以上才能干燥。

5. 中涂漆研磨

研磨中涂漆（图 3-42）需要根据待喷涂的面漆颜色选择研磨砂纸。如面漆的颜色较浅，应选择较细的砂纸研磨（400 号以上）；如面漆颜色较深，可选择 320～400 号砂纸研磨。

图 3-42 研磨中涂漆

使用 320~400 号干磨砂纸配合双向（3 mm/5 mm）研磨机研磨干燥后的中涂底漆，如有需要，在研磨边角位置可用 500 号海绵砂纸或灰色百洁布研磨。研磨时，刮涂腻子区域，可先配合手工打磨至平整。如有需要，使用特优的双组份腻子填补细小的砂眼及划痕，但只限细小的砂痕及针孔。

6. 中涂底漆施工操作规范

使用的工具如图 3-43 所示。

图 3-43 中涂底漆施工所使用的工具

中涂底漆施工操作步骤如下：

（1）清洁被涂部位：在施工前要对被涂部位进行清洁，目的是防止油污影响漆面效果，防止产生缺陷。在使用除油剂时应佩戴防毒面具、耐溶剂手套，工作鞋、工作服应始终穿戴好。

（2）调配中涂底漆：根据产品手册说明调配中涂底漆。此处选用的是杜邦施必快高浓中涂漆 5310，其配套固化剂是 3310，比例是 4∶1。中涂底漆调配时应根据被涂部位面积调配合适的量，以免产生浪费。

（3）调试喷枪：喷涂中涂漆应选用 1.6~1.7 mm 口径喷枪，RP 喷枪气压为 2.5 bar。喷枪调试的主要目的是更好地施工，一定不要图方便而不做此步骤。

(4) 喷涂中涂底漆：在对工件喷涂中涂漆时应先喷涂原子灰及磨穿部位，再对整个工件喷涂，一般施涂两道即可达到理想效果。每道中涂漆喷涂完成后均需要闪干。

(5) 烘烤中涂漆：中涂漆经过闪干后即可进行烘烤。我们采用的是燃油加热式烤漆房，温度设定在60 ℃，时间为30 min。烘烤前要确保车内无易燃易爆物品。

(6) 施涂指示层：在烘烤结束后即可进行中涂漆研磨。研磨前应施涂一层指示层，以便研磨。指示层涂上即可，不宜过多。

(7) 用手工磨板研磨：使用手工磨板配合P320砂纸对原子灰处的中涂漆进行研磨，以保证漆面平整。采用"米"字形研磨方法，推平原子灰处的痕迹。

(8) 机磨中涂漆：使用3 mm研磨机配合P400～P500砂纸进行中涂漆研磨。研磨至没有亮点即可。研磨时不要把中涂漆磨穿。边角采用灰色菜瓜布研磨。

(9) 清洁：对漆膜表面进行清洁。使用吹尘枪除掉灰尘，使用除油剂清洁油污。

任务7　面漆施工

一、面漆简介

面漆的喷涂对漆工的喷涂技术要求较高。在过去，汽车面漆喷涂以白、蓝、黑、红等单色以及相关复色等素色漆为主，在修补漆的喷涂方面要求不高。现在随着汽车面漆档次越来越高，汽车修补漆的性能逐年提升，金属闪光漆和珠光漆使用率的迅速增长，在过去较少使用的浅色金属闪光漆也越来越常见，喷漆难度和对喷漆工的喷涂技术水平要求也越来越高。以喷涂浅色金属漆为例，在进行喷涂时，其施工的稳定性、色差控制等环节都存在不同程度的难度，其视角闪色效应，即从正面、侧面观察其明度、色相以及彩度等的变化，要比深色漆更加明显，因此喷涂难度较大，在进行喷涂时，更需要严格按照汽车修补漆供应商提出的施工要求，对涂装条件及涂装工艺进行严格把控。

面漆喷涂时，不仅要认真选择所有的材料、施工工具，而且对施工环境（温度、湿度）的控制、冬夏季节稀释剂的选择以及喷枪的调整等都必须认真对待，最终才能使漆面的色彩和光泽度达到理想的效果，同时使漆膜的附着力、硬度和耐久性得到提高。忽视任何一个环节都可能造成严重的后果。

面漆涂层是指涂于工件最外层的漆膜，是涂层组合中唯一可见的部分，起着装饰、标示和保护底材的作用。它直接与各种气候条件（如雨、雪、阳光、寒冷、酷暑等）及有害物质（如酸、碱、盐、二氧化碳、硫化氢等）接触，是阻挡这些物质侵蚀的第一层，并配合底漆对底材起到保护作用。

耐候性是面漆的一项重要指标，要求面漆在极端温变、湿变、风雪雨雹的气候条件下不变色、不失光、不起泡和不开裂。

面漆涂装后的外观更重要，要求漆膜外观丰满、无橘皮、流平性好、鲜映性好，从而使汽车车身具有高质量的协调和外形。

面漆还应具有足够的硬度、抗石击性、耐化学性、耐污性和防腐性等性能，使汽车外观在各种条件下保持不变。

面漆施工工序的分类,如图3-44所示。

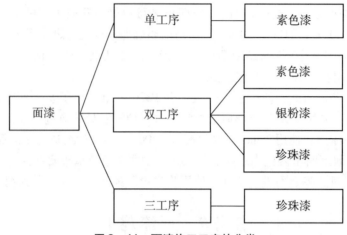

图3-44 面漆施工工序的分类

二、喷涂表面的准备

由于面漆的喷涂是非常关键的,所以在喷涂前要认真检查底涂层(中涂层以下),不能带有任何的瑕疵,因为这些微小的瑕疵在喷涂完面漆之后,在面漆光泽度的影响下会变得非常明显。喷涂面漆的准备工作包括以下几项:

(1) 底漆层或中涂层要进行完全的打磨。用400号或更细一些的干磨砂纸将底漆或中涂漆打磨到表面光滑的程度,不要留有橘皮和干喷造成的漆雾等,尽量不要留有砂纸的打磨痕迹,这些将会影响面漆的流平效果。底漆或中涂层打磨得越光滑,面漆涂层的平整和光亮程度越好。

(2) 若底涂层上有划痕、小的凹坑等必须用原子灰进行填补的区域,应选用填眼灰或极细的细灰进行填补,干燥后打磨。若用原子灰填补的面积比较大,为防止原子灰对面漆的吸收,必须用中涂漆进行封闭。

(3) 如果在打磨时不小心将底层磨穿而露出了金属底,因为金属底是平整的,所以不必刮涂原子灰,但须薄喷一层环氧底漆以保证底材的防腐能力。如果底涂层为底漆加中涂漆的双涂层,则在底漆干燥之后还要喷涂一些中涂漆。等修补的部位完全干燥之后,用细砂纸进行磨平,必须使打磨部位与未修补的部分完全平顺地结合,否则会在面漆上出现地图纹。

(4) 对不需要喷涂的部位适当予以遮盖,防止面漆的漆雾落到不用喷涂的部位。

(5) 在将要喷涂之前,用清洁剂清洁喷涂表面上可能留有的油渍、汗渍和蜡点等。为保证干净,最好连续清洁两遍,然后用黏尘布擦拭喷涂表面,使喷涂表面不留有灰尘颗粒。清洁工作应在喷漆房内进行,清洁完毕后最好马上进行喷涂工作,防止二次污染。

三、面漆的准备

1. 面漆的混合与搅拌

对已经准备完毕的面漆，在喷涂之前必须再次进行充分搅拌，令各种颜料与添加剂完全混合均匀，这是保证面漆涂膜质量的重要工序。

由于对颜色的需求，在喷涂面漆时一般不会仅使用某一种纯色母直接进行喷涂，大部分面漆都是使用多种色母进行混合来获取需要的颜色。色漆中各种颜料的质量要比树脂大很多，部分常用颜料的质量有涂料中液体部分质量的七八倍之重。因颜料较重，会缓慢下沉，以至于涂料中的树脂和颜料无法均匀分散地混合，特别是在涂料中加入稀释剂与固化剂等更多的液体成分以后，下沉现象会更加明显。此外，因各种颜料的质量有所差异，白色（通常是白垩）、铬黄、铬橙、铬绿，以及红色或黄色等铁的氧化物较重，碳黑和靛蓝等颜料较轻，由轻重不一的颜料经混合而成的颜色在喷涂时，若未经充分搅拌，会造成颜色混合不匀、颜色看起来深浅不一的涂膜事故。以湖蓝色为例，将白色母和蓝色母按一定的量均匀混合后获得湖蓝色，但若静置一段时间，较重的白色颜料沉入蓝色颜料的下方，这时油漆的颜色看起来就会更蓝。

颜料的沉淀现象不仅存在于漆喷以前，在喷涂以后、涂膜干燥的过程里，也会发生沉淀，因此会有刚刚喷涂完毕和涂膜干燥之后喷涂表面出现色差的情况。而一部汽车的车身上，由于平面和立面的颜料流动方向和速度不同，颜料沉淀后形成的色差也各不相同。湖蓝色喷涂在平面上的涂膜经干燥后，会比喷涂在立面上的涂膜看起来更蓝。因此，在喷涂面漆之前，一定要充分搅动面漆，使颜料尽可能分散均匀。在涂料中加入稀释剂、固化剂和催干剂等一些添加剂时，同样需要经过充分搅拌后，才能正常发挥其作用。譬如，固化剂和涂料中的树脂产生化学反应、发生交联而令涂膜固化，假如没有搅拌均匀，就会发生部分涂膜因固化剂过量而产生脆硬或变色的情况，而另外一部分涂膜则会因固化剂量不够而发生干燥不彻底、涂膜过软的情况。

2. 添加剂的使用

涂料中往往需要加入一些添加剂来提高涂膜的性能，改善或适应喷涂环境。例如：双组份涂料必须加入固化剂才能干燥并保证良好的质量；为调节喷涂黏度需要加入稀释剂；为保证喷涂质量，有时要加入稳定剂来消除因颜料沉淀而造成的色差；为防止出现白雾，硝基漆中需要加入化白水；为加快醇酸树脂型涂料的干燥时间，需要加入催干剂；为防止出现鱼眼等故障需要加入流平剂（走珠水）；等等。这些添加剂，有些是在喷涂之前就要加入并搅拌均匀的，如固化剂、稀释剂、催干剂等；有些则是在喷涂当中出现了问题才需要加入的，如化白水和走珠水等。应严格按照说明进行操作，这样才能保证良好的使用效果和涂膜质量。

（1）稀释剂的使用。稀释剂在涂装工作中是非常重要的添加剂，在使用稀释剂时需要注意根据施工条件和施工对象合理地选用不同的品种。例如：若施工环境温度比较高（35 ℃以上）或施工的对象面积比较大，则需要使用慢干型稀释剂或极慢干型稀释剂，以利于涂膜的流平和新涂层接口部位的融合；相反，在温度低（15 ℃以下）或修补面积比较小时，应选用快干型稀释剂，以避免流挂的产生和加快干燥速度。

稀释剂的主要作用是调节涂料的黏度以利于涂装工作和保证涂膜厚度的均匀。故稀释剂和固化剂的使用量必须按照涂料的标准要求来添加，有其固定的比例。这种固定的比例有的是用体积比，有的是用重量比。用体积比来衡量添加量时需要使用专用的比例尺配合直桶状容器进行添加；使用重量比来衡量添加量时需要使用电子天平进行称重。无论使用哪种添加的衡量方式，都必须严格控制添加量。

按照涂料的操作说明加入固化剂和稀释剂后，涂料基本都会达到要求的喷涂黏度。如果添加过量，会引起涂膜表面失光等故障，尤其是清漆层。使用黏度杯可以进行比较精确的黏度测定。四号黏度杯是测量黏度时比较通用的工具。

测试时首先将要测试的涂料搅拌均匀并用400目以上的过滤网过滤，稍稍静置1～2 min使空气泡逸出，然后将四号黏度杯内外彻底清洗干净并在空气中自然干燥，尤其是漏孔要认真清洁。将黏度杯漏孔向下水平固定，用手指堵住漏孔，将测试涂料注入杯内与杯上沿齐平。移开堵住漏孔的手指使涂料自然地流出，同时用秒表记时，当流丝第一次中断时停止秒表。这样，涂料从杯中以连续形式流出的时间即为该涂料的黏度，用秒来表示。一般面漆的喷涂黏度在16～20 s之间比较好，以18 s左右最为适宜，既能保证有适合的膜厚，又能有良好的流平性。

（2）固化剂的添加。双组份涂料必须加入固化剂才能正常干燥并令涂膜具有合格的硬度、韧性等机械性能。种类相异的涂料，其使用的树脂有所不同，所用的固化剂化学成分也有所不同，因此需要遵循涂料的要求进行配合使用，切忌肆意添加。不同厂家、不同品牌的涂料和固化剂，一般来说不可交替使用。譬如，聚酯树脂类涂料须用过氧化物固化剂；环氧树脂类涂料须用氨基化合物固化剂；丙烯酸类、聚胺酯类和丙烯酸聚胺酯类双组份涂料的固化剂中含有异氰酸酯的化合物等。

固化剂添加的量与该涂料所使用的稀释剂一样，都有其特定的比例用量，要严格按照规定的量进行添加。若添加量过少，会造成成膜不良、涂膜过软等问题；若添加量过多，虽然涂膜的干燥速度有所提高，但涂膜会产生变脆、失光或变色等现象。固化剂和稀释剂一样，也分为慢干型、快干型和普通型等，用来配合干燥类型各异的稀释剂来调节涂料的干燥速度。因此在选用固化剂时，也需要考虑所应选用的固化剂类型。

固化剂也具有稀释涂料的作用，但切不可当作稀释剂使用。在涂料中加入固化剂后应进行搅拌，使固化剂与树脂分子均匀地分散。涂料在加入固化剂后即开始发生化学反应，产生交联固化作用。从加入固化剂并搅拌均匀到涂料结块固化仅需要几个小时的时间，称为活化寿命，所以加入固化剂的涂料应尽快使用，否则会因固化作用导致涂膜出现橘皮、颗粒等故障或因固化反应导致涂膜交联结块而无法喷涂。涂膜加入固化剂后的活化寿命受环境温度的影响很大，较高的环境温度会加速化学反应致使活化寿命变短。所以在施工环境温度高时要随喷随调，尽量避免一次性在很多的涂料中加入固化剂，造成浪费。在环境温度比较低时，化学反应的速度会减慢，一般的涂料在温度低于5 ℃时化学反应基本停止，涂料基本不会干燥。所以在施工环境温度比较低时要采取一定的措施，促进固化反应的进行。常见措施有：在加入固化剂并充分搅拌后静置比较长的时间，以使涂料充分活化后再喷涂；或用热水对已经加入固化剂的涂料进行加温和保温等。

在使用固化剂时还要注意安全操作，尤其是含异氰酸酯的固化剂，因异氰酸酯极具活性，如果使用不当会对人体造成危害。异氰酸酯可以同许多常见的物质发生反应，所以在使用、储存和处理的过程中要多加注意，尽量避免皮肤裸露部位接触到异氰酸酯，更不能使其进入眼睛、口腔和呼吸道。如发生上述情况，须马上用大量的清水冲洗并请医生处理。

（3）其他添加剂。使用以防止涂膜故障为目的的添加剂时，应根据当时的情况，结合产品说明进行添加。对于硝基涂料使用的化白水、醇酸基涂料使用的催干剂、在涂膜发生鱼眼故障时使用的走珠水等往往需要视情况酌量添加，需要有一定的实际操作经验。

很多涂料在制造过程中已经添加了颜料稳定剂，在正常使用过程中不需要额外添加。例如高固体成分的双组份涂料，因固体成分占有量很大（达70%以上），所以颜料的稳定性显得非常重要，在涂料生产罐装时都已加入了稳定剂。有些涂料的稳定剂是单独罐装的，例如银粉漆，在色母中就有颜色稳定剂这一项，在调色配方中也将稳定剂作为必须添加的成分而计算出了适当的添加量，在调色时只须按照规定的量加入即可。

四、喷涂的温度

喷漆间的环境温度、车辆表面的温度以及喷涂涂料的温度都与喷涂工序息息相关。喷漆间的环境温度通常以20～25℃为宜。在冬季气温较低时，因开启循环风后寒冷的空气进入喷漆间内，因此需要按下烤漆房内的自动调整房内气温开关，对喷漆间进行加温。夏天的时候，喷漆间内温度与外界基本一致，这段时间通常选用干速较慢的稀释剂和固化剂来调整涂料的干燥速度，以适应环境条件。

若车辆在进行喷涂之前是放置于低温室外的，那么车身表面需喷涂处的温度就会很低，若直接喷涂于其上，会降低溶剂的挥发速度，引发硬化及颜色协调性等方面的问题。因此在喷涂时，首先需要将车辆放置在喷漆间内加温烘烤一段时间，令喷涂表面恢复到适合的温度。

冬季施工时涂料的温度同样十分重要，操作时需要对调配好的涂料进行保温或采用热水加热，令涂料达到易于喷涂的温度。

五、单工序面漆的喷涂

面漆的喷涂要根据面漆的黏度选择适当口径的喷枪。以HVLP重力式喷枪为例，1.3～1.5mm口径比较合适，喷涂黏度较大的面漆使用大一点的口径，喷涂黏度小的使用稍小的口径。

喷枪要用面漆稀释剂清洗干净，在枪罐内加入少量的稀释剂，接上高压气管，扳动喷枪扳机，以较大的气压使稀释剂喷出以清洁喷嘴部位，然后将剩余的稀释剂倒出。

将面漆加入枪罐时要用400目以上的过滤网过滤，过滤网可以滤掉面漆中的小颗粒和灰尘等，使喷涂的面漆更加均匀。有些喷枪在漆罐与喷枪的导管部位安装有滤网，但是不要因为枪中有滤网就不过滤面漆，因为导管的通过面积很小，为保证供漆，枪内滤网通常做得比较粗，在200目左右，只能过滤较大的颗粒，对于小一些的颗粒没有过滤作用，有时还会因阻塞而造成供漆困难，所以面漆必须要经过大滤网的过滤。

在喷涂面漆前要对喷枪的气压、出漆量和喷幅等做仔细的调整。为保证喷涂质量，还应先做实验喷涂,以确定合适的喷涂距离、运枪的速度和喷幅重叠程度等。喷涂实验板时,要将扳机扳到最底,按喷枪规定的喷涂距离,以正常的运枪速度(约为0.5～0.6 m/s)用2/3的喷幅重叠量喷涂一小条,然后观察漆膜的流平程度和有无喷涂缺陷。如果满意,即可进行正式喷涂;若不满意或有喷涂缺陷,须及时调整。正式喷涂时,应从被喷涂板材的上部开始,以均匀的运枪速度和喷幅重叠量依次向下直到喷涂完整个板材。因为喷漆间内的空气流动为自上而下,这样喷涂可以使漆雾向下扩散,对刚刚喷涂完毕的表面沾染较少,有利于保持涂膜的光滑和亮度。

喷涂时,起枪位置须从距离喷涂对象表面5～10 cm处开始。这是因为,如果喷涂时使用的是上罐枪,在重力作用下,喷口处会聚集较多的涂料,刚开始喷涂时,会产生出漆较多、雾化不良的现象;如果喷涂时使用的是下罐枪,那么在刚开始喷涂时,涂料没能被抽取上来,此时出漆量较少。因此从距离喷涂表面的一段间隔范围处进行喷涂,无论采用什么喷枪,均可以避免上述现象,保证喷涂质量。若喷涂对象的板材面积较小,在喷涂时则应令喷枪移动至板材边缘外5～10 cm处再停止喷涂,并在原地重新起枪,以一定的喷幅重叠量返回;如果喷涂对象的板材面积较大,在运枪时则须双脚分开略宽于肩部,以保证持枪稳定,并以在保证喷涂质量前提下的最大喷涂长度为准,不能通过移动脚步来延长喷涂长度,而造成运枪速度不匀,产生涂膜的膜厚不均匀和色差。在喷涂时喷枪必须沿直线移动,不可发生偏斜,喷口与喷涂对象的表面要始终保持一定距离,运枪速度和喷幅的重叠量保持均匀,这样操作才能达到膜厚均匀、遮盖能力优异、颜色及流平一致的效果。

有些喷涂表面不仅仅是大平面需要喷涂,有些边边角角等也需要喷涂。例如车门,不仅大面需要喷涂,周围的小边和门口也要喷涂才能使涂膜保持一致。对于这种情况,习惯上的做法是首先喷涂这些地方,然后再大面积喷涂。这样做有一个缺点,即在喷涂边边角角等地方时会有大量的漆雾飞溅到需要喷涂的大表面上,影响已经处理过的待喷表面的平整程度,对大面喷涂时涂膜的流平不利。所以在遇到这种情况时应首先对大面喷涂一层,在其表面未干时用比较小的气压和较小的喷幅对边边角角进行喷涂。这样,即使有少量漆雾飞溅到刚刚喷涂的表面,由于大面上的涂膜未干,很容易将漆雾溶合,不会留下颗粒。大面上等第一层涂膜稍干后再喷涂第二道就不会受漆雾的影响了,边边角角等地方不喷涂第二道。

面漆涂膜的厚度一般要求在50 μm左右。过薄会使涂膜显得干涩,不够丰满,装饰效果比较差;过厚容易出现开裂等涂膜故障。现在常用的高固体成分双组份素色面漆由于具有较高的固体成分,喷涂一层即可以有较厚的膜厚和良好的遮盖能力,喷涂两层就可以达到所需的膜厚。在喷涂这种涂料时,应按照涂料的说明来操作。通常第一层喷涂要采用薄喷,涂膜不要太厚,但必须均匀并保证良好的流平。第二层喷涂要厚一些,以保证足够的膜厚和良好的平整程度、鲜映程度。两层喷涂间隔的时间以第一层稍干即可,一般为常温下10 min左右,也可以用手轻触遮盖物上的涂膜,涂料不沾到手指上时就可以喷涂第二层。两层喷涂的间隔时间不宜过长,尤其是在炎热的夏季,高固体成分涂料中可挥发成分少、干燥快,如果第一层已经达到表干的程度再喷涂第二层,第二层中所含的溶剂成分不能很好地溶解第一层的表面,会导致两层之间不能很好地溶合。

六、双工序及多工序面漆的喷涂

单工序素色面漆在喷涂完毕后，面漆层即可呈现良好的光泽，通常不需要再喷涂罩光清漆，因此被称为单工序面漆。通过两道及以上的喷涂工序才能完成的面漆工艺被称为多工序面漆或多涂层面漆。

双工序面漆首先需要喷一层有色面漆，再在其上喷涂一层无色透明、光泽度较高的罩光清漆来增加光泽度并对下层的有色面漆形成保护，这种面漆的喷涂通过两道工序即有色面漆喷涂和罩光清漆喷涂完成，因此叫"双工序"。金属面漆中的银粉漆喷涂就是非常典型的双工序面漆喷涂。金属面漆中的珍珠漆较为特殊，珍珠漆中含有通透性很高的云母颗粒，因此遮盖能力很弱，在喷涂珍珠漆时，需要先喷一层同底色漆颜色相近或相同的色漆来进行遮盖，再喷涂珍珠漆，于珍珠漆上再喷涂罩光清漆。珍珠面漆的喷涂需要三道喷涂工序来完成。

双工序面漆以金属漆居多，也有纯素色的。颜色漆层一般为单组份型，喷涂后表面光泽度很低或没有光泽，且对大气中的有害物质抵抗能力很差，所以必须喷涂罩光清漆。罩光清漆为双组份型，固化后具有极高的光泽和对外界有害物质极强的抵抗性，能够很好地突出底层的颜色和金属效果，对底层色漆还具有极好的保护性，两种涂膜共同组成面漆层，具有极好的装饰性和光泽度。

1. 双工序纯色色底的喷涂

底色漆层的喷涂如果是纯色的，在喷涂时只要按照正常的喷涂手法进行喷涂，注意保证颜色和遮盖能力的均匀性即可。根据色漆的遮盖能力决定喷涂的层数，以完全显现出颜色为准，现在常用的高固体成分色漆一般喷涂两道或三道就可达到要求。

双工序面漆的色底涂料（也包括银粉漆和珍珠漆）一般要加入比较多的稀释剂，通常达到50%，施工黏度很低，容易造成涂膜厚度和颜色的不均匀，所以在喷涂时更要格外注意喷枪口径的选择和出漆量、喷幅宽度的调整。喷涂时每层的间隔时间一般比较短，只要等到涂膜中的溶剂成分挥发到涂膜表面完全失光即可进行下一层的喷涂，不必等完全干燥。

2. 金属色漆底的喷涂

喷涂金属漆色底时，因为金属漆中含有铝粉等金属颗粒（银粉），这些金属颗粒在喷涂到施喷表面后的排列状况对颜色的影响非常大，所以在喷涂时需要格外注意颜色的均匀和正、侧光情况下的颜色变化。在调金属漆时要注意：稀释剂的用量要按照使用说明严格操作，不可随意改变；金属漆通常需要加入银粉调理剂来控制金属颗粒的排列，银粉调理剂的用量是按照所调金属漆的量按比例添加的，在调色的配方中有细致的规定，不允许随意添加；金属漆在喷涂时必须经过充分的搅拌，防止金属颗粒沉淀而造成施喷表面颜色的差异；过滤金属漆的滤网细度要根据银粉颗粒的大小来决定；喷枪中的小滤网可以拆下不用，防止阻塞造成涂膜故障。

（1）影响金属色漆颜色的因素。金属漆在喷涂时要避免喷得过湿或过干。过湿的涂膜颜色比较深，金属效果差，这主要是由于涂膜表面的溶剂成分较多，挥发慢，金属颗粒有比较长的时间进行沉淀，所以排列比较规则，大量的颜料颗粒会上浮，如图3-45所示。这样喷出来的漆膜从正面观察会显得颜色深,而从侧面观察时由于金属的反光效果,会显得颜色略浅。喷涂时出漆量过大、喷涂距离太近、喷幅重叠量太多、运枪速度太慢等都会造成上述现象出现。

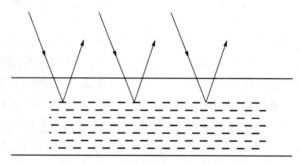

图3-45　涂膜过湿金属颗粒的排列

如果表面喷得过干,情况则相反。由于施喷表面比较干燥,银粉颗粒的沉淀时间短,所以排列无序、杂乱无章,对光线的反射效果强。同时由于喷涂到施喷表面上的颜料较少,所以会显得颜色浅。干喷的漆膜从正面观察颜色要浅一些,而从侧面观察颜色要深些,如图3-46所示。

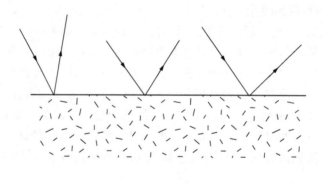

图3-46　涂膜过干金属颗粒的排列

除喷涂手法造成金属色漆颜色的变化以外,喷涂时的环境、设备情况等也会造成颜色的变化。

喷涂金属漆时还要注意运枪的速度均匀、喷口的距离恒定、喷幅的重叠程度保持一致,喷涂气压要保持稳定,否则会由于有的地方较湿,有的地方较干,造成起云故障(俗称"喷花")。喷花的表面颜色深浅不一,在喷涂完清漆后更加明显,是金属漆喷涂绝对不能出现的。掌握喷涂方式对金属漆色调的影响可以提高修补效率,表3-4中列举了一些喷涂方法与形成金属漆色调的关系。

表 3-4 喷涂方式与形成金属漆色调的关系

影响因素		颜色较浅（干喷）	颜色较深（湿喷）
施工环境	温度	升高	降低
	湿度	降低	升高
	气流量	增加	减少
喷枪的调节	喷嘴	小口径	大口径
	空气帽	孔数多	孔数少
	针阀调节	减少涂料流量	增加涂料流量
	喷幅调节	大	小
	喷涂气压	高	低
稀释剂的选择	稀释剂的种类	挥发速度快	挥发速度慢
	稀释剂的用量	增加	减少
喷涂技术	喷枪距离	远	近
	喷涂速度	快	慢
	喷涂间隔时间	长	短

（2）金属色漆的喷涂方法：金属漆的正确喷涂方式是被称为"两实一干"的三道喷涂法。"两实"是指先用正常的喷涂手法对喷涂对象表面进行两次喷涂，既不可过湿也不可过干，由此获得均匀的颜色以及合格的遮盖力。在这两道实喷的涂膜中，银粉颗粒排列是相对有序的，颜色与金属颗粒的反光效果都相对正常。"一干"，是指为了进一步提高面漆的金属效果，对实喷表面还要进行一次雾喷，即采用较大的喷涂气压、较远的喷涂距离、较快的喷涂速度进行喷涂。这样能够令涂料中的溶剂成分在接触喷涂对象表面前就大部分挥发完毕，抵达施喷表面的只剩下较重的银粉颗粒和少许颜料颗粒，这些银粉颗粒均匀地附着在施喷表面，因其表面干燥，所以排列较为凌乱，由此能够有效提升金属闪光的效果。

喷涂双金属色漆底时，每道喷涂所需间隔的时间也使已涂膜中的溶剂成分挥发，达到表面全部失光的程度即可。喷涂清漆也同样，等最后一道色漆表面失光即可进行喷涂。但要注意，要等待涂膜自行干燥，不要用吹气枪或喷枪对施喷表面进行吹干的方法加速其干燥，因为自然干燥可以给金属颗粒更多的排列时间，吹干会影响金属颗粒的排列，造成起云。

3. 清漆的喷涂

在底色涂层喷涂完毕后，同样只要等到涂膜表面完全失光即可喷涂清漆，不必等色底涂膜完全干燥。清漆一般喷涂两道，膜厚为 40～60 μm，喷涂手法与单工序面漆相同。清漆中稀释剂的用量要控制在 10% 以内，有时也可以不加稀释剂，因为若稀释剂添加过多，容易引起清漆层表面失光，致使整个面漆层的光泽度不够。

任务8 抛光工艺

一、抛光缺陷评估

1. 抛光工艺简介

抛光目的:抛光就是对漆面修复的表面进行打磨,令其在视觉上与未经漆面修复的原始表面尽可能相似。若漆面修复表面与原始表面存在差别,就必须对修复表面进行打磨,令该表面形成流向原始表面的连续性纹理。

在车身表面进行油漆施涂是一系列复杂的工序,在施工过程中会因施工工艺、施工条件和操作设备等不确定因素导致喷涂后的漆面产生各类涂装缺陷。已涂装油漆的车辆经过一段时间的使用后,也会因为环境、气候、洗车磨损、工业污染等原因而出现各种涂装缺陷。很多时候,可以采用抛光的方法来解决这类缺陷。有时,原厂生产线上也会出现一些小的漆面瑕疵,这些瑕疵同样需要通过抛光的方式进行处理。

2. 抛光前的干燥评估

涂料的干燥(固化)时间由涂料生产商指定,已经考虑到达到完全干燥状态所需要的各个步骤。表3-5为干燥所需时间的示例。

表3-5 干燥所需时间

油漆的状况	时间/h	干燥的情况
无尘	0.5	灰尘不会黏附到涂料表面
不黏手	3	即使施加压力也没有黏性
足以安装零部件	12	干燥到可以安装零部件
干燥固化	24	固化到足以进行某些其他的作业

干燥评估时的注意事项:
(1)烘烤后须完全冷却。
(2)自然干燥最少24 h后,或根据产品的干燥要求再做评估。
(3)热塑性丙烯酸/硝基漆完全干燥后(没有通过化学干燥)再做评估。
(4)若漆面用手指测试仍留有指纹,则不可进行打蜡、抛光。
(5)干燥测试须在遮蔽纸上进行,如图3-47所示。

3. 漆面缺陷介绍

抛光能清除的缺陷有轻微走珠/鱼眼、轻微溶剂泡、水印、轻微砂纸痕、氧化物沉积、轻微擦伤、未伤到色漆层、轻微色差、轻微垂流(流挂)、轻微橘皮、颗粒、尘点、漆雾、失光等。

漆面缺陷如图3-48所示。缺陷类型、产生的原因及预防和补救措施,见表3-6。

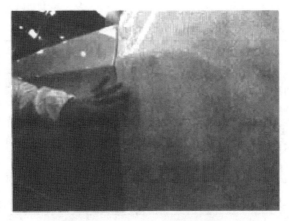

图 3-47 判断漆面的干燥情况

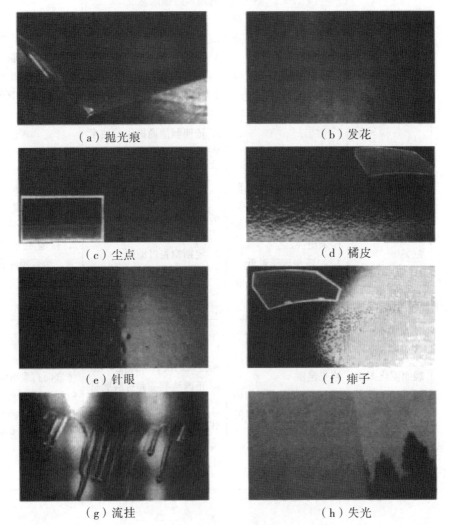

(a) 抛光痕　　　　　　　　(b) 发花

(c) 尘点　　　　　　　　　(d) 橘皮

(e) 针眼　　　　　　　　　(f) 痱子

(g) 流挂　　　　　　　　　(h) 失光

图 3-48 漆面缺陷

表 3-6　缺陷类型、产生的原因及预防和补救措施

缺陷类型	定义	缺陷的产生原因	缺陷的预防方法	缺陷的补救办法
抛光痕	不同大小的抛光圆印，特征为光泽减退，或是抛光不足时漆面留下的印迹	1. 在面漆未干透前抛光，使用的砂纸或抛光蜡性质太粗 2. 漆面抛光不足以致抛光时留下较粗的蜡痕	1. 抛光前检查面漆是否完全干透 2. 使用制造商建议用于特定面漆的抛光蜡和抛光设备 3. 抛光有凸起部分的漆面时要小心	确定面漆已经干透后再抛光，如受影响部分仍明显地显现蜡痕，须打磨后重新喷涂
发花	漆膜表面混浊无光（银粉聚于一团），铝片（银粉）离位	1. 不正确的喷漆黏度、喷涂方法、静止时间或喷房温度 2. 不正确的喷枪喷嘴（口径）与喷涂压力 3. 不合适的稀释剂	1. 利用黏度杯和调漆尺准确地调整喷涂黏度 2. 喷涂时保持喷枪与喷涂表面平行 3. 选用合适的喷枪与喷嘴（口径） 4. 选用制造商推荐的稀释剂 5. 依照制造商提供的技术资料所建议的施工方法	1. 在清漆干燥后加以打磨和重新喷涂 2. 涂上厚膜或清漆前，先涂上薄覆盖层
尘点	涂层表面有微粒突出	1. 车身表面在涂漆前没有经过适当的清洁 2. 空气过滤网已到时候未更换 3. 喷漆房气压过低 4. 喷漆工穿着不正确、不清洁的衣服	1. 喷涂前须确定已使用清洁剂清洁车身及确定已用黏尘布清洁车身表面 2. 定期检查过滤网 3. 穿着不带绒毛的工作服 4. 确保喷漆房环境清洁	1. 轻轻打磨和抛光受影响的部分 2. 打磨整个喷涂部分，然后用除硅清洁剂加以清洁，再重喷
橘皮	表面固化太快而不能流平（表面自我平整的运动）	1. 不正确的喷涂压力或黏度、喷涂方法或施工温度 2. 使用的硬化剂和稀释剂不适合喷漆房的环境 3. 底材打磨不足 4. 油漆没有搅匀	1. 严格按照油漆技术资料所建议的混合和施工方法 2. 正确地准备和打磨底材 3. 避免在极高或极低温度和湿度下喷涂，同时应注意喷涂重叠、气压及远近距离	将表面打磨光滑，然后利用适合当时环境的硬化剂、稀释剂调节妥当，再重新喷涂

续表 3-6

缺陷类型	定义	缺陷的产生原因	缺陷的预防方法	缺陷的补救办法
针眼	针刺状小孔，深及中间漆	1. 玻璃纤维底材 2. 聚酯填充料（原子灰）混合不足 3. 经打磨的表面仍留有溶剂泡 4. 聚酯填充料（原子灰）打底不足	1. 彻底混合聚酯填充料（原子灰） 2. 不可打磨溶剂泡，或将问题漆膜完全清除 3. 填充足够的聚酯填充料	1. 清除有毛病的面漆 2. 打磨后涂上聚酯填充料（原子灰） 3. 喷涂上底漆后重新喷涂面漆
痱子	漆面呈现小泡和泡痕，溶剂空气藏在漆膜内，其后逸出，留下泡痕	1. 漆膜喷涂过厚，使用太快干的硬化剂或稀释剂 2. 喷枪喷嘴（口径）或喷涂黏度或喷涂气压不正确 3. 加温干燥前静止时间不足或烤漆房气流不足	1. 使用用正确的喷涂黏度、喷涂气压、喷嘴口径 2. 使用适当的硬化剂和稀释剂 3. 给予足够的静止时间。定时检查烤房内的气压和温度	烘干后打磨，在受影响的范围重新喷涂中间漆，打磨后再喷面漆
流挂	油漆在车身垂直流下	1. 不正确的喷涂黏度、喷涂方法，不正确的每道层间的静止时间、漆膜厚度 2. 喷嘴口径不正确或喷涂气压不正确 3. 油漆、底材或喷漆房的温度过低。选用不正确的硬化剂和稀释剂	1. 依照技术资料所建议的施工方法，确定喷枪操作良好 2. 将喷涂工件和油漆升温到20 ℃室温。注意喷涂重叠、气压及远近	面漆彻底硬化后，利用砂纸打磨并用棉纱团和抛光材料清除淌流及垂流。必要时打磨后重新喷涂
失光	颜色因时间流逝及质量问题而失去光泽及发生褪色	1. 面漆下涂层多孔，它便会吸收涂料，从而造成褪色 2. 涂膜还没有干透就使用抛光剂 3. 涂膜的稳定性差 4. 使用过量稀释剂，或不合适的稀释剂	1. 避免长时间在烈日下曝晒 2. 选用配套的稀释剂，避免使用过量稀释剂，或改用双组份油漆	1. 褪色，必须打磨后重新喷涂漆面 2. 失光，可尝试使用抛光打蜡的方法重现光泽

4. 评估方法

抛光可以对车身漆面的纹理进行修复，不过在对损伤漆面进行抛光的时候，要保证抛光纹理与周边车身的纹理尽可能一致，此外，还要对车身漆面经常出现的问题进行评估，由此保证车身漆面的完整性，最终达到交车标准。对抛光缺陷进行评估，一般采用目测和手摸两种方式。

（1）目测（图3-49）：就是用眼睛去观察缺陷的情况。要选择光线充足的地方或者在检测灯的帮助下观察。观察时要迎着光线，分不同角度评估，并用记号笔做好标记。

（2）手摸（图3-50）：就是用手去检查漆面缺陷的程度。例如橘皮与纹理的区别，必须采用手摸才能判断。评估时从多个方向仔细检查，在检查时注意身上佩戴的手表、戒指等硬物，防止划伤漆面。

图3-49　目测

图3-50　手摸

5. 抛光缺陷的评估

使用的工具：棉布，如图3-51所示。

图3-51 棉布

对抛光缺陷进行评估，干燥情况是首要查验的内容。一般采取指触法检测漆面的干燥情况。操作人员不得用手直接触碰刚喷好的漆面，必须等到漆面完全冷却以后，才可对遮蔽纸区域的油漆进行查验，避免硬物接触到漆面；必须在漆面尚有一丝余温时撕掉遮蔽纸，并要顺着胶带的方向撕，避免发生胶带断裂等情况；最后，采用手摸、眼观等方法进行漆面评估，分析缺陷类型、出现原因以及补救方法，评估时不可用硬物触碰漆面。

二、抛光前处理

1. 抛光设备

（1）打磨块：去除脏点和其他的小缺陷，如图3-52所示。

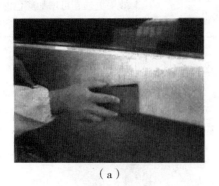
（a）

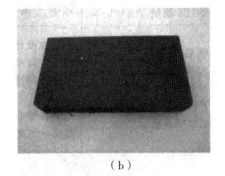
（b）

图3-52 打磨块

（2）砂纸：配合打磨块去除缺陷。根据缺陷的类型，所用到的打磨砂纸的号数也有所不同，如图3-53所示。

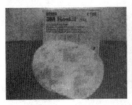  

图3-53 砂纸1200~1500号/2000号

(3) 抛光机：有电动及气动两类，如图3-54所示。根据不同的需求，抛光机的种类也有多种。

（a）电动抛光机　　　　　　　（b）气动抛光机

图3-54 抛光机

(4) 抛光蜡：有粗蜡、中等粗度蜡及镜面蜡，见表3-7。

表3-7 抛光蜡的种类

粗蜡	中等粗度蜡	细蜡
能够轻松清除P1200~P1500粒度粗砂划痕，与羊毛垫一起使用，易于清洁，不留下涡状痕迹，适用于所有面漆涂层表面	一种设计去除严重化合物漩涡、轻度氧化与轻度砂纸痕迹的侵蚀性、耐久切削平整釉料 不含蜡或硅酮，清洗快速容易，与细海绵垫一起使用	与细海绵垫一起使用 一种光滑切削平整釉料，设计用于去除化合物薄雾、轻度划痕及漩涡痕迹，用于深色涂料效果更佳，可增加颜色深度。不含蜡或硅酮，清洗快速容易

(5) 抛光盘：有羊毛盘、黄色海绵盘、黑色海绵盘，如图3-55所示。

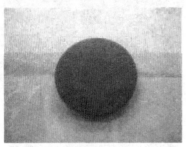 

（a）黄色海绵盘　　　　　　　（b）黑色海绵盘

图3-55 抛光盘

羊毛盘优点：能够快速清除车身表面的砂纸痕及微小划痕。

海绵盘优点：抛光时工件不会过热，施工不会对漆膜有很大的损害。

（6）清洁剂：不含硅酮的表面黏土润滑剂和除垢剂，其配方能够轻松去除化合物和抛光剂残留，能有效去除涂层、玻璃和电镀上的斑点、指纹及涂料污迹，使面漆清洁，有光泽。对于细黏土而言是很好的润滑剂。如图3-56所示。

图3-56　清洁剂

（7）黏土条：快速去除表面污物，如涂料误喷、工业沉降物、尘土、新鲜水渍、小虫残骸，以及树的汁液等。在所有类型的表面上均可安全使用，如干净涂层和单级涂料、玻璃、金属和塑料。

2. 抛光方法及原理

（1）需要抛光的修复表面的种类：需要抛光的修复表面主要有纹理不一致、尘点及流挂等几种类型，如图3-57、图3-58所示。

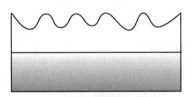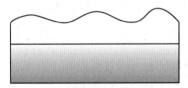

（a）漆面修复部分　　　　　　　（b）漆面修复部分

图3-57　纹理不一致

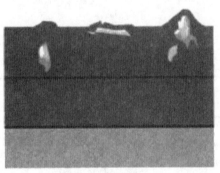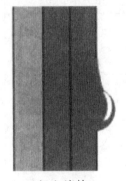

（a）尘点　　　　　　　　　　　（b）流挂

图3-58　尘点及流挂

（2）抛光原理：以纹理不一致为例，其抛光的三个阶段，见表3-8。

表3-8 抛光的三个阶段

抛光的阶段	阶段说明	阶段示意图
第一阶段	通过湿打磨的方式进行纹理修复	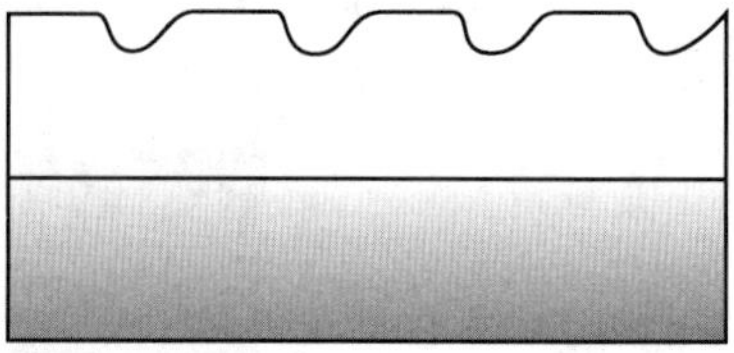
第二阶段	用粗颗粒的抛光剂调整光泽	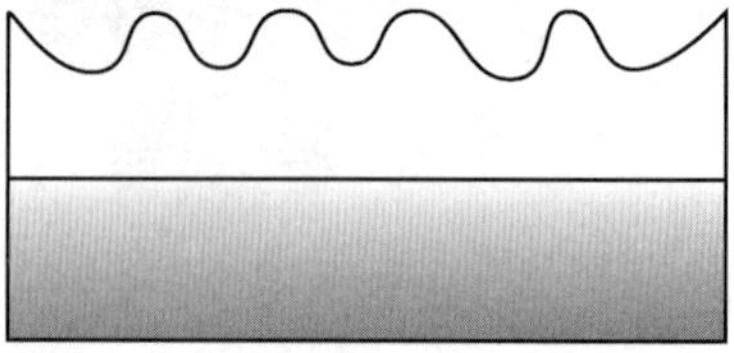
第三阶段	用细颗粒的抛光剂制造光泽	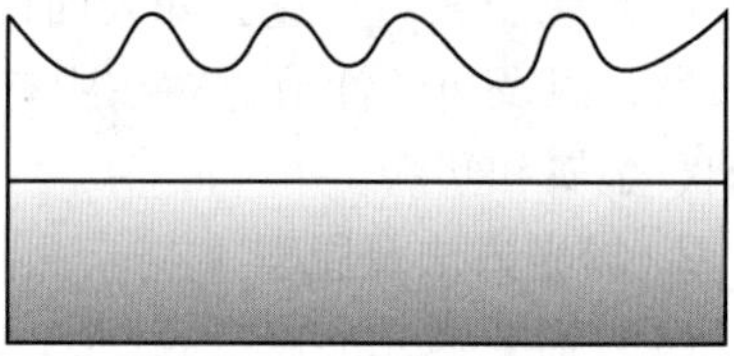

（3）检查涂料纹理：见表3-9。

表3-9 检查涂料纹理

面漆纹理	圆拱高度偏差	纹理状况
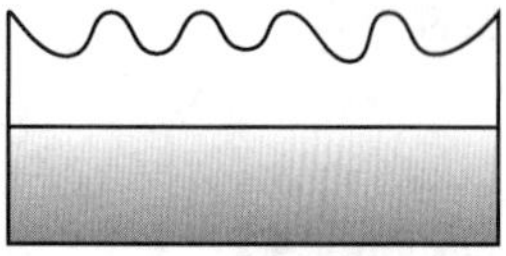	原始纹理（标准）	无
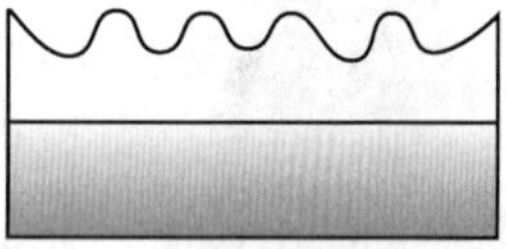	相同（无须抛光）	修复表面和原始表面无纹理上的区别
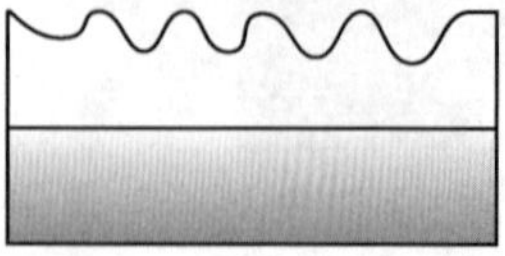	不同（需要抛光）	修复表面和原始表面上的纹理有轻度不同

续表 3-9

面漆纹理	圆拱高度偏差	纹理状况
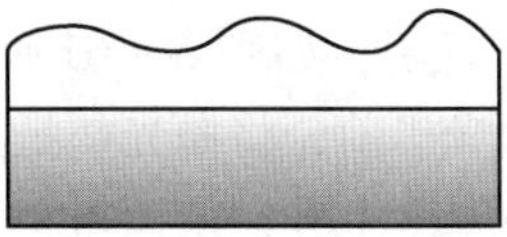	中等（需要打磨和抛光）	修复表面和原始表面上的纹理有明显的区别
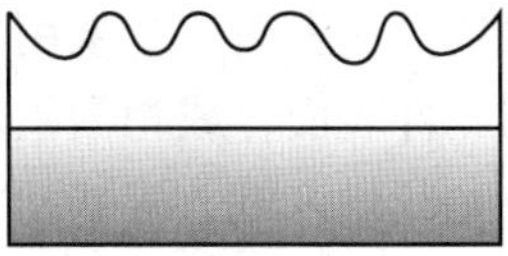	大（需要漆面修复）	极度凹凸不平，需要打磨和修复
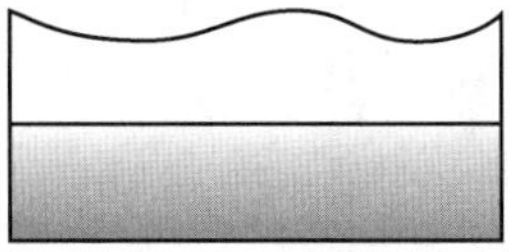	大（需要漆面修复）	修复的纹理圆拱比原始纹理低

（4）检查有无尘点和流挂：①检查涂料有无尘点和流挂，如有，则确定适当的抛光方法。②使用湿的打磨石磨掉小的局部的尘点和流挂。③如果在面板很大范围内均有流挂，则表面必须被修复。④使用湿的打磨石去除尘点和流挂，如图 3-59 所示。⑤为了修复颗粒和垂挂，使用 1500～3000 号的砂纸去除此缺陷。⑥如果漆面修复部分和原始部分的纹理不一致，须用 1500～2000 号砂纸打磨粗糙的纹理使其光滑，如图 3-60 所示。

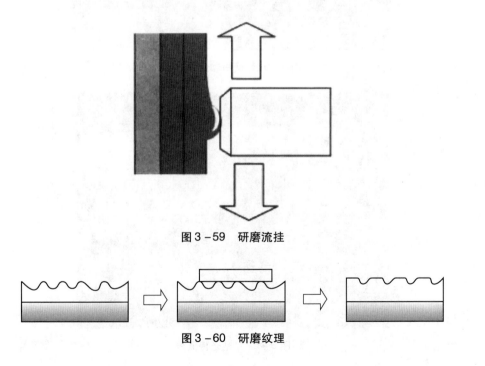

图 3-59 研磨流挂

图 3-60 研磨纹理

小技巧：在砂纸上放一点肥皂水，以减少砂纸的沙粒堵塞。

当上述缺陷的研磨阶段完成后，即可使用抛光机进行抛光。

（5）抛光作业中的注意事项：①在涂料干燥后已经去除遮蔽胶带的边界处重新铺上遮蔽胶带。②抛光时双手紧紧握住抛光机，将电源线绕过一个肩膀，如图3-61所示。③涂料表面不得留有任何抛光剂，否则会损伤涂料。④在打开抛光机前，将抛光垫抵住表面。⑤抛光时必须保持抛光机移动。⑥抛光时使用水来防止面板温度上升，从而避免烧焦抛光剂。⑦面板边缘附近的涂层以及特征线非常薄，可以很轻易地被打磨掉，因此须用保护胶带遮蔽这些部位。另外，须按图3-62所示，使抛光垫接触到作业表面。⑧须用浸过水的抹布迅速拭去黏在涂料上的抛光剂。⑨抛光垫须完全接触到工件表面，或稍微抬起一点。⑩完成抛光作业后，须彻底清洗抛光垫，并使其干燥。⑪抛光驳口区域，应从新漆面向旧漆面的方向抛光，如图3-63所示。⑫抛光后清洁车辆。

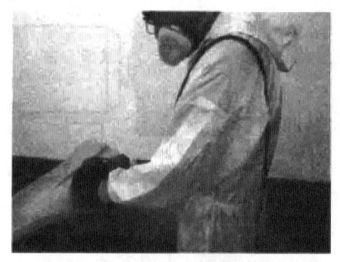

图3-61　使用抛光机抛光

图3-62　抛光特征线

图3-63 抛光机运动方向

温馨提示：不要用毛巾等粗纤维材质，否则会在涂料表面形成细微的划痕。

3. 抛光处理工艺规范

使用的工具与仪器：打磨块、抛光机、砂纸、抛光蜡、喷水壶（图3-64）。

图3-64 打磨块、抛光机、砂纸、抛光蜡、喷水壶

（1）抛光前实施步骤如下：

步骤1：选择砂纸。根据不同的漆面缺陷采用不同的砂纸类型进行打磨。（应根据以下推荐选择砂纸类型：流挂——P800～P1500；橘皮——P1500～P2000；失光——P3000；尘点——P1500）

步骤2：使用打磨块。根据不同的漆面缺陷采用不同的打磨块进行打磨，打磨的方法须灵活运用。

小技巧：操作人员在操作打磨块时，握住打磨石的下部可以保持稳定性，并可减少对涂料表面的损害。如果握住打磨石的上部，打磨石会晃动，容易对涂料表面造成意外的损伤。要以尽可能小的圆圈移动打磨石，以减少对颗粒周围表面的损伤。如果仅向一个方向移动打磨石，会造成表面不平。

步骤3：评估漆面。采用材质较软的橡胶刮板或者纯棉的毛巾进行表面评估，以此判断漆面的缺陷是否被去除。

小技巧：若表面未被去除，须评估表面是否可以继续进行打磨，以避免漆面被磨穿。若表面存在凹凸，则表示打磨的方法使用不当，应及时更换打磨的方法。

（2）抛光作业实施步骤如下：

步骤1：使用抛光蜡。根据漆面缺陷的大小判断需要抛光蜡的量，操作人员应根据实际情况来确定需要的量。若漆面的纹理差别大，则需要先选用粗蜡抛光，再选用细蜡收光。若漆面为浅色，则根据漆面的状况选择粗蜡，若漆面为深色，则一定要用细蜡进行抛光。应用于单组份涂料的抛光蜡不适用于烤漆。不要使用含有硅的抛光蜡，环保的水性涂料可以进行抛光。质量好的抛光蜡不应该在工件表面留下瑕疵，而且容易从表面被清除。施工时注意使用的量，太多会造成浪费，而且需要大量的清洁工作。

步骤2：使用抛光机。进行抛光作业时，采用单向抛光机配合正确的抛光方式进行，一些颜色较深的漆面则需要使用离心式抛光机。涂料干燥后，在已经去除遮蔽胶带的边界位置再次铺上遮蔽胶带。开启抛光机之前，须将抛光垫抵住表面。抛光时需要保持抛光机移动。抛光时会使用到水，以防止面板温度上升令抛光剂烧焦。面板边缘处的涂层和特征线较薄，可以很快被打磨掉，因此需要使用保护胶带来遮蔽这些部位，令抛光垫接触到作业表面。

步骤3：评估漆面。采用纯棉的毛巾评估表面，判断车身的纹理是否一致，车身漆面是否还存在涂装缺陷。评估时尽量选择在有光的地方进行。

三、抛光打蜡

抛光工艺步骤如下：

步骤1：抛光工艺。

去除流痕：用800～1000号研磨材料配合打磨块，小心地湿磨表面直到流痕消失并与周围一样平整，如图3-65所示。

图3-65 去除流挂

去除脏点和其他的小缺陷：使用2000号、2500号17/16英寸的磨片配合专门的打磨"蘑菇头"（用干净水湿润表面）打磨。

去除分布面积较大的不理想区域：用1500号，150 mm 或75 mm 直径，配合软质打磨垫（图3-66）的磨机打磨（尽量保持表面清洁，无磨灰，因为打磨尘点闭塞打磨材料表面，可能造成打磨时在漆膜表面留下过深的磨痕）。

图3-66 软垫

步骤2：精细打磨。

缺陷经打磨后，需要做再次细打磨，可用150 mm 或75 mm 直径，3000号细磨砂盘（用喷壶喷水湿润表面）打磨，以使之前的打磨痕尽量细微，如图3-67所示。

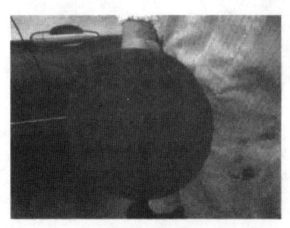

图3-67 细磨砂盘

细微的表面纹理（如微小的脏点、"橘纹"）可以用细磨砂盘研磨掉，而无须预打磨。

研磨材料打磨非常柔和，所以对于较严重的缺陷，先按照步骤1打磨，再使用该材料。使用合适匹配的机械磨头。

步骤3：粗抛光。

机器速度设定为1200～1900 r/min，即2级至3级，不宜过高，以免面板受热过度。选择直径为150 mm 的黄色泡沫海绵轮和适量的抛光蜡来抛亮打磨过的表面缺陷区域，抛光蜡需要涂在抛光轮上，不可直接涂在车体板上。抛光开始时，需要施加一定压力，继而缓慢降低压力，由此获得抛光蜡的最佳抛光效果。粗抛光工具组合如图3-68所示。

图 3-68　粗抛光组合（抛光机、粗盘、粗蜡）

温馨提示：如果海绵轮是新的或干的，请用喷雾器使其略微润湿。

步骤 4：细抛光。

新漆膜（油漆烘干后的 4 h 内）应该使用双动作抛光机进行抛光。对于旋转式抛光，使用适量的抛光蜡配合黑色泡沫海绵轮进行旋转抛光。

如果涂膜完全干燥，建议使用旋转式预抛光，再进行最终的双动作抛光，避免产生漩涡纹，否则会花费更多的时间恢复完全干燥固化漆膜的光泽。细抛光工具组合如图 3-69 所示。

图 3-69　细抛光组合（抛光机、细盘、细蜡）

在抛光的每个步骤结束后，都应该在抛光过的表面上喷"面漆检查喷雾剂"，然后使用高性能布擦拭。如果擦拭后出现低光泽区域，须重复最后一步抛光步骤。这样可用于检查抛光效果，避免再次出现原有漆面缺陷。

在抛光过程中及完成抛光后，做表面清洁时需要使用干净、无尘的高性能擦拭布。

任务 9　调色技术

一、认识颜色

1. 颜色的形成和属性

颜色是光刺激人们的眼睛所产生的一种感觉。颜色不能离开光单独存在，例如，在黑夜看不见物体，更感觉不到颜色。

光线投射在视网膜上后，形成某种信息，大脑对这种信息进行辨认，产生一种生理感觉，它就是通常所称的"颜色"。所以，颜色是光线和感官共同作用后所引起的生理感觉。图 3-70 为观察颜色的三要素。

图 3-70　观察颜色的三要素

（1）可见光：光是一种电磁辐射。一般情况下，只有 380～780 nm 波长的电磁辐射才能被人的视觉观察到，称为可见光。因此，物体的颜色是指在日光（白光）的照射下所呈现的颜色。1666 年，英国著名科学家牛顿第一次揭示了白光的秘密。他用一块三棱镜成功地将白光分成红、橙、黄、绿、青、蓝、紫 7 种颜色；后来他又设法用透镜把这 7 种单色光聚集在一起，还原为白色光。由此人们得知白光是由红、橙、黄、绿、青、蓝、紫 7 种单色光组成的，如图 3-71 所示。

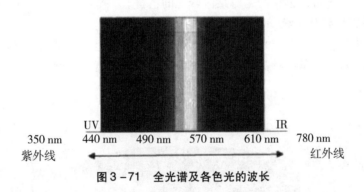

图 3-71　全光谱及各色光的波长

（2）光源的特性：人眼能够在两个相邻色彩的过渡区域内捕获次级色。一般而言，波长变动 1～2 nm 时，人眼就可以察觉到颜色发生了变化。

若某一物体表面将照射于其上的白光中所有光波都反射出来，物体就会呈现白色。当白光中的所有光波都以同样的程度被物体表面吸收，物体就会呈现灰色，吸收的光量越大，灰色就越深，若光波全部被吸收，物体就会呈现黑色。白、浅灰、中灰、深灰、黑这一系列颜色构成了颜色的一类——非彩色。

若白光被物体选择性地吸收，例如吸收了其中某些波长的光而反射了其余的光，那么，物体就会呈现其余反射光的颜色。光被选择性吸收的结果，就使物体呈现出红、橙、黄、绿等不同颜色，这类颜色构成了颜色的另一类——色彩。

不同的光源能够提供不同程度的能量,因此,自然光线下看起来相同的两块颜色,在钠灯光下,颜色的呈现却有明显区别。

不同光源下的同一物体会影响我们所看见的颜色,如图3-72所示。

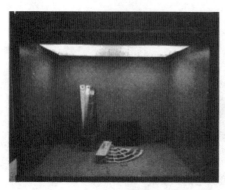

图3-72 不同光源下物体呈现的颜色不一样

因为光源会干扰颜色的辨别并且物体也会反射颜色,所以,在进行涂装颜色调配时应尽可能地穿着淡色系的衣服,调配的环境也应当以白色或灰色为主。

(3)观察者生理及心理条件的影响:颜色是物体反射特定波长光刺激人们的眼睛,视觉神经将信号传递到大脑,经大脑处理后产生的一种感受。人的生理状态不同,对光刺激的敏感程度也不一样,正常人能分辨出2000余种颜色。但也有人对颜色的分辨能力较差,更有甚者是全色盲,也有的是对某区域光的色盲。

2. 奥斯特瓦德颜色系统

奥斯特瓦德颜色定位系统是目前世界上应用最广的颜色定位系统。颜色的三属性分别为色相、明度和彩度。奥斯特瓦德颜色系统中,色相、明度、彩度如图3-73所示。

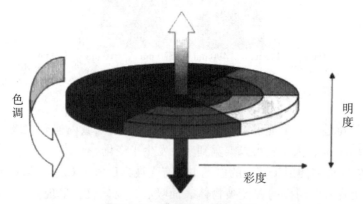

图3-73 奥斯特瓦德色相环

(1)色相:又称色调,是区分不同颜色的视觉属性,它取决于光源的光谱组成以及物体表面对各种可见光的反射比例,是表示物体的颜色在"质"的方面的特性。色相分为3个主色调:红、黄、蓝。在相邻的两个颜色之间又定义了3个次色相:紫、橙、绿。

(2)明度:明度是人眼对物体明亮程度的感觉,是人眼对物体反射光强度的感觉,是表示物体的颜色在"量"的方面的特性。明度与光源亮度有对应关系,光源愈亮,则观察到的颜色明度也愈高。但由于人的视觉灵敏度有限,所以,当光源变化不大时,往往感觉不到明度的变化,所以明度和亮度是有区别的。

色相环中央的轴表示亮度,越往上越亮,越往下则越暗。当一个点在轴上从上往下运动时,颜色从白变灰,最终变成黑色。

(3)彩度:彩度也被称为饱和度,是代表颜色饱和与否、是否纯净的一种特征。物体反射出的光线单色性越强,则物体颜色的彩度值就越高,所掺入的白光越多,则饱和度越低。当掺入的白光比例大到能够掩盖其余光线的时候,人眼所捕获的就不再是彩色,而是白色。因此,白色、灰色及黑色等无彩色颜色的饱和度最低。物体表面对光的反射选择性的程度决定其饱和度的高低,如果对某一很窄波段光具有较高的反射率,而对其他波长的光反射率较低,这说明该颜色的饱和度较高。

颜色离中心越远、越纯净,彩度越高;颜色靠中心越近、越灰,彩度越低,渐渐地变成没有色彩的白色、黑色或者灰色。

3. 混合颜色系统

(1)光的三原色:将光的三原色(红、绿、蓝)混合在一起则会成为白光,这3种光线两两混合会产生6种颜色光谱,如图3-74所示。

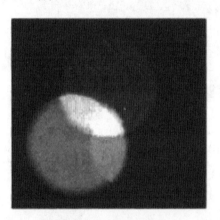

图3-74 光的三原色

(2)物体三原色:与光一样,物体的三原色(红、黄、蓝)相互混合后也会产生其他颜色。颜色相互重叠可以产生另一种颜色,这种颜色称之为次级色,如图3-75所示。

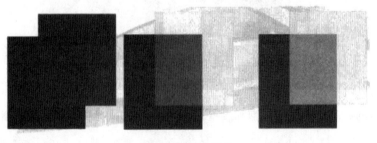

图3-75 次级色

在色相环中，这些颜色相互对应的颜色叫作补色，如图 3-76 所示。

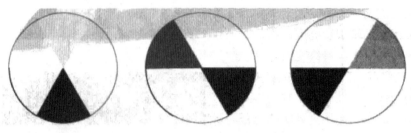

图 3-76 补色

如果混合 2 个补色，就将得到一个灰暗的颜色。这 2 个颜色相互减弱对方，使得颜色变灰、变黑、变混浊，如图 3-77 所示。

图 3-77 混合补色

（3）颜色的明度：黑和白所展现的是几乎差不多比例的波长。随着光波的延长，明度由暗到亮而发生改变。从黑到白的等级划分，如图 3-78 所示。

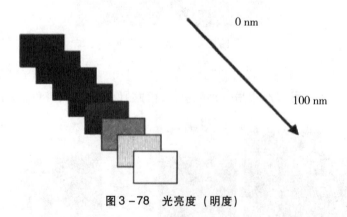

图 3-78 光亮度（明度）

（4）颜色的彩度：彩度或者饱和度就是颜色的鲜艳程度（更干净或更脏），如图 3-79 所示。

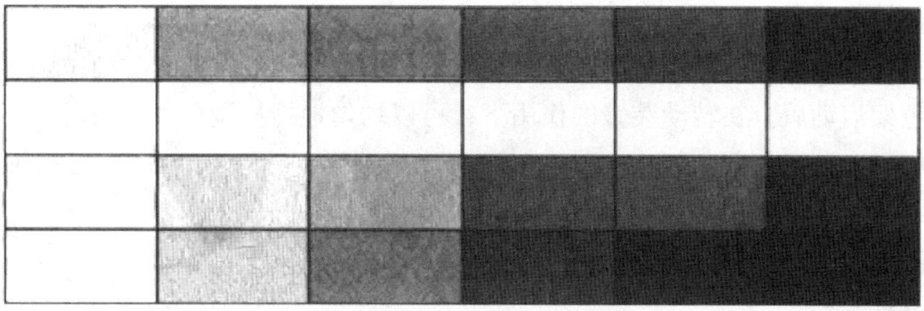

彩度较低　　　　　　　　　　　　　　　　　彩度较高

图 3-79　鲜艳度（彩度）

二、调色材料、工具和设备

调色的材料就是汽车修补涂料中的色母，工具和设备包括调色架、电子秤、色卡资料、颜色登记册、配方光盘或计算机、喷涂样板设备等，条件好的调色间还会配备比色灯箱，用以改善阴雨天或晚间调色的条件。

1. 调色杯

调色杯是盛装色母的容器，有 0.5 L、1 L、3 L、5 L 等规格，如图 3-80 所示。

图 3-80　调色杯

2. 比例尺

比例尺用于搅拌色母，如图 3-81 所示。

图 3-81　比例尺

3. 调色架

调色架又称调色机、调漆机。罐装涂料打开后盖上专用的带搅拌桨的盖子，放在调色架上，调色架启动后，在转动装置的作用下，可以均匀地搅拌调色架上的所有色母，如图3-82所示。

图3-82 调色架

在使用调色架时应注意：

（1）调色架应放在平整、坚实的水平地面上。

（2）色母上架前应先用震动机摇动5～10 min将其摇匀，并且应在每次操作前搅拌色母15～20 min。

（3）搅拌桨盖应保持清洁无尘，及时清除桨盖出漆口处的涂料，否则桨盖的出漆口或通风孔关闭不严，溶剂蒸气放出，成为安全隐患。同时防止由于涂料中的溶剂挥发，使色母在使用过程中逐渐浓缩，影响调色准确性。桨盖出口附着干涸的涂料会影响色母倾倒和滴加的可控性，甚至还会掉进容器内，影响色母的精确性。

4. 调色天平

调色天平作为称量色母的工具，是精密的设备。它应放置在调色架的附近以方便称量，同时避免在工作中受振动而影响精度，如图3-83所示。

图 3-83 调色天平

5. 色卡/颜色配方

所有知名品牌的涂料供应商除了定期为其客户提供国际市场上最新推出的汽车颜色配方外,还会给客户提供汽车颜色的色卡,如图 3-84 所示。

图 3-84 色卡

6. 试验样板

用于小面积刮涂或喷涂。

7. 涂色漆样板

涂色漆样板如图 3-85 所示。

图 3-85 涂色漆样板

8. 烘箱

用于烘烤色板，减少闪干时间，如图 3-86 所示。

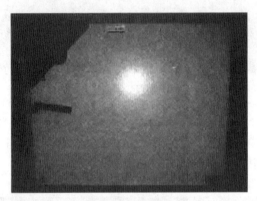

图 3-86 烘箱

9. 调色灯

在阴雨天或晚上光线不足的车间内调配颜色时，需要使用调色灯。调色灯的主要作用是提供一个接近日光的光源。另外，调色灯箱中还配备了其他光源（如荧光灯、白炽灯、紫外光等），用以判断颜色，如图 3-87 所示。

图 3-87 调色灯

10. 色母特性表

色母特性表是油漆生产厂家对自身所有色母特性详细描述的一张表格，如图3－88所示。

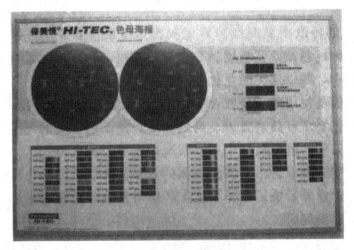

图3－88　色母特性表

11. 电脑配方查询系统

电脑配方查询系统是油漆生产厂家针对自身所有颜色配方给予客户进行全球网络配方查询的一种软件，如图3－89所示。

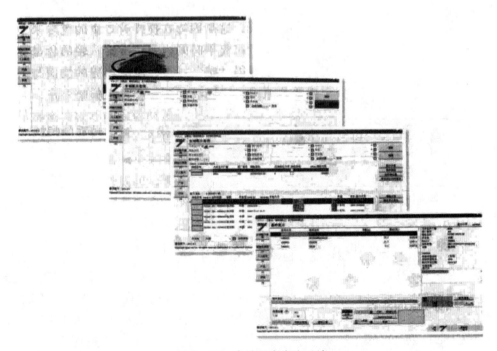

图3－89　电脑配方查询系统

三、素色漆微调

1. 素色漆的特点

素色漆也称纯色漆或实色漆。与金属漆不同，喷涂的因素对素色漆颜色变化的影响比较小，所以这类颜色比较容易调配。

素色漆一般都使用单工序喷涂工艺施工，这样既方便快捷，又省时省工。因此，素色漆的颜色要求有高遮盖力、高饱和度，施工后有高的光泽。但由于调色的需要，一套完整的色母系统中还要求有低遮盖力的色母。

素色漆在喷涂后不会出现侧面色调的效果，往往正面颜色调得准确，侧面也不会有差别。此外，施工条件、施工环境对素色漆的影响很小。这些因素都使得素色漆较容易调配。

2. 素色漆调色技巧

在调配素色漆时，需要注意下列几点：

（1）色母的沉降效果：白色母因其颜料比重最大而成为重量最大的色母类型，在湿润状态下和干燥状态下很容易产生明显色差。若湿漆中含有一定比例的白色漆，在使用调漆尺进行搅拌并用目视法与色板做对比时，需要将湿漆调配得比标准板呈现的颜色更浅、更淡。这是因为，在搅拌的时候重量较大的色母尚未沉降，油漆颜色因此较浅；而喷涂以后，于流平时间内产生沉降，表面上聚集了更多重量较小的色母，颜色看起来更纯、更暗，如图3-90所示。刚刚喷涂完毕的漆面和干燥后的漆面颜色有所差异，干燥后的漆面看起来更暗。

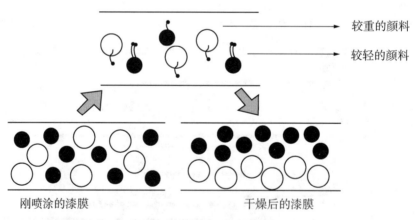

图3-90 颜料的沉降效果

（2）颜色的比较：要注意环境、物体、观察者的视距等因素。

环境方面，要注意光源的种类及亮度，还要注意背景色。通常，物体的颜色指的是阳光下看到的颜色，因此配色最好在阳光下进行；如果必须在夜晚或雨天进行，那么建议使用配色灯。此外，配色要在不受其他颜色影响的地方进行，所以配色房中的墙壁应该涂成中性颜色，如白色或灰色。

物体方面，要注意物体的表面条件、样板尺寸和位置。首先，进行颜色比较的样板须具有相同的光泽，且没有沾污，如果车辆的车身钣金件由于粉化或老化而呈现有缺陷时，那么必须先用抛光剂进行抛光，然后才能进行颜色比较。其次，如果试验样板太小，那么颜色比较可能很困难。试样施涂的最小尺寸应该为 100 mm × 150 mm。最后，比较的样板最好彼此放得尽可能近，并且试验样板和样板要放在同一平面上。

观察者的视角与视距方面，有些涂料从某个角度观察时是匹配的，但是从另外一个角度观察时，则完全不同了。涂料样板最少要从三个不同的角度观察，否则不能做出正确的颜色比较。另外，视距必须根据比较的物体的情况而变化，在观察比较大的物体时，要站得比观察比较小的物体时远。

（3）添加所缺量：配色中最重要的一点是对混合物中所缺的颜色进行鉴别。在此过程中，第一印象非常重要，人眼确定所缺颜色所耗费的时间越长，眼睛就会越来越习惯于样板，令判断的困难程度不断提升。此外，在进行颜色微调时，尽可能不要使用原配方以外的色母，在加入时，遵循"宁少勿多"原则。每次进行配方调整后，都要将色板和样板进行仔细对比。

3. 素色漆微调工艺规范

具体操作实施步骤如下：

（1）查找车身颜色代码。每辆车在出厂前都会在车身某部位标有该车基本信息，其中包括该车颜色代码。车身颜色代码位置根据车的品牌型号的不同而不同。操作人员身上不要佩戴锋利、坚硬的饰物，以免损伤漆面和漆面装饰品等。

（2）比对车身颜色。若没有找出车身颜色代码，或该车改过颜色，那么可以选择利用色卡查找相近色进行调配。选择的邻近色尽可能多选择一至两个，预防发生"同色异构"现象。

（3）查询配方。根据车身颜色代码或色卡上提供的色号，进行网络配方查询。选择配方时要选择最新的颜色配方，避免颜色色差过大。

（4）开启调色架。每次调色前应对色母搅拌 15～20 min，调色架每天上、下午应各开动一次。

（5）检查色母量。检查调色架上的色母是否足够此次调色及受损板件的喷涂。检查时若色母量不足应及时补充，并且及时进行登记。另外，调色架上的色母一般存放时间不应超过 1 年。

（6）调色设备、工具的清洁复位。清洁调色天平及其他调色材料，对调色秤清零。工具的清洁度对称量色母影响很大，应对每个工具及设备进行擦拭。

（7）倾倒色母。按照配方倾倒色母。色母倾倒时应根据色母需求量小心倾倒，避免倒入过多造成不必要的浪费。在倒色母时，应先倒量大的色母，如配方中有树脂或稀释剂，应先倒入它们。

（8）刮涂样板。进行素色漆调色时，刮涂色板可以节省大量的时间。刮涂面积以 3 cm × 3 cm 最佳，切记刮涂要均匀且遮盖住底材颜色。

（9）比对颜色。颜色比对时，试板应与车身保持同一角度。色板尽可能轻轻放在车身表面，以免损伤漆膜。操作人员身上不要佩戴锋利、坚硬的饰物，以免损伤漆面和漆面装饰品等。

（10）鉴定所缺颜色。当颜色走向拿捏不准的时候，可以借助色母特性表进行分析，根据色母特性进行微调。进行微调颜色时避免添加补色，防止彩度降低后没办法再调整过来。

（11）添加所缺量。确定所缺色母后进行色母添加。色母倾倒时应根据色母需求量小心倾倒，避免倒入过多造成不必要的浪费。添加色母前，调色天平清零。

（12）记录配方。将添加的色母记录下来，便于颜色存档。

（13）喷涂样板。参照产品说明添加适当的稀释剂，选择1.3 mm口径喷枪进行色板喷涂。喷涂样板时，喷涂的手法应与喷涂工件时一致，并且将底材遮盖住。

（14）烘烤试板。轻轻将色板放置于烘烤箱进行烘烤干燥。烘烤温度为65 ℃左右，烘烤时间为20～30 min。烘烤前色板应进行充分闪干，若闪干不充分会造成颜色比对不准确。

（15）比对颜色。同（9），颜色比对时，试板应与车身保持同一角度。色板尽可能轻轻放在车身表面，以免损伤漆膜。操作人员身上不要佩戴锋利、坚硬的饰物，以免损伤漆面和漆面装饰品等。

（16）调色完成。测试数据，确保颜色的准确性。颜色数据必然会存在一定的差距，确保肉眼看不出色差便可。

（17）颜色存档。确认颜色后应及时将颜色信息保存。颜色保存信息包括：车辆基本信息、颜色名称、颜色编号、配方数据、喷枪型号、喷涂道数和气压、配方日期、制作人姓名。

四、金属漆微调

1. 金属漆微调简介

金属漆调准难度较高，是因为有侧视色调需要考虑在内。金属粉还存在正面反光、侧面透射光之间的差异，产生金属漆正、侧面视觉变化的复杂性。在调配某种颜色时，每个色母都会对这个颜色的正面和侧面造成影响，因此，在使用每一个色母时，都要对其可能造成的影响考虑到位。

通常来说，有以下几种方式调整侧视效果：

（1）改变基调色母之间的比例：基调色母一般是成对使用，例如，同是绿色就可分别使用一个偏黄和一个偏蓝的色母。当两者数量发生变化时，就能对正面色调进行控制，令其基本保持一致，而侧视色调则偏黄或偏蓝。

（2）选用合适的银粉组合：以改变银粉组合的方式令侧视色调变暗或变亮。

（3）使用银粉控色剂：大部分品牌的修补漆会提供银粉控色剂来帮助调色。使用控色剂的优势在于既能最大限度保证正面色调维持不变，又能令银粉侧视色调明显变亮。缺点是会使银粉颗粒看起来略粗，但在使用标准范围内，这一缺点几乎可以忽略不计。

（4）尽量多使用透明色母：在银粉中若大量使用遮盖力强的浓色母会使调出来的漆浑浊。喷涂技术也会影响银粉漆正、侧面的亮度，银粉在湿润的色漆层中会自动排列其角度，但如果喷涂手法不正确或受环境条件的影响，也会造成银粉排列角度不正确，从而产生色差，如图3-91所示。

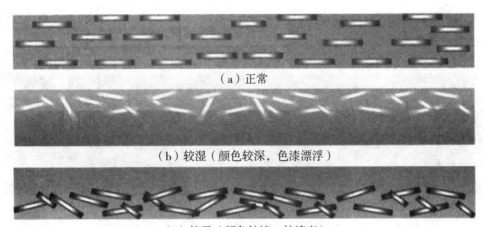

（a）正常

（b）较湿（颜色较深，色漆漂浮）

（c）较干（颜色较淡，较清亮）

图 3-91　银粉颜料的排列效果

喷涂手法不正确会出现"起云"的现象，如图 3-92 所示。除了喷涂手法会影响银粉漆颜色外，还有许多因素也会影响金属漆的颜色，见表 3-10。

图 3-92　银粉排列不均匀

表 3-10　金属漆颜色的影响因素

影响因素	涂层 A （直接观察：亮；间接观察：暗）	涂层 B （直接观察：暗；间接观察：亮）
稀释利用量	多	少
稀释剂种类	快干	慢干
喷涂量	少	多
空气压力	高	低
喷枪距离	远	近
喷涂速度	快	慢
重叠面积	小	大
枪帽口径	小	大
静置时间	长	短

调配金属漆时应采用多角度观察的方法，如图3-93所示。一般以15°、45°、115°三个角度的比较结果为依据。

图3-93 观察色板的角度

2. 金属漆微调工艺规范

金属漆微调的具体操作步骤如下：

（1）清洁标准色板。清洁方法根据样板表面情况而定，如遇失光或污点，则抛光即可，如样板已严重损坏，则不建议再做标准配色板。

（2）比对标准色板颜色。查找色卡选择相近色。尽可能多选择1~2个邻近色，预防发生"同色异构"现象。比对色板时要考虑金属漆的正侧面、金属颗粒大小的颜色效果。

（3）查询配方。根据车身颜色代码或色卡上提供的色号，进行网络配方查询。选择配方时要选择最新的颜色配方，避免颜色色差较大。

（4）开启调色架。每次调色前应对色母搅拌15~20 min。

（5）检查色母量。检查调色架上的色母是否足够此次调色及受损板件的喷涂。检查时若色母量不足应及时补充，并且及时进行登记。

（6）调色设备、工具的清洁复位。清洁调色天平及其他调色材料，对调色秤清零。工具的清洁度对称量色母影响很大，应对每个工具及设备进行擦拭。

（7）倾倒色母。按照配方倾倒色母。色母倾倒时应根据色母需求量小心地倾倒，避免倒入过多造成不必要的浪费。在倒色母时应先倒量大的色母，如配方中有树脂或稀释剂，应先倒入它们。

（8）喷涂样板。参照产品说明添加适当的稀释剂，选择1.3 mm口径喷枪进行样板喷涂。喷涂样板时喷涂的手法应与喷涂工件时一致，并且将底材遮盖住。金属漆必须进行喷涂比色。

（9）烘烤样板。轻轻将样板放置于烘烤箱进行烘烤干燥。烘烤温度为65 ℃左右，烘烤时间为20~30 min。烘烤前，色板应进行充分闪干，若闪干不充分，会造成颜色比对不准确。

（10）比对颜色。颜色对比时两块样板的角度应该保持一致。当拿捏不准颜色时，建议多换几种光线观察。金属漆颜色比对时，应进行多角度颜色比对，才能保证颜色的准确性。

（11）鉴定所缺颜色。当颜色走向拿捏不准的时候，可以借助色母特性表进行分析，根据色母特性进行微调。进行微调颜色时，避免添加补色，防止彩度降低后没办法再调整过来。金属漆微调时,应注意银粉颜料的站立角度,可以借助银粉添加剂进行调节。

(12)添加所缺量。确定所缺色母后进行色母添加。色母倾倒时应根据色母需求量小心地倾倒,避免倒入过多造成不必要的浪费。添加色母前将调色天平清零。

(13)记录配方。将添加的色母记录下来,便于颜色存档。

(14)喷涂样板。参照产品说明添加适当的稀释剂,选择 1.3 mm 口径喷枪进行色板喷涂。喷涂样板时,喷涂的手法应与喷涂工件时一致,并且将底材遮盖住。金属漆必须进行喷涂比色。

(15)烘烤试板。轻轻将色板放置于烘烤箱进行烘烤干燥。烘烤温度为 65 ℃ 左右,烘烤时间为 20~30 min。烘烤前,色板应进行充分闪干,若闪干不充分,会造成颜色比对不准确。

(16)比对颜色。颜色对比时,两块样板的角度应该保持一致。当拿捏不准颜色时,建议多换几种光线观察。金属漆颜色比对时,应进行多角度颜色比对,才能保证颜色的准确性。

(17)调色完成。测试数据,确保颜色的准确性。颜色数据必然会存在一定的差距,确保肉眼看不出色差便可。金属漆的微妙色差可以采用颜色过渡或驳口的技术手法进行喷涂。

(18)颜色存档。确认颜色后应及时将颜色信息保存。颜色保存信息包括:车辆基本信息、颜色名称、颜色编号、配方数据、喷枪型号、喷涂道数和气压、配方日期、制作人姓名。

五、珍珠漆微调

珍珠漆的组成,如图 3-94 所示。

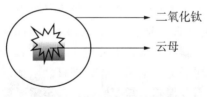

图 3-94　珍珠颜料的组成

珍珠漆色卡实例,如图 3-95 所示。

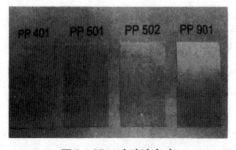

图 3-95　珍珠漆色卡

珍珠漆微调技巧有：

（1）珍珠色母特性是在直射阳光或类似光源下，变得特别明显。因此，对比颜色时，需要直射阳光或类似光源。

（2）根据珍珠云母颜料的添加量多少，涂料的珍珠感变化很大。因此，调色时计量必须准确，微调时也要小心地添加。

（3）由于珍珠云母颜料密度大，会很快沉淀，而且用稀释剂稀释后，这种倾向变得更明显，所以喷涂前要充分搅拌颜料。若云母颜料沉在底部就喷涂，则无法得到所需的颜色。

（4）依据涂膜厚度或干、湿喷涂方式不同，珍珠漆的颜色变化很大。因此，在调色时，喷涂的条件必须与喷车时相同。

（5）在珍珠漆的调色中，确立再现性的涂装技巧是很重要的。然而，如果出现不同的颜色，表明喷涂条件不稳定。如果珍珠漆调色是在这种状况下实施的话，将不可能调出所需颜色，因为无法判断颜色的不同是由于不同的喷涂条件还是因为不同的调色方法所致。

依照珍珠层厚度的不同，珍珠漆颜色会变化，这是因为颜色层的颜色是穿透半透明珍珠层而被看见的。而且，在珍珠层内，珍珠云母的颜料的排列也会改变颜色。因此，在修补时，必须调整云母颜料的排列（适当的珍珠漆感）、喷涂道数（膜厚），以及颜色层的调色。

任务10　驳口工艺

随着汽车不断走近我们的日常生活，汽车外表的质量也逐渐成为人们体验生活质量的一个重要组成部分。就像穿衣服，人们没必要苛求自己的衣裳都是名牌，只要衣服穿着整洁，便能体现自己的精神面貌。汽车也一样，没必要非得是世界名牌，只要其外观光亮、整洁、无瑕，便能给人带来舒服的感觉；反之，就算是豪华的奔驰车、宝马车，如果其外表有维修过的明显痕迹，到处是"补丁"，那么再名贵的车也会大失身价。衣服穿在身上，就会脏、会皱、会损坏，就需要洗、需要烫、需要"修补"。对于汽车来讲，其面对的自然环境可能会更多变、更恶劣，雨雪风霜，烈日、尘土，各种污染和磕磕碰碰是不可避免的。那么，汽车就经常需要保养、需要修补，甚至需要重新喷涂油漆。修补汽车就会使用到驳口工艺。

一、损伤评估

1. 车辆损伤评估项目

汽车的局部修补需要通过驳口技术来实现完美无痕，进而艺术性地再现汽车的完美外观。倘若我们将之称为"完美修补"，那么就需要先对"完美修补"进行定义。从某种意义上而言，既已经修补过，便不可称为完美，因此我们所言的"完美修补"，是指在必须修补的前提下，达到一种最优表面状态，几乎看不出修补痕迹，也可称其为"无痕修补"。显而易见，无痕修补需要从调色的准确性和喷涂的正确性两大方面着手。

关于准确调色，需要谈到颜色的可调性和可喷性。实际上，以金属漆和珍珠漆为例，涂料颜色受银粉和珍珠贝母颗粒排列的影响。在喷涂时，采取的手法、施加的气压、喷涂距离等因素也会影响到涂层厚度与均匀程度,并对银粉和珍珠颗粒排列造成影响,最终对涂膜的颜色呈现造成影响。因此,准确的颜色和适宜的喷涂方法共同决定了漆膜的颜色。

若颜色调配存在明显色差,那么无论喷涂手法、气压和距离如何,都无法获得理想的漆膜颜色和修补效果;如果喷涂的手法、气压和喷涂距离等发生了明显错误,那么再准确的调色也无法获得想要的颜色效果。

与调色的配合就是指通过控制气压、喷涂距离、喷涂手法等人工因素,获得一个理想的涂膜颜色,这一过程也是尽量减小色差的过程,该过程就是本任务的重点——驳口技术。驳口技术就是通过驳口工艺,将事实上存在的色差尽可能减小到肉眼难以察觉的程度。

驳口技术通常分为三步进行:第一步是对车辆进行损伤评估,判断车辆的损伤情况,记录损伤的部位以及损伤程度,对调色难度进行判断。第二步是根据损伤评估的结果,选择合适的驳口工艺;损伤部位不同、程度不同、颜色不同,所采取的驳口工艺均不相同。第三步是运用所选择的驳口工艺对损伤部位进行修补作业。

车辆入厂评估通常要从损伤情况、车辆颜色、涂层状况三个方面进行全方位评估(表3-11),这样既可以保证维修质量、减少维修时间,也可以防止评估不全面、不仔细导致客户与公司产生纠纷。

表3-11 车辆入厂评估

评价项目	评估内容	图解
损伤情况	●检查损伤位置 ●检查损伤处变形量 ●检查损伤面积 ●检查损伤件数	
车辆颜色	●检查颜色是否难调 ●检查是否可以做颜色过渡工艺 ●检查损伤部位颜色和相邻板件是否有明显色差	
涂层状况	●检查面漆类型 ●检查油漆种类 ●检查漆膜厚度 ●检查漆面是否有开裂、剥落、老化等涂层状况	

(1) 损伤情况：仔细检查车辆，找出损伤部位，并检查不需要维修的部位是否有其他损伤，以便减少不必要的纠纷。检查时通常应先清洁车辆，洗掉车身上的泥污，在光线较好的地方绕车仔细查看，以确定损伤位置、损伤处变形量、损伤面积、损伤件数。不同损伤部位、损伤程度所采用的维修方法也不同，如图3-96所示。

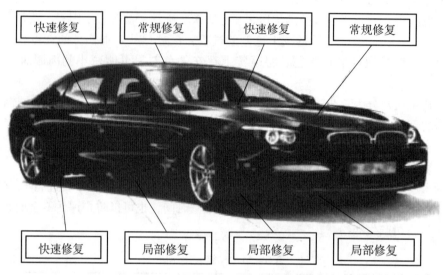

图3-96 不同损伤部位采用的维修方法

(2) 车辆颜色：金属漆的修补，要使修补处与原漆膜颜色百分之百一样是几乎不可能的事。因为喷涂的过程中很多的人为因素和环境因素都会影响油漆中颗粒的排列，从而导致在不同角度下出现明显的颜色差异。对车辆进行损伤评估时要检查车身颜色，判断颜色是否难调、是否适合做颜色过渡、损伤部位的颜色和相邻板件是否有色差是非常有必要的。颜色色差判断，如图3-97所示。

图3-97 颜色色差判断

（3）涂层状况：涂层状况鉴别主要是为后续修补所选择的工艺、涂料、维修方法做铺垫。涂层状况鉴别主要是鉴别涂膜是否使用了单工序涂料，鉴别旧的涂料是否使用了单组份涂料，检查漆面是否有开裂、剥落、老化等涂装缺陷，检查漆膜厚度以判断是否可以进行再次维修。涂层的故障状况，如图3-98至图3-103所示。

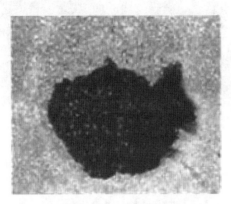

图3-98 底材锈蚀

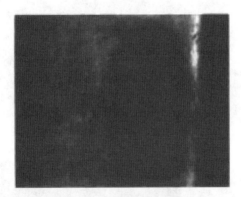

图3-99 塑料开裂/变形

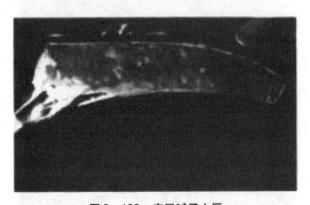

图3-100 底层腻子太厚

图 3-101 漆膜硬度不够

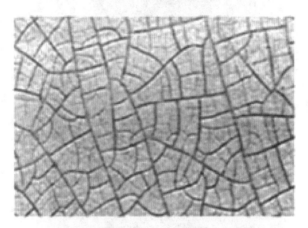

图 3-102 涂层龟裂

图 3-103 漆膜脱落

2. 损伤评估流程规范

损伤评估使用的工具与用品，如图 3-104 所示。

图 3-104 损伤评估工具

评估损伤先要清洗车身，用洗车机将车辆彻底清洗，并使用洗车毛巾将水迹擦拭干净，其目的是洗掉水溶性污染物，以方便损伤评估。操作人员身上不要佩戴锋利、坚硬的饰品，以免损伤漆面和汽车内饰等易伤物品；洗车毛巾使用前应检查是否干净、是否有异物。为准确判断漆面颜色，可利用抛光蜡对氧化的漆膜进行抛光处理，去除氧化层，然后检查面漆类型、油漆种类、漆膜厚度，检查漆面是否有开裂、剥落、老化等状况。根据以上评估，确认损伤范围，并制订修复方案。

二、驳口施工

根据损伤位置、损伤面积、损伤程度的差异，驳口工艺可分为块驳口、点驳口和复合驳口。

损伤若在车身板件的中间部位，被称为块驳口，一般只需要喷涂该块就可以完成修复，如图 3-105 所示。通常情况下，块驳口只需要小面积喷涂底色漆、清漆系统做板块性修补即可，一般不需要喷涂到相邻的车身板块。

图 3-105 块驳口

损伤在车身板件的角落不明显部位,被称为点驳口,一般只需要喷涂该点就可以完成修复,如图3-106所示。适合做点驳口的部位通常在汽车边角区域,只需要小面积喷涂底色漆、清漆系统做板块修补即可,一般也不需要喷涂到旁边的车身板块。

图3-106 点驳口

损伤在车身的A板件上且靠近B板件的部位被称为复合驳口,施工时要将颜色过渡到B板件上才可以完成修复,如图3-107所示。通常情况下,复合驳口需要对相邻的损伤板件一起进行喷涂,以此保证修复的板件不存在色差。

图3-107 复合驳口

上面我们介绍了三种驳口类型,下面介绍这三种驳口的施工工艺。

1. 块驳口

(1)清洁:对损伤区域进行清洁。用清洁剂对损伤部位进行彻底清洁,保证施工维修部位不受油污、灰尘的污染,为后续的工序做准备。

(2)底材处理:根据需要对修补部位(图3-108)进行原子灰填充,在填充原子灰时注意控制原子灰的刮涂范围,按照原子灰施工工艺对原子灰进行研磨。原子灰作业完成后进行中涂底漆施工,在中涂底漆施工时要注意控制中涂底漆的喷涂面积。研磨中涂底漆时,先使用400号砂纸配合3号研磨机研磨中涂漆至无光泽,研磨时要保证研磨彻底,不磨穿、无漏磨。然后使用1500~2000号铂金砂网配合3号研磨机对需要色漆过渡的区域进行研磨,研磨时要保证不磨穿,研磨的区域无光泽。此步骤完成后,再使用3000号铂金砂网配合3号研磨机对需要喷涂清漆的部位进行研磨,研磨时要保证不磨穿,研磨区域无光泽。

图3-108　须修补区

（3）色漆施工：在预先打磨好的区域内喷涂色漆。喷涂色漆时要注意调整喷枪参数、控制色漆施工范围，尽可能将色漆形状喷成椭圆或菱形，使颜色过渡更自然，颜色接口更不容易被发现（图3-109）。

图3-109　晕色区

（4）清漆施工：第一道清漆的喷涂范围应根据色漆的范围进行控制，也就是说，色漆喷到哪里，第一道清漆就应该覆盖到哪里，要保证色漆完全被第一道清漆覆盖住（图3-110）。

图3-110　第一道清漆喷涂

第二道清漆对整个研磨区进行覆盖，达到饱满、光亮的漆膜效果（图3-111）。

图3-111　第二道清漆喷涂

2. 点驳口

（1）清洁：对损伤区域进行清洁时，一般采用宝马认证的清洁剂对损伤部位进行深度清洁，以保证在进行施工时，维修部位没有油污和灰尘污染，为后续工作做好准备。

（2）底材处理：根据需要，使用原子灰填充需要修补的部位（图3-112），在进行原子灰填充时，要对原子灰的刮涂范围进行把控，严格遵循原子灰施工步骤对原子灰进行研磨。原子灰填充完成后，再进行中涂底漆施工，喷涂中涂底漆时，要对其喷涂面积进行控制。研磨中涂底漆时，首先使用400号砂纸配合3号研磨机将中涂漆研磨至失去光泽，研磨时既要彻底，也不可磨穿、不可漏磨。然后再使用1500～2000号铂金砂网配合3号研磨机对需要进行色漆过渡的区域进行研磨，研磨时避免磨穿，研磨至区域内失去光泽。该步骤完成以后，再用3000号铂金砂网配合3号研磨机对需要喷涂清漆的部位进行研磨，研磨时避免磨穿，研磨至区域内失去光泽。

图3-112　须修补区

（3）色漆施工：在已经打磨好的区域内喷涂色漆时，要注意对喷枪参数进行适当的调整并控制好色漆施工的范围，尽量将色漆形状喷成椭圆形或者菱形，令颜色的过渡更加自然，颜色接口更加隐蔽（图3-113）。

图3-113　晕色区

（4）清漆施工：在喷涂第一道清漆时，其喷涂范围需要根据色漆的范围进行把控，即色漆喷到何处，第一道清漆就覆盖到何处，一定要保证色漆全部被第一道清漆覆盖。第二道清漆喷涂在3000号砂纸研磨的区域范围内，在与旧漆膜接口处喷涂驳口剂来达到平顺光滑的过渡效果（图3-114）。

图3-114 清漆喷涂

（5）抛光处理：烘烤结束后，还须进行抛光处理。抛光工艺需要从新漆面向旧漆面进行，以此避免抛光时产生台阶和明显的接口（图3-115）。

图3-115 抛光处理

（6）接口处理：喷涂时，通常需要延展至更大的车身面积，为了避免进行过大面积的喷涂，可使用驳口水进行底色漆和清漆的驳口喷涂，接驳口的位置一般在车身较窄的地方。对接口的喷涂通常可采用接口水进行接口喷涂，具体步骤如图3-116所示。

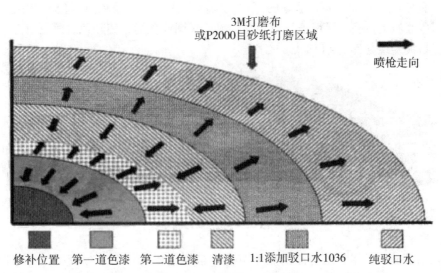

图3-116 接口处理步骤

第二道清漆喷涂结束以后,可将喷枪内剩下的清漆与驳口水按照一定比例进行混合,例如施必快 1036 驳口水可按照 1∶1 比例添加,接着对接口处进行喷涂,再倒掉喷枪里的涂料,加入纯驳口水对接口和旧漆部位进行喷涂,完成驳口工作。

3. 复合驳口

(1) 清洁:对损伤区域进行清洁。采用宝马认证的清洁剂对损伤部位(图 3-117)进行彻底清洁,保证施工维修部位不受油污、灰尘的污染,为后续的工序做准备。

图 3-117 须修补区

(2) 底材处理:根据需要对修补部位进行原子灰填充,在填充原子灰时注意控制原子灰的刮涂范围,按照原子灰施工工艺对原子灰进行研磨。原子灰作业完成后进行中涂底漆施工,在中涂底漆施工时要注意控制中涂底漆的喷涂面积。研磨中涂底漆时,先使用 400 号砂纸配合 3 号研磨机对中涂漆进行研磨至无光泽,在研磨时要保证研磨彻底,不磨穿、研磨区域无漏磨。然后使用 1500~2000 号铂金砂网配合 3 号研磨机对需要色漆过渡的区域进行研磨,研磨时要保证不磨穿,研磨的区域内无光泽。此步骤完成后,使用 3000 号铂金砂网配合 3 号研磨机对需要喷涂清漆的部位进行研磨,研磨时要保证不磨穿,研磨区域无光泽。

(3) 色漆施工:在预先打磨好的区域内喷涂色漆。在喷涂色漆时要注意调整喷枪参数、控制色漆施工范围,尽可能将色漆形状喷成椭圆或菱形,使颜色过渡更自然,颜色接口更不容易被发现(图 3-118)。

图 3-118 晕色区

(4) 清漆施工:第一道清漆的喷涂范围应根据色漆的范围进行控制,也就是说,色漆喷到哪里,第一道清漆就应该覆盖到哪里,要保证色漆完全被第一道清漆覆盖住(图 3-119)。

图3-119 第一道清漆喷涂区

第二道清漆对整个研磨区进行覆盖,达到饱满、光亮的漆膜效果(图3-120)。

图3-120 第二道清漆喷涂区

4. 驳口工艺的实施规范

使用的工具与用品,如图3-121所示。

图3-121 驳口工艺使用的工具

具体操作步骤如下:

(1)鉴别、清洁、遮蔽:鉴定涂料类型,使用清洁剂清洁,用除蜡剂处理修补区域,遮蔽不需要修补的区域。可使用杜邦施必快油漆系列7010清洁剂。

（2）研磨损伤区：使用双向式打磨机配合 180～240 号干磨砂纸打磨须修补的区域。打磨尽量在只需要修补的区域内进行，控制最小的打磨区域。

（3）打磨羽状边：使用双向式打磨机配合 400～500 号干磨砂纸打磨羽状边缘位置。在保证平顺的前提下，尽可能将羽状边控制在较小的范围内。

（4）清洁：使用吹尘枪和除硅清洁剂，清除车身的灰尘和油渍。使用清洁剂清洁时，注意不要对着人喷洒。

（5）喷涂中间漆：在损伤部位喷涂中间漆，中间漆的喷涂范围在 500 号砂纸打磨的范围内即可，喷涂完成后烤干。

（6）打磨中间漆：使用 400～500 号干磨砂纸或 800～1200 号水磨砂纸打磨中间漆位置。研磨时切勿将漆面磨穿。

（7）打磨驳口位置：用 1500～2000 号水磨砂纸或灰色打磨布配合磨砂剂打磨须喷涂的驳口位置。驳口位置要求研磨的痕迹细腻、能被色漆轻易遮盖，故在研磨时一定要仔细。

（8）清洁、除尘：使用吹尘枪和除硅清洁剂，清除车身的灰尘和油渍。使用清洁剂清洁时，注意不要对着人喷洒。

（9）喷涂底色漆：按比例添加专用稀释剂，喷涂第一、第二层。先将受损区域完全覆盖，再用同黏度但不同气压（2～3 bar）去做渐变，以得到平滑的渐变效果。

（10）喷涂清漆：混合清漆，调试喷枪，将喷涂色漆的区域完全覆盖。

（11）喷涂驳口水：将喷剩下的清漆混合驳口稀释剂，在清漆层与驳口处做渐变。然后清空喷枪注入驳口稀释剂扩大驳口渐变位置。

（12）清漆干燥：烤房烘烤温度为 60 ℃（金属表面温度），烘烤 30 min；红外线烤灯烘烤则烘烤 15 min，距离根据烤灯功率调节。如果是热空气加热型烤房，最好能将烘烤温度设定在 65～70 ℃。

（13）打蜡抛光：如有需要，可使用 2000 号砂纸轻磨驳口位置，并使用抛光剂进行抛光处理。抛光时应从新漆面向旧漆面抛光。

项目4　汽车车身及塑料件典型涂装修复

任务1　汽车整装涂装修复

车身维修中的涂装方法主要以空气喷涂为主。这种方法不仅可以获得厚薄均匀、光滑平整的漆膜，而且对缝隙、小孔、倾斜、弯曲等复杂构件，均可将涂料喷施到位。喷涂法的适应性也强，绝大多数漆料都可用此法施工，硝基系列快干漆更加适宜用喷涂法。

随着汽车工业的发展，轿车的保有量在不断增加，进口轿车也随之增多，对轿车车身的涂装同样是不可缺少的。由于轿车车身对装饰性的特殊要求，涂装品质便成了车身维修中追求的目标。

整车修补涂装是汽车美容修补施工中最具代表性、最为全面的涂装工艺。它的关键是要保持有"湿边"，同时应尽量减少水平表面上的飞漆，以防止漆雾沉积到已干的部位而造成砂状表面。

在整车涂装程序中，首先喷涂车顶，然后是发动机前盖和侧面等。这样在尽量减少水平表面上飞漆的同时，还能保持"湿边"，可以防止飞漆落到已干区域而产生砂状表面。如果有可能，选择下吸式喷漆室较好。这时由于有气流从车顶流向车底，雾形有所不同。另外一种方法是按照下面所示的喷涂顺序，它可以在保持飞漆最少的同时，使三个主要水平表面尽可能湿一些。按照下面所示的喷涂顺序进行操作，漆工还可以根据需要喷涂后面涂层，而在层间不会因为等待前一层变干浪费太多时间。

一、喷涂步骤

步骤一：车顶的喷涂

车顶和风窗玻璃及后窗交界处，需要采用带状涂装法来进行喷涂。首先要从靠近漆工的车边缘部位开始喷涂。尽量将喷枪维持在与车顶表面距离15～20 cm处，先由左至右，再由右至左进行喷涂，喷至中等湿度。需要注意的是，每层走枪都要从车顶边缘开始。因修补施工时，通常采用重力式或虹吸式喷枪，考虑到喷枪杯的位置，喷枪的俯角范围受到一定的限制，因此要尽量保持垂直，避免喷枪歪斜。以每层的扇幅重叠覆盖60%～70%的程度，由边缘向中心喷涂，一直喷涂到能够看见明显的柔和光泽为止。

步骤二：发动机前盖的喷涂

首先，使用黏性抹布将发动机前盖表面擦拭干净，注意不可使用除尘枪来消除表面灰尘，以免灰尘被吹到刚刚喷涂完成的车顶部位。采用带状喷涂法来对风窗玻璃和前盖交界部位进行喷涂，扇幅重叠覆盖60%～70%的程度，每层都由边缘至中心进行喷涂，再由中心向边缘移动喷涂另一侧，每层扇幅的覆盖部分约为10 cm。需要注意的是，前盖边缘最好不要采用带状喷涂法。

步骤三：后盖的喷涂

用黏性抹布将后盖表面清洁干净后，准备好足够的涂料以避免因喷涂过程中涂料用完而产生色差。喷涂时采用带状喷涂法，先沿后窗玻璃的底边喷涂一遍，两层扇幅之间的覆盖程度为60%～70%，随后换至另一边，由中心向边缘处移动喷涂。在整个喷涂过程中，涂层要足够湿，走枪速度要足够快。每层扇幅的覆盖部分约为10 cm。

步骤四：侧面的喷涂

首先，使用黏性抹布将侧表面擦拭干净，再备足涂料。因汽车侧面较长，所以用分段喷涂法为宜。在方便油漆工走枪的距离处，先采用带状喷涂法垂直向下喷涂一层，以此将汽车侧面分隔成段。在该段内由底部或顶部开始走两道枪，先由左至右，再由右至左，采用一道喷涂法继续喷涂下去。每道枪之间的扇幅覆盖约为50%，直至该段表面全部喷涂覆盖完成。然后转移至下一段，采用相同的带状喷涂法垂直向下喷一枪，画出这一段，继续重复上述操作。第二段喷涂完成后，继续重复上述操作，直至该侧全部喷涂完毕。

二、喷涂技法

1. 一道涂装喷涂方法

喷漆过程中最常用的走枪手法是，使喷枪先从左到右喷漆，然后再从右到左喷漆，即一道涂装。每一枪在开始和结束的时候分别扣动和放开扳机，直到扫下一枪时，再重复上述操作过程。整个过程平稳而协调。

在喷涂操作时应注意以下事项：扫第一枪时，应该将雾束的中心对准待喷涂表面顶部的边缘；继续走枪时，应该将雾束的中心对准上一枪的底部；为了覆盖良好，顶部和底部的边缘须扫两次；在此类涂装方式中，每道扇幅之间被覆盖50%。

2. 带状涂装喷涂方法

带状涂层是用小雾形喷出的单涂层，适用于边缘部位。此时应将扇幅调得相对窄一些，一般调整到大约10 cm宽。此时喷出的雾束比较集中，呈带状覆盖。这样既能保证边缘部位的覆盖效果，又可保证不致超出要求的喷涂范围，达到减少过喷、节约原材料的目的。

3. 二道涂装

所谓二道涂装，是在一道涂装后马上进行的第二道涂装。二道涂装通常应用于快干型涂料。一般二道涂装的方向与一道涂装的方向不同，如果第一道是水平喷涂，那么第二道就采用垂直喷涂。

4. 长板的喷涂技巧

对于汽车上较长板材的修补喷涂，一般可以采用垂直扫枪的方法。在喷涂长板时，为了方便，可将长板以45～90 cm长度划分为一段，然后像喷涂短板一样进行喷涂。段与段之间就像每道枪之间一样需要重叠覆盖大约10 cm的区域。

喷涂长板与喷涂边角不一样，没有必要采用带状喷涂法。当喷涂下一道时，最好改变扇幅所覆盖的部位，以免造成某一段的涂层过厚。

三、普通轿车硝基漆的喷涂

轿车车身维修时,其外表涂装属于一级涂层标准,从高保护和高装饰的角度分析,应把高装饰放在首位。因此,轿车车身涂装不仅要有优良的底漆层、中间涂层,还要求有高品质的外观。

适用于轿车的较好的面漆有丙稀酸烘漆和氨基烘漆。这两种涂料优于硝基外用磁漆、过氯乙烯磁漆和醇酸磁漆,但是其对干燥条件的要求又不太适合维修时涂装使用。

轿车涂硝基漆是一个比较传统的工艺方法,近几年来,由于中间涂层品种的增加,涂漆工艺也大大改进。硝基漆的具体涂装工艺程序如下:

1. 旧涂层的处理

(1) 脱漆、涂底漆:用碱液脱漆法、溶剂脱漆法、打砂除漆除锈法和火焰除漆法等,将旧漆层除掉;用砂轮钢丝刷将氧化皮、焊渣除掉;将坡口磨光、修平,用1.5号砂布将锈斑彻底打磨干净;用溶剂汽油擦净油污并用压缩空气除净粉尘。

喷C06-1铁红底漆一遍,要求喷涂均匀,自然干燥24 h。

(2) 刮腻子:刮第一道腻子时,将不饱合聚酯腻子和固化剂按100∶2或100∶4(根据季节温度掌握)的比例调配均匀,刮涂到较大的坑凹处。应造形的地方,可一次填平补齐,需要干燥1 h左右(20 ℃)。

用1.5~2号砂布机械打磨,将多涂腻子去掉、找平,吹干净覆盖件上的粉尘。

按刮涂第一道腻子的方法刮第二道腻子,刮涂腻子时应将车身表面上须喷涂的部位全部刮平、找齐。自然干燥1 h后用1.5号砂布机械打磨。

刮第三道腻子时应将砂布道痕迹、微小缺陷、造型线条和棱角边线全部刮细、补齐,自然干燥1 h后用240~280号水砂纸垫板打磨。圆角和弧形处应用手掌垫砂纸打磨光滑、齐整,然后用水将腻子浆冲净晾干。

喷涂Q06-5灰硝基二道底漆,二道底漆应喷涂均匀并自然干燥2 h。

刮第四道不饱合聚酯腻子。按上述方法将腻子调制均匀,将全车细小腻子的砂眼、棱角缺陷刮平、找齐,干燥1 h后用280~320号水砂纸将全车应涂漆的部分打磨光滑,用水擦洗干净晾干。用风管吹净全车尘渣,用胶带纸及报纸将不该喷涂部分遮严,待喷涂。

2. 喷涂

将Q04-31或Q04-34硝基磁漆和X-1硝基漆稀释剂按1∶1~1∶1.5的比例调配均匀,用120~180目丝网过滤,喷涂2~3道。如环境相对湿度大于70%时,可按稀释剂比例的15%~25%加入F-1硝漆防潮剂,常温干燥4 h。

用Q07-5硝基腻子或用硝基漆加化石粉,调腻子将涂膜表面的细微砂眼打平,要求刮涂得很薄并常温干燥0.5~1 h。

用320~400号水砂纸打磨全车,注意粘糊报纸处不要用水浸坏。将涂膜表面橘皮纹等打磨光滑,擦净表面脏物,常温干燥1 h。

用Q04-31或Q04-34硝基磁漆按上述方法调制后(硝基漆间隔10~20 min),最后两道可在磁漆中加入20%~30%的Q01-1硝基清漆,最后常温干燥24 h。

将粘贴胶带、报纸揭掉,用稀料擦净不涂漆部分,装灯光和其他装饰零部件。如果表

面品质要求较高,可进行全车抛光打蜡。

3. 刮涂不饱和聚酯腻子注意事项

(1) 不饱和聚酯腻子,通称原子灰腻子,因其固化干燥较快,调配时一次不得调配过多,随用随配。

(2) 调配固化剂比例时可参照产品说明书,根据环境温度的高低,在使用范围内酌情调配。

(3) 调配腻子时,将主剂与固化剂按一定比例调配均匀。不能用不干净的铲刀或带有固化剂的工具搅拌桶内主剂。

(4) 未用完的腻子不可回收再用。

4. 喷涂硝基磁漆注意事项

(1) 喷涂第一道硝基漆时,喷涂要薄,涂膜表面不能过于湿润,防止将底层抓起。

(2) 每喷一道漆之间的间隔时间应根据环境温度的高低来确定。环境温度高,间隔时间短;环境温度低,间隔时间长。

(3) 喷涂方法可采取纵横交替法进行,喷涂黏度为 16～18 S(用 Q-4 黏度计测量),最后一道或两道黏度应更低些。

(4) 根据喷枪口径大小,每道均应掌握枪与工作面的距离和运行速度。一般气压为 392～490 kPa。

(5) 环境湿度在 70% 时,可根据天气情况加入硝基漆防潮剂或环乙酮,一般不超过稀释剂的 25%。

四、高级轿车的喷涂

高级轿车的喷涂属于一级涂层,不但要求靓丽的外观及丰满光亮的涂层,还对其耐候性与机械强度有较高要求,外表上不可出现细小缺陷、砂纸道痕及坠流痕迹。因此在作业时,不光要使用档次更高的涂料,还需要有较好的施工作业环境、科学的工艺流程和精益求精的操作技能。

高级轿车全车喷涂,在程序上比普通轿车工序更多,即从操作上而言,更细致一些。以德国"施必快"涂料施工方法为例:

1. 底层处理至喷涂底漆

(1) 在底层处理上,要求把全车的旧涂层处理掉,全车露白。依照汽车外皮的材质,如铁板、铝板、玻璃钢、硬塑料等,采用不同的处理方式,例如喷砂、脱漆、火焰喷射等方法,清除掉表面旧涂层。

使用砂布打磨表面锈迹和氧化层,使用砂轮和钢丝刷等对钣金焊接部位进行打磨和抛光。使用溶剂汽油擦除表面油污,清理覆盖件表面的积尘。使用保美耐除硅清洁剂 7799 对表面进行进一步清洁。

(2) 喷涂底漆时,使用保丽光红底漆 8583 与 3060 快干硬化剂,二者按 4:1 的比例混合后,喷涂 1～2 道。要求喷涂均匀,并在 20 ℃ 环境温度下 4 h 内完成操作。喷涂黏度为 15～18 S(用 Q-4 黏度计测量),使用 3363 保丽光稀释剂调整稠度。喷涂后,在 20 ℃ 环境温度下干燥 30～40 min,即可刮涂立得柔原子灰腻子。

2. 刮腻子

刮一至四道原子灰腻子。可选用立得柔原子灰 0920 聚酯腻子或其他进口、国产原子灰腻子刮涂。

第一道腻子填刮将全车较大的坑凹处全部填平，棱角造形处填补好，待干燥 20 min 后用 1～2 号砂布（纸）粗磨，或用铲刀铲掉腻子硬渣、凸棱。

吹净（或清水冲洗）腻子灰尘，刮第二道原子灰腻子。这次刮涂要把全车大小坑凹处、棱角造形部位刮齐补平。在 20 ℃环境温度下经过 30～40 min 后，用 1～2 号砂布垫硬橡胶块打磨。打磨时以局部高点为准，棱角造形处注意磨顺。

磨光后吹净尘灰，刮第三道腻子。这道腻子要求把前两道腻子的缺陷处理顺、刮齐、刮平。根据表面的平整度，适当掌握腻子的厚度，可在刮涂这道腻子前先用手掌检查一下全车平整情况，然后有目的地进行涂刮。在 20 ℃环境温度下经过 30～40 min 后，用 1 号砂布或用 240～260 号水砂纸垫硬橡胶块打磨。应边打磨边检查，造形的边线处应格外注意，防止磨坏。

磨光后，擦净灰尘和腻子浆后晾干，刮第四道原子灰腻子。这道腻子应把前几道腻子的细小缺陷、砂纸道痕刮平刮细。在 20 ℃环境温度下经 30～40 min 后，用 300～400 号水砂纸打磨，要求磨平、磨细，待干后可喷涂保美耐快干中间漆 7460（单组份）或多功能中间漆 8590（双组份）。

找补腻子时可用保美耐硝基合成填眼灰 7700 单组份幼灰填补细小砂眼和微小缺陷。自然干燥 30～60 min 后，用 400～500 号水砂纸全车通磨一遍。磨光后再用水洗净晾干，用胶带纸、报纸覆盖好不喷涂部分，待喷涂面漆。

使用中间漆时，应添加保丽光特殊快干硬化剂 MS3060。方法是按 2∶1 混合后，使用保丽光稀释剂 3363 调整稠度，喷涂黏度约 20 S（4 号黏度计），喷涂气压为 392～490 kPa，干膜厚度喷两道约 50 μm，在 60 ℃环境温度下烘烤 20～30 min，空气干燥约 12 h（20 ℃）。

3. 喷涂 257 系列面漆

保丽光面漆 257 系列是一种双组份丙稀氨基异氰酸酯系列面漆。使用时要与硬化剂按规定比例混合，喷涂后既可常温干燥，也可在 70 ℃环境温度下烘烤。烘烤后的涂膜性能优于常温干燥。喷涂后光泽特佳，抗御性强，符合高档轿车车身的喷涂要求。

喷涂面漆也可利用低溶剂含量、高固成分的喷涂方法。该方法遮盖力强，操作简便易行，只须喷涂两层即可达到良好效果，不须抛光，并不受相对温度影响。

面漆调配比例为 257 系列面漆∶保丽光特殊硬化剂 MS3368∶保丽光稀释剂 3363 = 2∶1∶0.05～1。

使用时限：20 ℃环境温度下约 6 h。

喷涂黏度：约 17S/DIN4mm/20 ℃或 19S/福特 4 号杯/20 ℃。

喷嘴规格：重力式为 0.14 mm；吸上式为 1.7 mm。

喷涂压力：不少于 490 kPa，喷枪嘴与物面垂直距离为 250～300 mm。以中等厚度均匀地喷上第一层后，相隔 5～10 min（按硬化剂种类而定），以略大于第一层厚度再均匀喷涂第二层。

干燥时间：60 ℃环境温度下烘烤 30 min，70 ℃环境温度下烘烤 20 min。空气干燥时间为 30～40 min（20 ℃）。

待面漆干燥后，去掉覆盖部分，安装好装饰件，全车内外擦干净，检验后交车。

4. 喷 293 系列银粉漆

保丽光 293 系列银粉漆是以高品质丙烯树脂组成，遮盖力强，容易喷涂，喷上清漆后便可得到光泽及耐候性极佳的漆层。

施工方法：293 系列银粉漆喷涂时，应与 3054 保丽光特殊稀释剂按 40%～50% 稀释，以 0.35～0.4 MPa 压力为宜，以中等湿润程度均匀地喷涂第一层，间隔片刻后再喷第二层。第二道要求喷涂均匀，避免产生任何聚银现象。

银粉漆喷完后，当确认色彩均匀、厚度一致后可喷单光漆。方法是待干燥后喷涂保丽光清漆 T308080 或 MS8010。

5. 喷涂 T308080 保丽光清漆施工方法

T308080 保丽光丙烯氨基快干清漆是双组份高光泽丙烯异氰酸酯系列清漆，适合快速及高品质的银粉漆或多工序面漆系统的喷涂工作。该清漆有良好的流平性及填充性，有极佳的耐候性能，不受相对湿度影响，可使用低溶剂含量、高固成分喷涂方法。

混合比例为保丽光 T308080 清漆 : 保丽光特殊硬化剂 MS3368 : 保丽光稀释剂 3363 = 2 : 1 : 0.1。

使用时限：20 ℃环境温度下约 6 h 用完。

喷涂压力：以 0.4～0.5 MPa 为宜。

喷枪移动速度稍快于喷涂硝基漆的喷枪移动速度，漆雾喷涂物面不能过于湿润，以免膜产生流坠。

由于 T308080 清漆高密度极佳，涂膜喷涂两层后厚度较高，不经抛光就能得到较高的密度。大面积喷涂或全车喷涂时，两层厚度大约 50～60 μm。第一层喷完后，相隔 5 min，可喷涂第二层。

局部修补时，第一层喷完后，无须相隔时间即可喷涂第二层。

如要烘烤干燥，喷完后应经过 5～10 min（20 ℃）后再进行烘干。烘烤于 60 ℃环境温度下（金属温度）需 30～40 min；空气干燥于 20 ℃环境温度下，不沾尘时间 50～60 min，组装配件应经过 5～6 h，过夜可完全干燥。

M58010 保丽光丙烯氨基清漆是双组份，适用于多工序系统。例如 923 系列两道工序素色漆、银粉漆、295 系列珍珠漆等。该漆喷涂后漆面平滑，覆盖性强，光亮度高，耐候性极佳。喷涂操作时，可以添加保丽光 MS 系列硬化剂，按 2 : 1 混合，施工方法与 T308080 清漆相同。

任务2　汽车车身典型损伤涂装修复

一、车身表面防腐工艺

在喷涂车间内进行车身锈蚀防止工作的重点，是保持车身金属板清洁、呈化学中性，以及保持涂层下金属材料与空气隔绝完全。在某些特定情况下，还需要采用以石蜡或石油为主要成分的防腐化合物将金属表面和空气、水分彻底隔绝。

1. 防腐材料的选择

（1）在选择防腐材料时，应选择薄而具有流动性，或能均匀渗入皱缩的焊缝中，从而避免类似点焊直接连接的钢板区域这样的裸露金属部位产生锈蚀，这类地方的防腐问题尤其难以解决。

（2）在进行材料选择时，应选择与裸露金属以及涂层表面都具有良好附着力的材料。所选择的材料除了保证与表面能够附着，还应具备良好的防水性，具备对路上飞溅石头撞击的承受力。靠近发动机的部位，一般采用溶剂类材料。此外，所选择的材料还要具备一定的韧性与刚性。

（3）部分溶剂在挥发时，会产生持久且刺鼻的气味，所以在选择防腐材料时，要特别注意尽量不要选择含有这类溶剂的材料。

（4）选择的材料还需要保证仅使用普通和安全的溶剂即可擦拭干净。

2. 防腐材料的类型

（1）防腐膏：这种用石蜡或石油制成的防腐膏不易氧化脱落，不易出现划痕，可作为底层涂料，起到隔离和完全封闭车身表面、防止产生锈蚀或腐蚀的作用。它们一般用于车身底盘和内部板件，能渗入各连接部位和车身表面的裂缝之中，从而形成一层柔韧的保护膜。

（2）车身表面保护剂或密封剂：这种材料可以有效地防止泥水等渗入车身板件的连接处，对于在两个相互连接的表面之间防止锈蚀形成起着重要的作用。

（3）防锈剂：在那些不宜使用防腐材料覆盖的地方，可以使用防锈剂。例如，箱形横断面结构，如侧梁和车身立柱等，焊接件的背部不易喷涂，就可以使用防锈剂来解决防锈的问题。

注意：使用防腐材料之前一定要认真阅读包装上的使用说明，并严格按其指导进行操作。车身上同一部件或同一部位可以使用上述几种防腐材料。

3. 金属防腐表面的预处理

表面预处理是保证车身板件和其他金属件能长期耐腐蚀的最重要的程序之一，一般有三个步骤。

（1）清洗污染物：用去蜡除油剂清除表面的油污。操作时把去蜡除油剂倒在清洁的白布上，将白布覆盖在待清洁处周围30～40 cm区域浸润片刻，然后再用另一块干净的布擦拭表面以除去油污。

（2）用金属洗涤剂清洗：使用金属洗涤剂的目的是进一步清洗金属表面。操作时按说明书的要求稀释金属洗涤剂，然后喷洒到已除油污的表面，稍后用水冲净并且用清洁的布擦干净。

（3）采用金属转化涂层：金属转化涂层是由金属转换剂形成的锌磷酸盐涂层。它对镀层涂料的附着力极强，具有良好的防腐作用。操作时，将转换剂按使用说明书稀释并喷涂在金属表面上，停留 2～5 min，在转化剂尚未干燥之前用水冲洗，再用抹布将表面擦干净。

对经过预处理的表面再进行防腐处理，其防腐性能将得到明显的增强。

4. 防腐蚀处理的部位

车身表面需要进行防腐蚀处理的部位可分为四类：
（1）封闭的内表面，包括车身梁和车门槛组件。
（2）外露的内表面，包括地板、挡板及发动机罩。
（3）外露的接头区域，如后顶侧板至轮罩及后顶侧板至行李厢地板的连接区域等。
（4）外露的外表面，例如翼子板、后顶侧板及车门外板等。

5. 封闭的内表面防腐

封闭的内表面包括车身下部结构，如前梁、后梁及车门槛板。它们是整体式车身汽车的主要承载构件（图 4-1），这些构件的腐蚀对汽车的防撞性和耐用性有严重的影响。

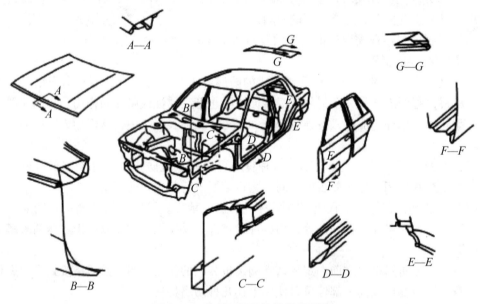

图 4-1　车身必须保护的封闭表面

（1）防腐处理：由于这些框型部位的内表面难以用上面介绍的金属清洗剂或转化剂清洗，因而其内接缝处的污垢和水分的根除相当困难。通常情况下，应在封闭焊接之前，将这些内侧面清洗干净，去蜡除油，涂上底层涂料（防锈剂）之后再进行焊接。此类防锈剂具备良好的导电性能，不会影响焊接质量，而且控制点焊温度又不至于损坏其防腐性能。目前对封闭的内表面常用的底层涂料有两种：

一种是自刻蚀双组份环氧树脂底层涂料：大多数汽车制造商推荐采用这种较新的材料代替标准的环氧树脂底层涂料。使用时，必须遵守制造商的使用说明中有关各标号的规定。

另一种是焊穿底层涂料：这是富锌的底层涂料，能更好地保护接头。

在已经封闭部位的内部使用底层涂料时，必须应用专门设备，一般采用带有加长喷杆和喷嘴的压力式喷枪，才能深入到各个区域进行喷涂。

（2）恢复封闭的内表面防腐蚀层的一般程序：

步骤1：用去蜡除油剂清洗封闭的内表面。

步骤2：在已清洗的区域上涂底层涂料。通常建议采用自刻蚀双组份环氧树脂底层涂料，并按照底层涂料制造厂商的规定给予足够的干燥时间。

步骤3：底层涂层干燥后，按制造厂商的说明施用防腐蚀化合物（防腐膏）。施用防腐膏可以通过作业孔、检查孔或滴水孔（图4-2）使用专门的小型喷杆及其附属设备进行。防锈膏经过1 h干燥后，必须清洗滴水孔。

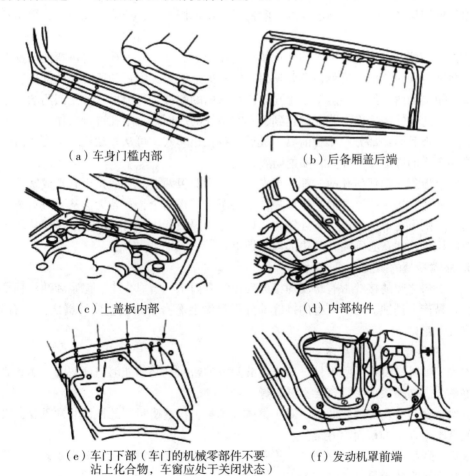

(a) 车身门槛内部　　(b) 后备厢盖后端

(c) 上盖板内部　　(d) 内部构件

(e) 车门下部（车门的机械零部件不要沾上化合物，车窗应处于关闭状态）　　(f) 发动机罩前端

图4-2　典型的作业孔或检查孔

（3）特别封闭内表面的防腐处理：

在对特别封闭内表面进行防腐处理时，需要根据部位的不同来使用特别的方法。

后备厢：将备用轮胎、工具、地板和侧面的垫料拆除。经过去蜡除油清洗后，用能够弯曲的喷杆自后备厢内喷射位于车轮后方的后顶侧板，喷到后备厢和后顶侧板之间的接缝及后备厢的后缘部位；将可弯曲的喷杆插入后备厢盖原有的孔隙中，则能够喷到厢盖的边缘来恢复其防腐性能。喷射完成后，再把拆卸的部件装回原位，并用溶剂擦除残留的防腐膏。

车门：拆下内板后，可通过车门的滴水孔或在适当位置钻一小孔以便于喷杆插入车门内部喷射防腐膏；在喷射防腐膏时，先将车窗拉起，将喷杆插入孔中，抵住车门底部，顺着底部的长度慢慢喷射，同时将喷杆缓慢抽回；在确认全部底边角都有喷到以后，再将喷杆彻底抽出，最后用相应的塑料塞将孔塞住。

后柱和后顶侧板：可从后备厢部位向后柱和后顶倒板的背面进行喷射。为保证覆盖程度，可在后柱上钻一个或多个孔或拆下通风装置盖，来喷涂轮舱前缘与后顶侧板部位；将可弯曲的喷杆伸进后柱上所钻的孔内，喷射时缓缓抽回喷杆，至喷射完成后，再用塑料塞将孔塞住。

前柱和中柱：可在前踏板与前支承相接的曲线中心处钻一个孔，将可弯曲的锥形喷杆伸入，并进行彻底喷射；另外，还要喷射前翼板的下缘及其附近的所有相关部位。在踏板与后支承相接的曲线的中心上钻一个孔，用可弯曲的喷杆进行喷射；若是四门的汽车，喷杆必须抵住此中柱的后面，若无法达到，则在中柱的后面钻一个孔进行操作。

前翼子板后面：部分汽车在前翼子板后面存在箱形穴，可从发动机罩下面或沿着前门柱将能够弯曲的锥形喷杆伸入，喷射防腐膏。

车门槛板：在钻任何孔前，都应事先检查车门槛板两端的下面是否有现成塞子。如果有塞子，就可直接用能够弯曲的锥形喷杆喷射车门槛板的全长；若无法从上方对车门槛板进行喷射，则可在下面靠近中心处钻孔；如果有内隔板，用可弯曲的锥形喷杆从两个方向喷射车门槛板，注意必须喷在两边的内隔板上。

6. 外露接缝的防腐

车身板料之间的接缝常有金属焊接的残留物及雨水、雪、尘土、泥浆和油污积聚在一起，很容易产生锈蚀。对于所有的接缝部分都要涂上车身密封剂，使接缝之间没有间隙，为防腐打下基础。

（1）对车身密封剂的要求：

首先，要具有良好的吸附性。填充接缝间隙的密封剂必须能够与裸露的金属和底层涂料良好黏合。在喷漆前密封剂要充分干燥。

其次，要具有良好的挠曲性。对于整体式车身，接缝密封剂的挠性非常重要，必须能够经受汽车运动的颠簸而不开裂。

最后，还要具有良好的涂敷性。将密封剂涂在接缝之间时，应根据需要改变其涂敷形状，以达到满意的效果。

注意：硅树脂密封剂不能用作车身的接缝密封剂，因为它不具备可油漆性，随着时间的推移会吸附尘土和污物。

(2) 常用密封剂：按照接缝的类型不同，防腐用的接缝密封剂分为四种，见表4-1。

表4-1 常用防腐接缝密封剂

防腐密封剂类型	用途	特点
轻型密封剂	宽度在3 mm以下的接缝	有良好的吸附性，且挠性好。多用于立面的密封
重型密封剂	宽度在3～7 mm的接缝	可将接缝覆盖，抗垂弛性、挠性均好，特别适合重叠式接缝的密封
可刷涂接缝密封剂	内车身接缝的密封	可刷涂，有良好的抗油污和抗盐水腐蚀能力，常用在发动机罩下面及车架下面的接缝处的密封
固体接缝密封剂	较大间隙如孔、板件宽接头	含有100%的固体，是条状填隙式的，使用时用拇指压入接合处

(3) 外露的接缝防腐操作步骤：①彻底清洗接头或接缝。②喷底涂层涂料或底层密封剂。③用防腐接缝密封剂将接缝全部填平密封。④涂两道底层涂料或底层密封剂。⑤喷上彩色涂层进行精整。

使用密封剂时，应当查阅行业手册中关于汽车涂密封剂的有关资料，确定涂密封剂的部位，图4-3为某车身使用密封剂典型部位的示例。

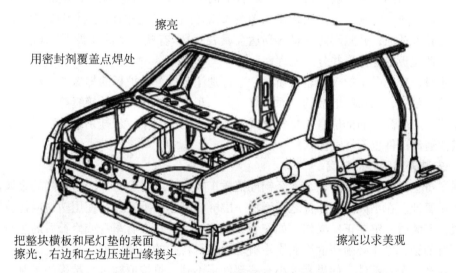

图4-3 车身使用密封剂典型部位示例

7. 外露内表面的防腐

车身下部的底面、车轮罩内面和发动机罩底面等外露的表面，会受到飞石、水分的冲击而被损坏，导致锈蚀。金属洗涤剂和转化涂层是不适用于这些内表面的，所以进行防腐处理时，先用去蜡除油剂彻底清洗，一旦表面完全风干，在所有的焊接部位和板料接缝处喷涂第一层蜡基或石油基底层涂料，然后在整个区域喷上第二道底层涂料。喷涂主要采取在车身下面仰喷的方法，同时还要对不需要喷涂的部位做好遮盖工作。

所喷涂的底层涂料可用自刻蚀底层涂料。在整体式车身中，绝不可在裸露的金属上直接涂漆基底层涂料。

在发动机罩下面等一些特别的区域恢复防腐蚀层时，应按下列程序进行：

首先，举起发动机罩，向它与轮口之间的前边板喷涂。必须使涂料向下达到防护板的焊珠上。采用可弯曲的锥形喷杆把涂料喷到各个凹处。

其次，用45°扁喷杆向大片外露空间喷涂。

再次，用可弯曲的锥形喷杆喷射发动机罩的主边缘和侧槽。

最后，松开或拆下蓄电池，对蓄电池托架及其周围喷涂。

注意：不要喷涂散热器中心部、蓄电池、空气调节器中心部、风扇、皮带、软管等处。

8. 外露外表面的防腐

（1）外露的装饰用外表面的防腐程序：①用去蜡除油剂清洗表面。②用金属清洗剂清洗金属表面，用水冲洗干净。③施用金属转化涂层，彻底风干后，用水冲洗干净。④涂底层涂料，建议采用双组份环氧树脂底层涂料。⑤使用底涂层填实涂料。⑥喷涂着色涂料。⑦喷涂防腐材料。

（2）车身下表面部分防腐程序：①用去蜡除油剂清洗表面。②用金属清洗剂清洗金属表面，用水冲洗干净。③施用金属转化涂层，彻底风干后，用水冲洗干净。④涂底层涂料，采用自刻蚀性底漆。⑤用防腐化合物和消声材料恢复防腐性能。

车身下表面的防腐一般应将汽车举起自下向上喷涂为宜。在喷涂前应除去任何疏松的残渣和消音材料，特别是在接头周围（在重要部位上的疏松的消音材料或脏污表面会形成空穴而导致锈蚀，并阻碍防锈材料到达金属表面）。有些汽车需要拆下车轮以进行充分的喷涂。挡泥板也应拆下并分开处理。

喷涂时，首先向防护板和轮口喷涂，应特别注意涂覆防护板的焊珠；然后再喷涂车身下面的其余部分，如喷涂地板的底面、焊接处、车架、油箱嵌条及接缝等。

注意：产生高温的部位，如排气管或消声器不能涂上漆。悬挂系统、牵引系统、制动毂和其他运动部件也不能喷涂。

9. 安装外饰附件的防腐

在车身上安装铝制保险杠、不锈钢或铝质车身装饰条时应防止产生不同的金属部件之间的电流腐蚀。在不同金属部件之间增加一层屏障是非常重要的，使用塑料或橡胶隔板就很有效。安装时一定要正确操作，如安装装饰条时需要在原有车身或修补后的车身表面钻孔，所有的钻孔操作必须在喷涂底层涂料之前进行，孔的内壁应彻底喷涂上漆。更换装饰件时必须换上全套部件。如果套件小有些部件买不到，可按原样进行精确的复制。显而易见，车身装饰物和附件是多种多样的，需要使用许多不同的方法。在各种情况下，都要遵守制造厂商的使用说明，以避免在修理中发生问题。

二、酸雨的损伤与修复

1. 酸雨的腐蚀

酸雨是一种因空气污染而产生的酸性雨水，酸雨中可能存在硫酸和硝酸成分等。

酸雨的判断标准一般以雨水中pH值的高低而定。未被污染的雨水是中性的，pH值接近7；当雨水遭到大气中酸性气体的污染，pH值达到小于5.65的数值，这样的雨水可被称为酸雨；pH值越低，其酸性越大，所造成的污染越严重。

酸雨的破坏力经常体现在油漆颜料上，特别是对铅基颜料的损坏尤其明显。酸雨令颜色褪色或形成花斑点，严重时甚至产生蚀坑。金属漆层损害是因为酸雨和粒子发生反应，而对面层造成侵蚀。

为了增加抗酸雨的能力，可在喷面上喷一道清漆，新型豪华轿车表面喷清漆的目的之一就是防止酸雨对漆面的腐蚀。

2. 酸雨损伤的修复

酸雨所造成的损伤程度不同，表面修复的程序也大不一样。图4-4是漆面受到酸雨腐蚀后，形成的三种不同的损伤程度，其修理方法也各不相同。

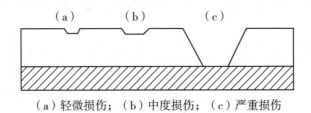

（a）轻微损伤；（b）中度损伤；（c）严重损伤

图4-4 酸雨损坏的程度

（1）轻微损伤。如图4-4（a）所示属于轻微损伤，损伤尚未凹入面层。修复过程如下：①用肥皂水清洗受损部位表面。②用去蜡除油剂清洗该表面。③用碳酸氢钠溶液清洗表面，达到中和的目的，随后彻底清洗即可恢复原有光泽。

（2）中度损伤。如果损坏处凹入面层，如图4-4（b）所示，即为中度损伤。修复过程如下：①先按轻微损伤处理至中和。②对凹陷处进行抛光。③用1500号或2000号砂纸和化合物湿磨，如损伤处仍可见，重复用1200号砂纸打磨，可达到修复的目的。

（3）严重损伤。损伤处已经穿进底层涂料，如图4-4（c）所示。修复过程如下：①先按轻微损伤处理至中和。②用400～600号砂纸打磨。③清洗并中和受损区域，然后涂底层涂料，重新喷面漆。

三、表面划痕的修理

汽车漆层一般有几层，所对应的划痕也有深浅。对于较浅的划痕可通过抛光打蜡来解决，对于深度划痕（已涉及底漆层），则需要喷漆处理。

1. 发丝划痕

车身漆面受轻微摩擦而产生的如头发丝般细小的划痕称为发丝划痕，一般用手摸感觉不出凹处。修复发丝划痕的方法步骤如下：

（1）用脱蜡洗车液将车体表面洗净、晾干。

（2）使用研磨/抛光机配抛光头（白色），转速为1200～1500 r/min。

（3）使用透明微切研磨剂或普通漆抛光剂，并用小块毛巾均匀涂抹于漆面待处理部位。抛光剂不可涂在抛光盘上。

(4) 以慢速或中速进行研磨,横向或纵向推进,每次工作面积 0.5 m²。研磨一遍后若无效果,可进行第二遍、第三遍,直至研磨剂或抛光剂成干沫状。

(5) 将抛光剂洗掉、擦净、晾干。

(6) 用透明漆抛光剂进行抛光,方法与第(4)步相同。

(7) 用透明漆、普通漆增光剂或通用还原剂做最后的抛光、还原,方法与第(6)步相同。

(8) 用防静电海绵清理掉所有残留物。

(9) 涂以保护性光蜡(即镀膜产品),用打蜡机进行抛光。

(10) 用强灯微烤后,再做一次抛光效果更好。

2. 微度划痕

比发丝划痕要深,但未穿透色彩漆层的划痕称为微度划痕。修复微度划痕的方法有研磨法和喷涂法两种。

(1) 研磨法:①用脱蜡洗车液去除车身污垢、残蜡。②研磨机配黄色研磨头,转速 1200 r/min 左右。③根据划痕深度,选择透明漆中切、深切研磨剂或普通漆微切研磨剂,使用机器研磨,最多打两遍即可。或使用 1500～2000 号砂纸人工水磨,直到划痕消失为止。④重复上面"发丝划痕"中的第(3)～(10)步骤。

(2) 喷涂法:①用脱蜡洗车液去除车身污垢、残蜡。②确定汽车正确的漆号。③电子配漆或找出相应的划痕漆(小瓶装,一般是 30 mL 左右)。将配制好的漆倒入微型喷枪。④先将喷枪在废纸上试喷,直到喷射均匀为止。⑤把喷枪放在距划痕约 6 mm 处,开始喷漆,以常速沿划痕覆盖式喷涂,不宜过厚。每 2～3 min 涂上一层,直到把划痕全部覆盖住为止。⑥将划痕周边飞溅的漆用蘸过稀料或液体砂纸的布擦掉。⑦如果是透明漆,应将喷枪的漆罐换上透明漆,然后再覆盖两层。清理、储存好喷枪。⑧漆干后,用 P-115 研磨剂或 2000～2500 号砂纸将新喷的漆磨平。⑨重复上面"发丝划痕"中的第(3)～(10)步骤。

3. 中度划痕

穿透色彩漆层,但未划破中涂漆层的划痕称为中度划痕。修复中度划痕的方法步骤如下:

(1) 用脱蜡洗车液去除车身污垢、残蜡。

(2) 用细毛笔、漆笔或喷枪将中涂漆涂在划痕处,涂 1～3 层。

(3) 重复喷涂法步骤。

4. 深度划痕

在划痕处可看到底漆,但未伤及金属的划痕称为深度划痕。修复深度划痕的方法步骤如下:

(1) 用脱蜡洗车液去除划痕中的残蜡。

(2) 再用 600 号砂纸将划痕的棱角打圆(打圆后再用溶剂清洗一下)。

(3) 使用含原子灰的底漆涂于划痕处,涂 1～3 层。

(4) 重复上面"中度划痕"中的第(2)和第(3)步骤。

四、擦伤的修理

汽车车身被擦伤留下凹坑,暴露出下面的金属板,就必须在进行钣金修复后重新喷涂底漆,然后重新喷涂面漆。修补步骤如下:

(1) 金属受到严重创伤,须用专用工具进行钣金整形后,用深切研磨剂将整块钣金研磨,除污除锈。

(2) 用 80~150 号水砂纸将划痕处磨出 0.83 cm 宽的金属层;用脱蜡液或溶剂将划痕处洗净、晾干。

(3) 将速干原子灰覆盖在金属层上;原子灰干后(约 30 min,不可用灯烤),用 400 号干砂纸将原子灰打平;再次用脱蜡液将划痕处擦净。

(4) 把不喷漆的地方用专用胶纸遮盖住。

(5) 用喷枪轻轻地喷上 2 层封闭底漆,然后再喷 3 层中涂漆,待 15 min 干后(用灯烤 5 min 即可),用 600 号砂纸将底漆磨平;如果划痕处仍低于漆面,可薄喷涂 3~5 层中涂漆,并重复清洁步骤;用 1500~2000 号砂纸将周围部分(圈在贴胶内的部分)打平,用溶剂擦干净。

(6) 将调好的色彩漆先薄薄地覆盖住中涂漆,然后用浓漆喷涂 3~5 层,每层间隔 5~10 min;用小压力,轻轻地开始向划痕周围处喷洒,每次向外延伸 3.33~6.66 cm,直到满意为止。

(7) 漆干燥后,用中等压力将透明漆喷在划痕修补处,同时向外延伸 3.33~6.66 cm,等 5~10 min 后再涂一层,要超过上次的延伸线 3.33~6.66 cm;如果有必要,可用同样方法涂第三层透明漆。

五、汽车表面锈蚀的修理

锈蚀是由于汽车表面漆层出现裂缝,水分和空气渗透到油漆层的下面,使钢板生锈的结果(图 4-5)。锈蚀发展下去将会使钢板锈穿,所以有锈蚀现象发生必须修理,重新补漆,消除产生锈蚀的条件。锈蚀的修理过程,如图 4-6 所示。

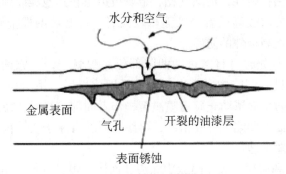

图 4-5 表面生锈举例

1. 表面生锈的修理

对于轻微的表面锈蚀,只须磨去锈层,对金属表面进行必要的处理,使之达到重新喷

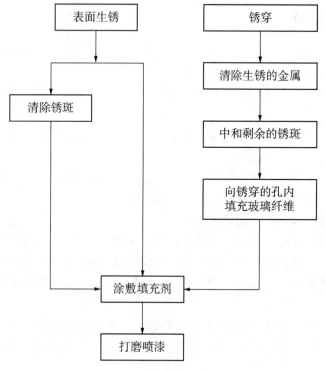

图4-6 锈蚀的修理过程

漆的条件，然后重新喷漆修补即可。

(1) 表面准备：首先，在打磨之前，先用较淡的洗涤液清洗锈蚀处，后用去蜡和除油脂清洗剂清洗，并在锈蚀附近表面上黏贴防护条。其次，用砂轮打磨锈蚀区的油漆和锈斑。轻型气动砂轮适用于此类打磨。打磨会产生火花和砂粒，须保证磨屑向下飞溅，以防喷溅至操作者面部；操作时要戴护目镜及防护口罩。再次，在打磨时，手持砂轮机，在保证砂轮机不会碰到其他物件的前提下，再启动气门让砂轮机旋转。砂轮与被打磨表面应成10°左右角（切勿平行），利用砂轮边缘2~3 cm的部分对锈蚀部位进行磨削，清除锈斑。而后再用砂轮机上的钻孔附件，清除气孔、金属板边缘和其他难以到达的锈蚀部位上的锈斑。最后，对于涂装要求较高或者锈蚀面积较大者，打磨后的裸金属表面须进行磷化处理，喷涂底漆，由此提高板件的防腐能力。

(2) 涂敷腻子：首先，对打磨过的凹陷部位涂敷腻子，一方面要保持涂层的薄度，一方面要用力使腻子进入凹陷内。其次，在腻子硬化以后，用180号砂纸和打磨垫块磨平。打磨时，应配戴防尘面罩防止碎屑喷溅至操作者面部。最后，使用压缩空气吹除打磨产生的粉末，根据表面上凹陷和针孔情况，再涂一层幼滑原子灰，待其彻底干燥后，再进行打磨，经检查达到要求即可。

(3) 喷涂中涂漆和面漆：关于喷涂中涂漆和面漆，可见其他章节的相关内容。

2. 小范围锈穿部位的修理

小范围锈穿往往是由于金属板（非涂漆面）锈蚀到一定程度而引起的。当面漆发生隆起现象时，说明金属板已经锈穿，如图4-7所示。小孔锈穿的修理方法如下：

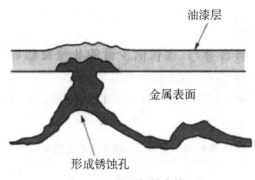

图 4-7 金属板锈穿情况

（1）对表面进行处理：

步骤 1：使用砂轮机和 24 号刚性砂轮对锈穿部位进行打磨，清除锈斑和油漆。用尖锉对锈穿孔进行修整，清除松散的锈皮，捣碎已锈蚀的金属层，造成一个漏斗形的凹陷，以防止填充剂从孔中漏掉。最后用金属调节剂清洗。

步骤 2：对于金属的背面，也应清除灰尘和内涂层，将穿孔的反面金属也暴露出来。然后，在反面涂除锈剂。这种除锈剂能与铁锈发生反应，生成一层黑色的聚合物，能隔离空气与水分，避免进一步锈蚀。

步骤 3：打磨后的裸金属表面应进行磷化处理，喷涂底漆，以提高板件的防腐能力。

（2）涂敷腻子：

步骤 1：经过金属调节剂清洗之后，锈穿孔产生的微粒得到中和，然后向锈穿孔内填入防水的含有玻璃纤维的腻子。填充时用刮板将填料压入孔内（切勿使用带有滑石粉的塑性填充剂，因为它容易吸收水分，形成新的锈蚀源）。

步骤 2：防水腻子硬化后，将表面打磨光滑，并用清洁布擦干净表面。

步骤 3：在已经填充过的孔上面涂一层腻子，但在这层腻子尚未完全硬化时，要用粗齿油脂锉修平隆起处。

步骤 4：腻子完全硬化后，将修理部位打磨到与金属板表面相同的高度，并形成薄边。

任务 3 汽车塑料件的漆装修复

塑料在汽车中的应用非常普遍。用于汽车构件的新型塑料主要是指专用工塑料（增强塑料、塑料合金），也包括少量的非增强塑料。近年来，各国轿车使用的新型塑料制品用量日益增加，目前，每辆轿车上塑料用量已达 9% 左右。根据美国塑料协会提供的数据，1999 年北美轿车平均每辆车重 1450 kg，其中，新型塑料为 117 kg，2009 年新型塑料已达 142 kg；1999 年用于北美轿车和轻型卡车上的塑料共达 200 万吨，2009 年已达到 260 万吨。

汽车塑料件的漆装修理一般包括三个方面的作业：塑料件的机械损伤修理、喷漆前的表面处理和喷涂处理。

一、车用塑料件概述

1. 汽车常用塑料的种类

塑料产品种类繁多,能应用于汽车制造业的大致可分为热塑性塑料和热固性塑料两大类。正是两种塑料的不同特性决定了它们在汽车上的不同应用,常用汽车塑料名称及用途见表4-2。

表4-2 常用汽车塑料名称及用途

塑料代号	化学名称	适合烘烤温度/℃	用途	属性
EP	环氧树脂	80	玻璃钢车身板	热固性
UP	不饱和聚酯	120	玻璃钢车身板	热固性
ABS	苯乙烯共聚物	60	车身板、仪表台、护栅、大灯外罩	热塑性
PP	聚丙烯	100	内饰板、内衬板、内翼子板、面罩散热器、挡风帘、仪表台、保险杠	热塑性
PVC	聚氯乙烯	—	内衬板、软质填板	热塑性
PC	聚碳酸酯	100	护栅、仪表台、灯罩	热塑性
PUR	聚氨酯	—	保险杠、前后车身板、填板	热塑性
EPDM	乙烯、丙烯和非共轭二烯烃的三元共聚物	—	保险杠冲击条、车身板	热塑性
PE	聚乙烯	—	内翼子板、内衬板、帷幔板、阻流板	热塑性
TPR	热塑橡胶	—	前轮罩板	热塑性
TPUR	热固聚氨酯	60	保险杠、防石板、填板	热固性
PA	聚酰胺	80	外装饰板	热塑性
PS	聚苯乙烯	—	内饰件	热塑性
ABS/MAT	丙烯脂-丁二烯-苯乙烯三元共聚物	—	车身护板	热塑性
PPO	聚苯醚	—	镀铬塑料件、护栅板、大灯罩、遮光板、饰品	热塑性

2. 汽车塑料产品的鉴别方法

(1) ISO代号。查看压制在塑料部件上的ISO代号,一般在零件拆下后就能看到所标的符号。

(2) 燃烧鉴别。切下一小片塑料,用镊子夹住放入火中燃烧,查看其火焰颜色、燃烧情况及闻气味。PVC塑料受热后容易熔化,燃烧时火焰呈绿色或青色,有盐酸味;聚烯烃类塑料在燃烧时的火焰没有明显的烟雾,有蜡的气味;聚酯酸纤维素类塑料经点燃后有醋酸味；ABS塑料燃烧时有明显的烟雾产生。

（3）焊接法。塑料焊条能与之焊合的即为此种焊条类型质地的塑料品种，市场上大致有6种类型的焊条可供鉴别时使用。

（4）敲击法。用手敲击塑料制品内侧，PUR塑料声音较弱，PP塑料声音较脆。

另外，PUR塑料用砂纸打磨后没有粉末，而PP塑料则有粉末；PUR塑料易被划伤，PP塑料不易被划伤。只有确定了塑料品种的制作材料，才能正确地选择合适的涂料品种对其进行涂装、修补。

3. 塑料件涂装的特殊要求

由于塑料本身具有优良的防腐能力，在涂装施工中，不需要对塑料产品进行表面的防腐处理。目前用于汽车制造业的塑料制品中，绝大多数塑料有在100℃以上的高温下易变形、涂膜的附着力差、受到溶剂的侵蚀会软化或龟裂等特点。而且各种塑料制品的用材不同，特性各异，因此，塑料制品的涂装与金属表面的涂装有较大的差异。在涂装中应注意以下几个方面：

（1）涂料的选择应符合塑料制品的特性和质地。

（2）在汽车维修业中，如须对塑料制品进行修补，容易拆卸下的部件最好能拆下后再涂装。否则一定要把周围的部件用汽车专用罩纸遮盖后再涂装。

（3）在使用的修补涂料中，根据塑料的柔软程度都加入了柔性添加剂，而添加柔性添加剂的面漆不宜抛光。但只要施工方法正确，干燥后都能获得很好的光泽。

（4）在对玻璃纤维部件进行修补时必须特别注意，由于它的质地比较疏松且多孔，打磨时要小心，不要磨穿表面的胶衣层，以防止喷涂时涂料的溶剂被吸收。

二、塑料表面适用的涂料的选择

各种塑料制品的材质都有所差异，因此在进行涂装时，对于涂料的选择也需要根据底材的特性和底材对涂层性能的需求来决定。以聚苯乙烯、聚碳酸酯塑料为例，二者耐溶剂性较差，因此不可使用溶剂溶解性很强、干燥较慢的涂料；而热固性塑料不会发生溶剂的溶蚀，因此能与之匹配的涂料品种很多。

在选择塑料制品的涂料时，还要考虑到其使用环境。使用环境可分为室内用和室外用两大类别。为室内塑料制品选择涂料时，应侧重于涂料的装饰效果，通常可选择醇酸涂料、丙烯酸涂料、丙烯酸硝基涂料；为室外塑料制品选择涂料时，要优先考虑耐久性和耐候性更高的涂料，如双组份丙烯酸涂料等。如果对涂料有其他特别的要求，则需要根据实际情况进行选择，如抗划伤涂料、导电涂料、防静电涂料、阻燃涂料等。此外，在为塑料制品的表面涂装选择适合的涂料时，还需要将施工场所、施工方法、施工条件、产品价格等因素考虑在内。

（1）ABS塑料。热变形温度70～170℃，酮、苯和酯类溶剂能溶解，醇类和烃类溶剂无溶蚀作用。适合使用的涂料有热塑性丙烯酸涂料、环氧、醇酸、硝基漆等。

（2）PVC塑料（聚氯乙烯）。属于通用型塑料，用途广泛，有硬质和软质不同系列的塑料制品。一般可采用聚氨酯涂料，普通用途的硬质PVC采用丙烯酸酯涂料或聚乙烯醇缩丁醛涂料、过氯乙烯涂料。

(3) PU（聚氨酯）和 EP（环氧树脂）塑料。这类品种的塑料抗冲击强度大，能耐各种化学药品。可选择热塑性丙烯酸酯涂料、环氧或不饱和聚酯涂料，耐候性要求高时可选择双组份丙烯酸聚氨酯涂料。

(4) PA（聚酰胺）、PBT（聚对苯二甲酸丁二醇酯）塑料。这两类塑料制品是具有优良的物理力学性能的工程塑料，可选用丙烯酸酯或其改性涂料、聚酯涂料、聚氨酯涂料或胺固化环氧涂料。

三、喷涂塑料部件的准备

汽车用塑料的种类较多，用途广泛，在涂装修补中，涂料的选择与施工方法的应用决定了修补涂层的质量。按照塑料制品的质地软硬程度，我们一般将其分为硬质塑料（如车身用 ABS 塑料、玻璃钢等）和软质塑料（如 PP、PU 等）。大多数的硬质塑料部件不需要使用底漆，涂料本身的附着力足以使其很好地黏附在塑料部件之上。但对于聚丙烯（PP）、聚对苯二甲酸丁二醇酯（PBT）、聚甲醛（POM）、聚碳酸酯（PC）等则需要使用底漆。尤其是聚丙烯，涂装前不仅要进行很好的表面预处理，还须喷涂专用底漆，以增强面漆对被涂物表面的附着力。大多数的软性塑料制品的涂装须在底漆中加入柔软剂（均应与面漆配套）以保证涂层柔软，不会产生开裂的现象。

在进行部件更换的时候，零件厂商提供的部分部件已经涂有底漆，剩下的大部分是没有底漆的。在对已经涂有底漆的零部件进行处理时，可以直接喷涂中涂漆或面漆；在对没有底漆的零部件进行处理时，一般来说都要使用专门的塑料底漆进行喷涂，或者用乙烯清洗式涂料进行覆盖，由此提高其表面的附着力。不过部分硬质塑料，如玻璃钢等，和涂层之间有较好的黏结力，因此可以省去喷涂塑料底漆的环节，而其他软质的塑料部件都必须进行喷涂底漆的工序。在旧车处理、没有更换零部件时，是否需要喷涂塑料底漆，需要依照实际情况来决定，若有裸露塑料制品，应喷涂塑料底漆。

1. 软质塑料部件的预处理

对于软质塑料部件，在进行喷涂之前可按如下步骤进行准备：

(1) 使用专用塑料清洁剂对整个须喷涂的塑料表面进行清洁。如果是新件，则更应仔细清洁，将部件表面的脱模剂（主要成分为硅酮等）清洗干净，然后擦干。如果塑料制品是具有吸水性的材料（如尼龙等），在水洗或清洁之后需要加温或放置一段时间，以使吸收的水分充分挥发。

(2) 用 200 号干磨砂纸将需要修补的区域进行打磨，然后刮涂或揩涂塑料原子灰。

(3) 待塑料原子灰干燥后用 320 号或 400 号干磨砂纸打磨修补区域，将原子灰四周磨薄呈羽状边，吹净粉尘并用黏尘布擦干净，用塑料清洁剂进行二次清洁。

(4) 使用专用塑料底漆对整个需要修补的区域薄喷一层均匀的涂膜，稍稍静置一下（$5 \sim 10$ min），即可以湿碰湿喷涂底漆。在喷涂底漆时要注意：

第一，底漆须在塑料底漆未干时喷涂，这样才可获得良好的黏附能力。因为裸露的柔性塑料和塑料原子灰会因吸收稀释剂而膨胀，使修补区域在喷涂完面漆后显现出来，所以在喷涂底漆时应优先选择快干型稀释剂并尽量少加，且每道喷涂要薄一些，不要过湿。为获得较厚的涂膜可以多喷几道。

第二，由于软质塑料比其他材料更容易膨胀、收缩和弯曲等，因此底漆或中涂漆以及面漆中都要加入一定量的柔软添加剂。柔软添加剂可以使涂膜变得柔软并具有伸缩性，顺应底材的变形以避免产生开裂等现象。柔软添加剂的加入量须根据产品的使用说明严格操作，并在加入后的活性期内尽快使用，使用完毕后应将喷枪彻底刷洗干净。

（5）等底涂层彻底干燥后，用400号干磨砂纸进行打磨，为喷涂面漆做好准备。

以上所列为一般工序，针对不同的情况可适当采取不同的措施。

2. 硬质塑料部件的预处理

硬质塑料部件一般都和常见的涂装材料之间有较好的附着力，通常可以省去塑料黏附性底漆处理工序，不过，如果使用塑料黏附性底漆进行处理，能够明显提升后续喷涂面漆的效果。

如果无法确定需要修补的硬质塑料是何种材质，建议按照玻璃钢制品的处理方式进行处理。目前，玻璃钢材质的车身部件已在汽车上普遍应用，其喷涂预处理办法和车身钢材的处理方法基本一致。处理玻璃钢等硬质塑料制品时，需要注意下列几点：

（1）玻璃钢等硬质塑料制品不需要额外进行防腐处理，更不必喷涂磷化底漆。

（2）更换件或新的板件表面常残留有制造时的脱模剂，这些脱模剂中含有的硅酮等物质会严重妨碍涂膜的附着，所以必须严格清理干净。对于硬质塑料的涂前预处理可以按下面步骤进行：

步骤1：更换的新板材必须使用专用的脱模剂清洗液进行清洗或用软布蘸上酒精等进行全面擦拭，以去除掉脱模剂成分。

步骤2：用塑料清洁剂对喷涂表面进行除油清洁处理，处理方法与清洁裸金属和良好的旧漆层相同。

步骤3：用80～120号干磨砂纸打磨需要修补的部位，吹干净后进行二次清洁。注意只要打磨平整即可，对于玻璃钢制件尤其不要磨穿树脂层。

步骤4：使用普通原子灰对需要填补的部位进行填补，待干燥后用320号砂纸打磨呈羽状边。将喷涂表面清洁干净，喷涂底漆或中涂漆。对于磨穿的玻璃钢件，也可用普通原子灰在磨出玻璃纤维的地方进行刮涂覆盖，然后打磨平整。

步骤5：对喷涂完底漆或中涂层的部件进行打磨，用400号干磨砂纸将涂膜打磨到平整。如有微小的孔、眼，可用填眼灰进行填补并磨平，为喷涂面漆做好准备。

四、塑料零部件的面层喷涂

经过处理之后的塑料件表面，可以涂敷面漆。大多数硬质塑料不涂底漆，面漆就能很好地黏附在其表面上。在半硬性（柔性）塑料的漆层中加入柔性剂，能使漆层在基体膨胀时具有一定的变形能力而不至于脱落或开裂。对于塑料件的喷涂，最好使用一套厂家提供的配套材料，如柔性剂、面漆、内涂层材料、冲淡剂、稀释剂等。

1. 汽车软顶的喷涂

有些车辆的车顶使用乙烯树脂人造革等软质材料，这些软质材料的喷涂不能使用一般车用面漆和底漆，而必须使用专用皮革漆。

专用皮革漆的漆基为乙烯树脂，所以又称为乙烯漆。乙烯漆的黏着力强，具有良好的柔韧性，大多数皮革和人造皮革在涂装处理时都采用它。在喷涂汽车软顶时，可以采用单独的乙烯漆，也可以将乙烯漆和丙烯酸面漆按一定的比例混合使用，两种方式都可以按以下方式进行：

（1）用清洗剂和软毛刷将旧顶棚清洗干净，并用大量清水将顶棚和全车彻底冲洗。

（2）用塑料清洁剂将需要喷涂的部位仔细清洁。

（3）仔细遮盖不需要喷涂的部位，确保没有疏漏的地方，因为乙烯树脂涂料黏着力很强，漆雾很难清理掉。

（4）将喷枪的气压调整得略低一些，喷幅调小，首先对边角等部位进行喷涂。边角等比较难处理的地方都喷涂过一遍以后，将喷枪调整到正常，以正常的喷涂方式对顶棚湿喷两层，喷幅的重叠程度以2/3为宜。两层的间隔时间以第一道涂层稍稍干燥即可。

（5）两道湿喷完成后，用稀释剂以200%的比例稀释乙烯涂料，再薄喷一层，充分润湿车顶表面，以获得一致的外观。

（6）干燥至少1 h后可以去除遮盖，但要在4 h以后再进行下一步的维修。

因为乙烯树脂涂料一般为内用型，对于紫外线和大气中的有害物质没有足够的抵抗能力，所以干燥后的乙烯树脂涂层还需要使用乙烯树脂透明保护层来保护涂装。透明保护涂层可用于乙烯树脂软顶、车辆内饰件和其他覆盖乙烯基着色涂料的地方，可抗紫外线，防止粉化，阻碍盐分、油脂、水分和其他污物对底涂层的腐蚀作用。这种透明的保护层不需要稀释，用海绵或柔软的布蘸上以后均匀涂抹于需要的部位即可。这层涂膜经过10～20 min即可触干，干燥后1 h能够防水，1天后可达到耐腐蚀的程度。

2. 塑料部件皮纹效果的喷涂

通常车用塑料件除了个别部件要求非常平整，其他大部分都有自然的纹理，一部分内部装饰件还会仿制天然皮革的肌理效果。在涂装和修理这些部位时，就需要进行特殊处理，令涂膜能够呈现理想的肌理。

为了在涂膜上制作纹理效果，各大品牌都推出了不同的纹理剂和纹理添加剂（颗粒剂）。在操作时，只需要按照产品使用说明，在面漆中适当添加纹理添加剂，就能使涂膜产生类似塑料制品的粗糙表面的效果。除此之外，采用黏度较高的涂料或者在喷涂时将喷涂气压降低而使涂料不能很好地雾化，这两种方法也可以制造出一定的纹理效果，不过二者需要施涂者具有较高的喷涂技巧。制造纹理可以依照下列操作步骤进行：

（1）按照涂料和纹理添加剂的使用说明适当调配涂料，采用低气压，在需要制造纹理的区域内用干喷的方法薄喷一层。

（2）待第一层比较干后再薄喷第二层，这一层的喷涂面积要比第一层略大一些。需要注意的一点是：两层喷涂之间一定要留有足够的干燥时间，而且每一层喷涂都不要过湿，否则会影响纹理的形成。若需要较厚的涂层，可以用这种方法多喷涂几次。

（3）当达到所需的厚度后，开始混合修理区域的纹理。这项操作与喷涂其他涂层相似，做出驳口，然后可以加温使干燥速度加快。

（4）如果需要，可在纹理上层再喷涂一层清漆。

用单组份挥发型纹理剂重新制造的纹理部位应用高压空气吹干净，并用黏尘布轻轻擦拭，不可用清洁剂进行清洁，因清洁剂中含有溶剂成分，会破坏纹理。用在双组份涂料中添加纹理添加剂的方法制造的纹理则无此必要。纹理效果如图4-8所示。

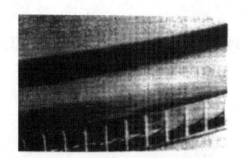

图4-8 重做塑料表面的纹理

项目5 汽车车身护理常识

任务1 洗 车

一、车表清洗的作用

1. 保持汽车外观整洁

汽车在使用时,经常处于烈日曝晒、尘沙四起、大风大雨、雪天低温等复杂环境里,充满泥泞的道路也经常避无可避,这时,车身外壳就难逃被泥水弄脏的命运,进而使汽车的外观整洁减分。为了让汽车外观保持整洁亮丽,必须定期对汽车进行清洁。

2. 清除大气污染的侵害

大气中所含有的许多污染物都能对车身表面产生危害,其中酸雨的危害性尤其严重。酸雨落到车面以后,会吸附在车身表面,在漆面上形成难看的有色斑点,如果不及时清除,还会使漆层老化。轻微的酸雨痕迹可以用去酸雨的专用清洁材料清除,而严重的酸雨痕迹则只有使用专业的设备和清洗剂才能顺利清除。所以,为了避免酸雨侵蚀恶化,应当及时将汽车送到专业汽车美容店进行清洁处理。

3. 清除车身表面顽渍

车身表面如黏附树脂、鸟粪、虫尸、焦油、沥青等顽渍,若不及时清除就会腐蚀漆层,给护理增加难度。因此,车主要经常检查车身表面,一旦发现具有腐蚀性的顽渍应尽快清除,如已腐蚀漆层,则必须到专业汽车美容店进行处理。

二、车表清洗的时机

1. 依天气来判断

(1)连续晴天时,只须用鸡毛掸子清除车身上的灰尘,再用湿毛巾或湿布擦拭前后玻璃及车窗与两旁的后视镜。一般先清洁车顶,再清洁前后挡风玻璃、左右车窗、车门,最后清洁发动机盖及后备厢盖。大约一周做一次全车清洗工作即可。

(2)连续雨天时,只须用清水将全车喷洒,使车上的污物掉落。因为还会再下雨,只须用湿布或湿毛巾擦拭全车所有的玻璃。但雨过天晴后,应及时全面彻底对外部清洗一次。

(3)忽晴忽雨时,需要频繁清洗车身,尽量在雨停后对外部进行一般的清洗,保持车身外表清洁干净。

(4)大雪过后,需要对外部进行一般的清洗,保持车身外表清洁干净。

2. 依行驶的路况来判断

（1）行驶在工地或行经工地时，车子一般都会被工地的污泥弄脏。如果车身被溅污泥，应立即使用大量清水清洗，以免泥污附着久了伤及烤漆。

（2）行驶在海岸有露水或有雾时，如驱车在海边垂钓过夜，因海水盐分重且又有湿重的露水、雾气，倘若回来没有用清水彻底清洗一番，则易使车身钣金因盐分而遭受腐蚀。

（3）行驶在山区有露水或有雾时，只要停车后，使用湿毛巾或湿布擦拭即可。

（4）特殊情形。如把车停在工地旁受工程所造成的水泥粉波及，或行驶中受工程单位粉刷天桥、路灯的油漆波及，或行驶中受道路维修工程的柏油波及，或行驶中受前方载运污泥车所掉的污泥波及，除了应立即用大量清水清洗外，对油漆、柏油类污物还要在打蜡中清除。

三、汽车清洗用品

1. 车表清洗剂的作用

汽车清洗剂是目前国内外大力推广的护理产品之一。汽车清洗剂具有以下作用：

（1）快速高效。采用去污能力强的清洗剂大大提高了清洗速度，并可将清洗和护理合二为一，减少了美容工序。同时，也增加了对车漆的护理，起到了车漆表面保护的作用。

（2）经济节能作用。1 kg 的清洗剂可代替 30 kg 的溶剂油，大大降低了汽车清洗费用。用清洗剂代替溶剂油清除油垢，减少了汽油和柴油的消耗。

（3）优质环保作用。用高效清洗剂不仅可干净彻底地清除各种污渍，而且对车身表面具有保护作用。采用环保型清洗剂清洗汽车，可减少对环境的污染。

2. 车表污染物

汽车车表的污染物主要是由尘土、泥水、油污等引起的。污垢包括外部沉积物、附着物、水垢、锈蚀和润滑残留物，它们往往具有很强的附着力，牢固地附着在车身及零部件的表面。

3. 清洗剂的除垢机理

清洗剂除垢，有以下五个过程：

（1）润湿。汽车清洗剂具有溶解性。当我们将清洗剂洒至车身时，清洗剂的溶解性令被清洗物的表面极易被清洗剂浸湿，并加快物质的溶解速度。清洗剂不但可以润湿污渍的表面，还可以深入污渍颗粒之间的细小空隙中，令污渍与汽车表面的结合力降低，直至污渍松动、被溶解。

（2）吸附。清洗剂中含有电解质，因此能形成无机离子吸附于污渍上，由此改变污渍的静电吸引力，令污渍松动，还能防止污渍的再次沉淀。

（3）增溶。能够令污渍溶解于清洗剂的溶液中。

（4）悬浮。清洗剂中含有表面活性物质，这些活性物质会在污渍表面形成定向排列的分子层，由此加强去污效果。

（5）去污。清洁结束，用清水将污渍冲离被清洁物体（车身）的表面。

4. 车表清洗剂的种类及选用

见表 5-1。

表 5-1 车表清洗剂的种类及选用

名称	实物图片	功能及选用
水溶性清洗剂		主要用于清除水溶性污垢。具有较强的浸润和溶解能力,不含有碱性,不仅能有效地清除一般污垢,而且对汽车车漆面有光泽保护作用。水溶性清洗剂要按一定比例和水混合使用。在冷却时洒在车身表面浸泡 3~4 min,能有效地溶解水溶性污垢。再冲洗车身,既能轻松地去除污垢又不伤车漆
有机性清洗剂		不溶于水的污垢应用有机清洗剂进行清洗。这种清洗剂主要用于去除车身表面的油脂或沥青污垢。使用时,应避免有机清洗剂喷触到塑料、橡胶等部件,因为有机清洗剂会腐蚀塑料和橡胶。同时,在使用过程中也要注意避免在明火附近使用,应在通风良好的地方使用
油脂性清洗剂		油脂性清洗剂又称去油剂,具有极强的去油功能,主要用于清洗发动机、制动系统、轮毂等油污较重的部位。目前,市场上有水质去油剂(安全、无害、成本低,但去油功能有限)、石化型去油剂(去油能力强,成本低,但易燃、有害)和天然型去油剂(去油功能强,无害,但成本高)三类
溶解性清洗剂		溶解性清洗剂简称"溶剂",溶解功能很强,不仅能清除车身上的焦油、沥青、鸟粪、树胶、漆点等非水溶性污垢,而且可用于开蜡,有些品种直接取名为开蜡水
多功能清洗剂		主要用于清洗汽车表面灰尘、油污等,清洗的同时进行漆面护理。常见的有二合一清洗剂(水蜡)和汽车清洗香波。二合一清洗剂既有清洗功能,又有上蜡功效,能满足快速清洗兼打蜡的要求;清洗香波有汽车香波、洗车香波、清洁香波和电脑洗车用香波(高泡香波和高波水蜡或上蜡香波)等品种,具有性质温和、不破坏蜡膜、不腐蚀漆面、液体浓缩、泡沫丰富、使用成本低等特点

四、车表清洗的工具和设备

1. 清洗工具的种类及选用

见表5-2。

表5-2 车表清洗常用工具的种类及选用

名称	实物图片	功能及操作要求
毛巾		专业美容须准备多块毛巾,根据不同的擦拭地方可分为大毛巾、小毛巾、干毛巾等。大毛巾用于车身表面的手工清洗或擦拭;小毛巾用于擦拭车身凹槽、门边和内饰等部件的污垢;干毛巾用来进行第二次擦拭,防止车漆产生水斑
麂皮		洗完车后若水分还不干,用麂皮擦拭能迅速吸干水分。因为麂皮具有柔软、耐磨和防静电的特点,其还可以用于车身打蜡后将蜡抛出光泽。若用干毛巾擦拭易损伤漆膜
洗车手套		能擦灰除尘,中间为海绵,吸水好。清洗车时可先将水挤出,更加方便清洗。背部有一伸缩固定带,固定于手掌,更加人性化。用于汽车的清洗、护理,使用时不留划痕,不损伤漆面。抗磨、耐用,适用于各种车漆清洗以及实木、真皮表面去尘去污。非常适合车主日常洗车使用,还能更好地呵护双手
洗车拖把		采用特殊发泡聚氨酯和天然的木浆棉材料制作,柔软易用,擦洗光滑,吸水性强,可吸干水珠,快速洗净车身,不会产生划痕。其疏松的网状结构易于发泡,能在短时间内产生大量泡沫,清洗车身更容易
洗车海绵		具有柔软、弹性好、吸水性强和藏土能力较好等优点,有粗、软海绵之分。软海绵通用于车身清洗,能保护车漆和提高清洗效率;粗海绵用于去除较强的污垢或清洗轮胎。使用时不要将软、粗海绵共用一个装洗设备
板刷		用于车身橡胶条、保险杠、轮胎、轮毂等难清洗部位的清洗

续表 5-2

名称	实物图片	功能及操作要求
喷水壶		多为手压式。盛放调配好的洗车液,通过调节喷头可控制喷出水珠的大小,形成雾状喷洒。用于车表精洗遗漏部位,以及车轮和保险杠等难清洗部位的清洗。也可用于清洗内饰,其还是粘贴太阳膜必备的工具
水桶		种类比较多,大小不定,选择适合自己的就行。主要用于盛装清水,清洁洗车用品如麂皮、毛巾、手套、板刷等
刮水板		刮水板有塑料刮板和橡胶刮板之分,用于清洁车窗玻璃,除去车身水分,方便快捷,不损漆面
洗车泥		对于一些连海绵或清洗剂都无法清洗的沥青或化学尘粒,可用洗车泥先湿润后配合喷水,在污垢上来回缓慢擦拭,即可去除车膜上此类异物
吹枪		用于清洗工艺的吹干工序,主要用于吹出车身缝隙、前后保险杠、车门把、车牌照、后视镜车灯等处的水珠

2. 清洗设备的种类及选用

如今,在进行车辆清洁时,一般采用专用设备,清洁效率较高,清洁质量优良。常见的专用清洗设备有高压冷(热)水清洗机、电脑洗车机、高压冷水洗车机、泡沫机、脱水桶、蒸汽机等,部分常见设备的种类及选用见表 5-3。

表5-3 车表清洗设备的种类及选用

名称	实物图片	功能及操作要求
蒸汽机		蒸汽机通过加热产生足够压力和大量的蒸汽,配以清洗剂的作用将清洗、上光、打蜡一次性全部完成。按产汽原理分为锅炉产汽式和即热式;按加热方式分为电加热式和燃气加热式。适用于车辆外部清洗、车内干洗(去异味、灭菌、抗菌、消毒)和发动机清洗
泡沫机		利用压缩空气控制设备,将调配好的清洗液以泡沫状喷射到待清洗的汽车或物件上,具有压力稳定、流量大、操作简单、使用方便等优点。使用时,打开泡沫机的球阀,按比例加适量的清水和清洗剂,然后关好球阀、打开气阀,把压强调到0.2~0.4 MPa,打开喷射阀即可
移动式清洁机		移动式清洗机主要由电动机、水泵、水管喷枪和电源线等组成。移动式清洗机清洗质量较好,水柱可调节,设备投资少,但清洗时间长,耗水量大,属于机械化清洗
固定式清洁机		固定式清洗机一般都是利用电脑控制毛刷和高压水来清洗汽车。其主要由控制系统、电路、气路、水路和机械结构构成。固定式清洗机具有操作简单、美观大方、对车漆损伤小等特点,近年来被广泛应用
脱水机		脱水机适用于麂皮、毛巾、坐垫、座套、地毯、柔软装饰物,及抹布等软性物件的脱水和快速抛干

五、车表清洗的工艺

1. 车表清洗的工艺条件

（1）清洗剂的温度。清洗剂温度越高，其去垢能力越强。不过若温度过高，则会造成汽车表面漆层发软。对于日常保养中的汽车冲洗，清洗剂使用于汽车表面时，以 30～40 ℃为宜。对清洗剂进行加温时，需要根据管路的长短及当时大气温度来决定，一般冬季加温温度相对略高，夏季相对略低。在使用清洗剂清洗汽车之前，可先用温水对被清洗表面进行冲洗，这样不但可以提高清洗效果，还能节省清洗剂用量。

（2）清洗剂的浓度。通常情况下，清洗剂浓度越高，去垢效率越高。不过若浓度过大，则会对漆层产生破坏作用，对有色金属造成不利影响。清洗剂溶液对漆层的影响程度可用清洗剂的 pH 值来确认。当溶液的 pH 值增大时，其碱性变强，去垢能力增加，但会对漆层产生不利影响；中性溶液对漆层无害，但去垢能力有所欠缺。一般来说，pH 值在 7.5 至 8.0 的弱碱性清洗剂，既可以保证去垢效果，又能保证漆层不受影响。

（3）冲洗压强。冲洗水枪压强不宜过高，一般不宜高于 0.7 MPa。浸湿和冲洗工序的压强一般在 0.2～0.4 MPa，在冲洗漆面和玻璃时，使用的压强要低一些。冲洗底盘可适当增加压强，底盘形状较为复杂，且油泥污垢更多，压强过低则难以将污垢冲净。

（4）清洗剂对污垢的作用时间。对外表面的冲洗，一般来说只需要 3～5 s，对底盘的冲洗则需要 5～10 s，个别地方如一些形状复杂的深孔、拐角，其冲洗时间则可延长至 10 s 以上。在冲洗外表面时，冲洗时间不宜过长，长时间的冲洗会造成局部漆层变软，还可能在汽车表面形成一层难以冲洗掉的薄膜痕迹。冲洗过程中应尽量保证各处的冲洗时间相近，冲洗时还需要按照一定的方向顺序进行。

（5）机械作业强度和性质。在冲洗过程中，绝大多数干燥性的污垢都会被水冲洗干净。不过，具有黏滞性的污垢往往在使用清洗剂溶液冲洗之后，还要用手工或专用清洗工具进行刷洗。

（6）气温对清洗质量的影响。在温度较低的冬季清洗汽车，可能会因水结冰而引起漆膜开裂。因此，在这种天气环境下，应将车在室内停留 5～10 min 后再进行清洗，最好用加温的水进行冲洗，并且在冲洗完毕后，立刻用抹布擦干。此外，气温很高的夏季，不宜在强烈的日照下清洗汽车，水分的快速蒸发会在车身表面形成干燥的水珠污迹。最好在有遮蔽的环境下进行清洗，这对轿车外观的保养尤为重要。

2. 车表清洗的方法

常见的车表清洗方法主要有手工擦洗法、手工冲洗法、高压水枪清洗法和电动洗车法等。清洗模式又有车身去静电清洗、车身去膜清洗、车身除蜡（脱蜡）清洗、车身增艳清洗、新车开蜡清洗、节水型清洗。而节水型清洗又有循环水洗车、无水洗车（微水洗车、化学洗车或药水洗车）、保护釉洗车、蒸汽节能洗车等。

（1）车身清洗原则。冲洗车身应遵循自上而下、先前后尾、顺时针清洗的顺序。这样既可使污物由上而下流出，又可减少遗漏情况的发生。清洗操作可一人、两人或多人进行，但最好两人相互配合进行，以保证工作速度和质量。

（2）清洗前的检查。清洗前由操作者引导车主把待洗车辆开到洗车位置停放平稳，发动机熄火，拉起驻车制动器，关好车窗和车门，车内不能留人。然后与接待员、车主一起检查车辆，分析污渍性质，确定清洗模式，明确对该车应采用的清洗工艺。

3. 人工清洗的工艺流程

（1）冲淋。将服务车辆停放平稳后，用高压水冲去车身污物，顺序自上而下，整个过程当中始终由一个方向向另一边的斜下方冲洗，尽量避免正面或反向冲洗，以免将泥沙冲回已经冲洗干净的部位。冲洗车时，不可忽视的部位是车身的下部及底部，因为大量的泥沙和污物一般都聚集在这些部位，如果稍不注意就会遗留下泥沙等物质。这样，在进行下面的擦洗工序时就会划伤漆面。因此，必须尽可能地冲洗掉车身下部及车底的大颗粒泥沙。

（2）发泡。车身泡沫浴，将洗车液用泡沫清洗机按冲洗顺序均匀喷洒在车身表面。

（3）擦拭。用手持海绵、手套或拖把按照从上到下的顺序擦洗车身。擦洗时，应注意全车的每个角落都要细致认真地进行擦洗，同时注意车身表面有些冲洗不掉的附着物，不可用力猛擦，以免损坏车身漆面。对于那些像焦油、沥青等顽固污渍，应使用专用溶剂来清洗。

（4）冲洗。擦拭完毕后，冲洗车身，顺序同冲淋一样，但应以车顶、车身上部和中部为重点。因为冲淋时已经将车身下部冲洗得比较干净并进行了擦洗。这时的冲洗主要应为冲洗车身中部以上的部位，向下流动的水基本能够将车身下部及底部冲洗干净，所以车身下部和底部一带而过即可。

（5）擦干。用半湿性大毛巾将整个车身从前至后先预擦一遍（初吸水分），待车身中部及下部大部分水分被吸干之后，用干毛巾分区（将车表面分为两部分共21个区域）细擦一遍，要求擦干所留下的水痕。经过"一湿一干"两遍抹擦之后，车身应不留水痕而且十分干净。擦车时，应注意检查洗车工序中容易遗漏的部位，如刮水器安装部位、车身底部等。

（6）吹干。有些地方在擦车时不容易擦干，如发动机盖边沿及内侧、车门边缘内侧、车门把手内侧、后备厢边沿内侧、油箱盖内侧等凹进去的地方，这时要用压缩空气来进行吹干。操作时可一手拿着压缩空气枪，一手拿着干净抹布，边吹边抹，直到吹干为止。

（7）擦亮。用浸泡后拧干的麂皮擦亮汽车被清洗的各个部位，使汽车外表显得格外洁净，涂面、玻璃和金属件光泽柔和闪亮。操作者边擦边观察，注意麂皮一定要洗净拧干再擦。

4. 表面顽固污渍的清除

汽车行驶时有可能粘上焦油、沥青等污物，如果没有及时清洗，其长时间附着在漆面上，会形成顽固的污斑。使用普通的清洗液一般难以清除干净，可以采用如下方法处理：

（1）焦油去除剂清除。焦油去除剂是汽车美容的常用产品，主要用于沥青、焦油等有机物的清洁。使用焦油去除剂，既可有效溶解顽固污物，又不会对漆面造成损伤。在沥青、焦油等顽固污渍的清除作业中，最好选用专用产品。

（2）有机溶剂清除。如果没有专用的焦油去除剂，可选用有机溶剂，但选用时一定要注意不可选用对车漆有溶解作用的有机溶剂，如含醇类、苯类的有机溶剂，松节水，等。一般可用汽油浸润后，擦拭清除。

（3）抛光机清除。使用抛光机清除时可加入适当的研磨剂，也能有效地去除附着在车表的沥青、焦油等顽迹。但操作时要注意抛光机的使用，注意选择抛光机的转速和抛光盘的材质，避免抛光过度，得不偿失。

5. 表面清洗的注意事项

（1）洗车时，应选用专用洗车液，任何车身漆面均不能用洗衣粉、洗洁精等含碱性成分的普通洗涤用品，以免使车身漆面失去光泽，甚至使车漆干裂，造成不可挽回的损失。

（2）洗车时，最好使用软水，尽量避免使用含矿物质较多的硬水，以免车身干燥后留下痕迹。

（3）在进行冲车时，水压不宜太高，喷嘴与车身应保持一定的距离。

（4）洗车各工序都应遵循由上到下的原则。

（5）擦洗车身漆面时，应使用软毛巾或海绵，并检查其中是否裹有硬质颗粒，以免划伤漆面。

（6）车身粘有沥青、油渍等污物时，要及时用专用清洗剂进行清洗。

（7）洗车时，应进行最后一道吹干工序，不能省略。车身的缝隙之间、标志缝隙间的水滴如果不吹干的话，久了将会形成顽固的水垢，难以去除。

（8）不要在阳光直照下洗车，以免车表水滴干燥后留下斑点，影响清洗效果。

（9）若发动机罩还有余热，应待冷却后再进行清洗，防止温差太大伤及漆层。

（10）北方严寒季节不要在室外洗车，以防水滴在车身上结冰，造成漆层破裂。

六、专业设备清洗

专用汽车清洗设备可分为半自动和全自动两种。驾驶员只须将待洗的汽车驶入画有洗车线的车道中，熄灭发动机，拉紧驻车制动，紧闭车门、车窗。半自动清洗设备，需要人工操作洗车机上的功能按钮；全自动清洗设备，只要按下机器上的启动按钮即可全程操作。

1. 蒸汽洗车

目前，市场上出现一种一杯水能洗一辆车的蒸汽洗车机。这种从韩国引进的集清洗、打蜡、保养于一体的蒸汽洗车机，旨在从根本上改变现有落后的洗车方式，从而给洗车行业带来一场前所未有的产业革命，如图5-1所示。蒸汽洗车主要有七大优点。

图5-1 蒸汽洗车机及洗车场景

(1) 绿色环保：使用蒸汽洗车对周围环境绝无污染，洗车是在雾状下进行的，洗完后场地仍旧干净整洁，对保护市容市貌、改善生态环境具有重要意义。

(2) 节水：使用蒸汽洗车，每辆车仅用水 0.3～0.5 kg，耗水量仅为传统水洗方式的 0.1%。

(3) 节能：使用蒸汽洗车，每辆车仅用电 0.4 kW/h。

(4) 高效：该机器采用特殊清洁剂、上光剂和高档车布，清洁、护理一次完成。

(5) 快捷：使用蒸汽洗车，每洗一辆车用时 5～10 min，人员 1～2 人。

(6) 方便：使用蒸汽洗车，无须专门店面场地，可流动作业、上门服务。

(7) 干净：使用蒸汽洗车，无论是尘土还是油污都能洗净。

2. 干洗保护釉洗车（无水洗车）

干洗保护釉内含有清洁剂、润滑剂、保护釉三大类物质。清洗流程与原理：呈雾状喷射到车表面的干洗保护釉，把所有能接触到的污物和车表面加以覆盖；在清洁剂的作用下，车表面污渍被软化，并在保护釉的包裹下变成无数小型珠粒，保护釉同时把车表面加以覆盖，在珠粒与车表面保护釉之间的润滑剂起到减少摩擦的作用；珠粒状的污渍在干毛巾的吸水引导下，被毛巾带离车表面；车表面只剩下凹凸不平的保护釉及少量润滑剂；用另一干毛巾擦拭后，去除润滑剂，留下的就是有相当硬度的耐磨、防水、防尘、防晒的保护釉。

干洗保护釉不与污渍起任何化学反应，它所含的高度润滑配方与高度反光因子不会破坏车漆，使用后的车身整洁干净、光亮如新。保护釉对车表面的保护期长达 30 天。

任务 2　汽车玻璃的清洁维护

一、汽车玻璃

现代轿车外形的发展变化和玻璃工艺的进步密切相关，制造厂商通常从汽车的安全性和外观美化角度来研发汽车玻璃，在此基础上推出新的品种。

1. 汽车玻璃的选用标准

常见的汽车一般采用硅玻璃，这种玻璃的主要成分是含量超过 70% 的二氧化硅，其余成分还有氧化钠、氧化钙、镁等。硅玻璃一般采用浮法工艺制成。制作过程中，材料加热到 1500 ℃ 时会发生熔化，溶液通过 1300 ℃ 左右的精炼区时浇注至悬浮槽上，冷却至 600 ℃ 左右，在此阶段能够形成质量优异而平行的两面平面体，通过冷却区域后，形成玻璃，并被切割成各种尺寸。玻璃被进一步加工成钢化玻璃和夹层玻璃，加工完成的合格成品汽车玻璃从外观上来看，没有明显的气泡与划痕。

2. 前风挡玻璃

前风挡玻璃是汽车玻璃美容的首要对象。很多轿车的风挡玻璃还会进行镀膜，采用反射涂层工艺或通过改善玻璃成分，抵挡日光中的紫外线和红外线，只令太阳的可见光射入车厢内。这样一来，可以很大程度减轻司机与乘客们所受的灼照之苦。

3. 汽车玻璃的种类

随着汽车玻璃技术的不断提升，具有不同功能的新型汽车玻璃相继问世，接下来介绍几种在汽车上使用的特殊类型玻璃。

(1) 中空玻璃：中空玻璃是由两片或多片浮法玻璃组合而成，玻璃片之间夹有填充了干燥剂的铝合金隔框，用基胶粘接密封后，再用聚硫胶或结构胶密封。

(2) 包边玻璃：包边玻璃是汽车安全玻璃的总成化产品。玻璃包边设计不仅体现了汽车厂家对审美的要求，同时也使玻璃与车体更紧密地结合在一起，具有提高汽车生产线装配效率、缩短装配周期和增强玻璃强度、提高密封性、降低噪声等优点。

(3) 防弹玻璃：防弹玻璃是由三层以上的玻璃与PVB胶片组合所产生的夹层玻璃，可以成功地抵御子弹的穿透及子弹击碎的玻璃碎片的伤害。

(4) 憎水玻璃：使用憎水玻璃，在下雨时，雨水会迅速从上方滑出风窗玻璃的范围，可以增加驾驶者的视野，减少事故的发生。

(5) 天线玻璃：天线玻璃是在玻璃夹层中夹有很细的铜丝，用以取代拉杆天线，可以避免天线拉杆拉进拉出的麻烦。

二、汽车玻璃清洁类别

常见的汽车玻璃清洁主要有汽车玻璃专业清洁处理、汽车玻璃防雾防水处理、汽车玻璃抛光镀膜处理。

对应上述汽车玻璃清洁类型，所需要的汽车玻璃清洁用品主要包括玻璃清洁剂、汽车玻璃防雾剂、玻璃防雨（驱水）剂、玻璃抛光剂等产品，见表5-4。

表5-4 汽车玻璃的清洁防护用品

类型	品名	产品包装	产品性能及功能
汽车玻璃清洗剂	美国龟博士白金高纯玻璃液		含有油脂速溶剂和表面活性剂，可快速去除玻璃表面污垢，可使玻璃达到最佳光泽效果和清洁效果 使用方法：摇匀本品，将液体涂于或以雾状喷于物体表面，用干毛巾擦拭均匀即可
汽车玻璃清洗液	美国牛魔王汽车玻璃清洁液		从根部护理漆面，渗透漆孔，润泽去污，展现车体明艳光泽。能抵抗各种外界侵蚀，更独有3M专利THV材料，使釉层耐用持久
汽车玻璃防雾剂	日本Carmate（快美特）汽车玻璃防雾剂		(1) 专门针对因温差变化致使玻璃表面出现的雾珠现象，具有卓越的防雾效果，冬天、雨天必备 (2) 无磷环保，效果持久，适合各种玻璃制品 (3) 轻轻一擦即可防止雾产生，玻璃干净透明，视野清晰

续表 5-4

类型	品名	产品包装	产品性能及功能
汽车玻璃驱水剂	日本快美特汽车玻璃驱水剂		本品能有效防止因温差变化致使玻璃表面出现雾珠，使用后，风挡玻璃更加干净、清晰、透明。特别适合于冬季、雨天使用 使用说明： (1) 彻底清除玻璃上的脏物 (2) 摇匀液体，取出外盖，将擦头靠在玻璃上，挤出少量液体 (3) 将擦头在玻璃表面以打圈的方式均匀而不留缝隙地涂满 (4) 约 5 min 后，使用拧干的湿毛巾擦拭玻璃表面
玻璃抛光剂	德国 Sonax 汽车有机玻璃抛光剂		本品采用环保配方，适用于所有的有机玻璃及灯罩、塑料件的抛光护理，能迅速去除玻璃上的细微划痕，同时在玻璃表面形成一层保护膜，令玻璃光泽明亮。其气味清新，不含任何有害成分，对人体健康无任何不良影响 使用说明： (1) 使用前摇匀本品 (2) 使用干燥的微纤维布或海绵将本品均匀地涂抹在玻璃表面 (3) 稍等片刻，用干燥的微纤维布或海绵擦拭干净即可 (4) 既可做手工抛光，也可使用玻璃抛光机进行机抛

1. 汽车玻璃专业清洁处理

汽车玻璃专业清洁处理是指通过专用汽车玻璃清洗剂，按规范操作工艺对汽车玻璃进行针对性的清洗作业，它有别于普通的泡沫清洗。

汽车玻璃专业清洁操作工艺流程如下：

(1) 香波全车清洗：用洗车香波清洗车身，玻璃上附着的沙粒、尘土等污物在浸润后被高压水流冲掉。如果只清洁玻璃，可先在玻璃上喷洒清水，用手触摸，若感触有较大尘粒，可用专用塑料刮刀将其刮除干净，如图 5-2 所示。

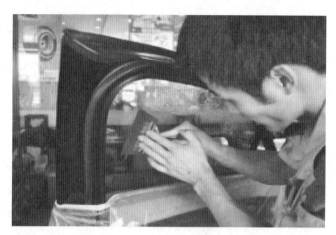

图 5-2 玻璃清洗

（2）专业清洗：用海绵蘸上适量玻璃清洁剂，均匀地擦拭玻璃的内外表面，静置一段时间，待已擦拭的表面变白后，再用干净柔软的棉布擦拭，去除表面尘污，如图 5-3 所示。

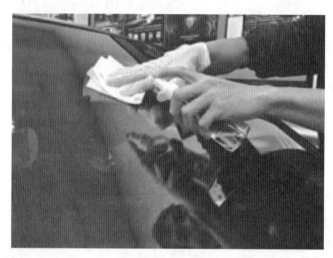

图 5-3 专业清洗

（3）清洗前风挡玻璃：将风挡玻璃抛光剂涂满整个玻璃，稍待片刻，再用干净软布做直线擦拭，直到将玻璃擦亮。

（4）清洗后风挡玻璃：后风挡玻璃内侧因有防雾除霜栅格，所以不能用风挡玻璃抛光剂处理。清洁后风挡玻璃时千万要小心，不可破坏防雾栅格，只能用软布配合玻璃清洁剂横向仔细擦拭。

提示：玻璃的内侧和外侧都必须擦拭干净，防雾除霜栅格必须横向擦拭，不然容易弄断电热线材。

（5）玻璃清洁装置保养：检查汽车玻璃清洁装置，拨动雨刮开关至风窗清洗挡，重点检查喷水器工作情况，观察喷水时的水流形状及喷射力情况，观察雨刮条与玻璃面的贴合情况及雨水印迹，若存在问题应及时修理或更换；检查刮水器储水箱储水情况，按比例加入适量雨刮精（玻璃保护剂）及清水。

2. 汽车玻璃防雾防水处理

汽车前风挡玻璃起雾会严重地影响正常驾驶，同时倒车后视镜起雾珠也会影响汽车正常行驶，因此，对汽车玻璃做防雾防水处理是非常必要的。其操作主要是通过喷洒或擦拭汽车玻璃防雾剂、驱水剂等产品于已清洁的玻璃表面，就可实现防雾驱水效果。

汽车玻璃防雾防水操作工艺流程如下：

（1）清洁玻璃：将玻璃清洁干净。

（2）准备驱水剂：将汽车玻璃驱水剂左右晃动，摇匀液体，取出外盖，即可见软质擦头及出溶剂口，如图5-4所示。

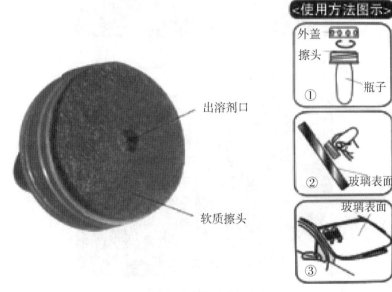

图5-4 汽车玻璃驱水剂

（3）擦拭驱水剂：将擦头靠在玻璃上，挤出少量液体，将擦头在玻璃表面以打圈的方式均匀而不留缝隙地涂满，操作如图5-5所示。

图5-5 驱水剂擦拭操作

(4) 毛巾擦拭：约 5 min 后，使用已拧干的湿毛巾擦拭玻璃表面，即完成全部驱水处理作业，驱水效果如图 5-6 所示。

使用过驱水剂之后的效果　　未使用过

图 5-6　驱水效果对比

注意：有些玻璃防水产品是通过喷洒的方式来实施的，其操作要点是将产品摇匀后在距离玻璃 10～15 cm 处喷于玻璃外表面，等待 2～5 min 后用干的无纺毛巾以画圈的方式轻轻擦拭擦干。

(5) 防雾处理：①将待处理的汽车玻璃内侧表面清洁干净。②将玻璃防雾剂摇匀后在距离玻璃 10～15 cm 处喷于玻璃内表面，等待 2～5 min 后用干的无纺毛巾以画圈的方式轻轻擦拭擦干。作业后与蒸汽喷熏玻璃表面后的效果对比，如图 5-7 所示。

3. 汽车玻璃抛光镀膜处理

玻璃镀膜是指，在汽车的前风挡玻璃及车身玻璃上涂抹一层镀膜液，由此增强风挡玻璃的拨水性，令玻璃在雨中不易挂水，尤其是在高速行驶时，可以提升雨天驾驶的安全性，减少雨刮器的使用频次。此外，镀膜处理令玻璃不易沾上泥土，能有效维持玻璃的清透。

汽车玻璃抛光镀膜，是指对玻璃的氧化层进行抛光处理，为保护其抛光效果的持续性，还必须进行镀膜处理，这样还能提高玻璃的装饰效果。

图 5-7　防雾效果对比

在进行玻璃抛光镀膜时，要用到玻璃抛光机。玻璃抛光机是一种气动设备，如图 5-8 所示。

图 5-8　玻璃抛光机

玻璃抛光机也被称为玻璃抛光辊，其工作原理是在玻璃专用抛光剂的共同作用下，用于研磨和抛光玻璃的表面，从而消除划痕和氧化层，令玻璃恢复平整和光泽。玻璃抛光机转速较高，一般达到 10000 r/min。在进行玻璃抛光时，以 F 形把手单手作业的迷你型抛光机最为适合，其操作轻松且快捷方便，仅需两次即可完成磨削厚度相异的玻璃直边、圆边、异形边的抛光工作。

汽车玻璃抛光镀膜操作工艺流程如下：

（1）清洁玻璃：将玻璃清洁干净。

（2）遮盖：为了避免在作业过程中对车身漆面造成伤害，应在车舷板左右部位铺上大毛巾，如图 5-9 所示。

（3）用洗车泥清除微粒：一般清洗很难去除的肉眼看不清楚的微粒，必须利用洗车泥的黏性将玻璃面上的微粒去除。操作时可按横—纵—横的方向进行移动。操作时要注

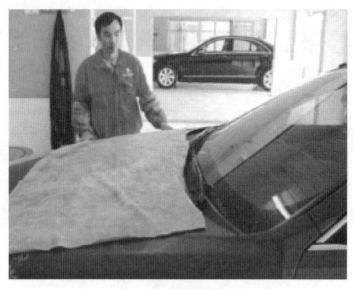

图5-9 车漆防护

意,由于洗车泥黏性较大,所以不可用画圆的方式进行移动,不可用力过大,每次操作面积也不能过大。操作完后用麂皮擦拭水分。

(4) 抛光打底处理:经过上面几道工序处理,玻璃已经洁净了。为了去除玻璃本身长时间使用留下的不平整,以利于其后的镀膜、贴膜效果,故需要进行打底处理。应准备的用品是玻璃专用研磨剂,工具是抛光机及喷雾器。

具体操作步骤是:

步骤1:先将少许玻璃专用研磨剂涂在抛光机底板表面上。

步骤2:用喷雾器在玻璃的表面喷洒一层薄水雾,然后将抛光辊放在玻璃上开始研磨,如图5-10所示。

图5-10 玻璃研磨

注意：研磨时应使研磨剂均匀地涂布在一定区域的面积上，逐步将每个细分区域打磨完。抛光辊应按横—纵—横的方式不停地打磨，并适时用喷雾器在玻璃面上喷洒一层水雾，避免干磨。

步骤3：研磨作业完成后，用干净的湿毛巾将研磨剂全部擦拭干净，并用大量清水结合海绵冲洗干净，用毛巾拭干水分，特别是边框处可用气枪吹干。

（5）玻璃镀膜：玻璃镀膜分三步，即基层镀膜、外层镀膜及检验。

第一步：基层镀膜，有两道工序。第一道工序为涂布。方法是将一块干净的纯棉毛巾将块状海绵平整地包裹好，在涂布的工作面上滴入适量基层镀膜剂，然后从玻璃左边开始上下往复直接涂布，然后涂布玻璃右边。第一次涂布完成后，更换新的毛巾，进行第二次涂布，路线一样。第二道工序为干燥。干燥时间须依据操作室室温而定，一般是在启动防霜器的情况下，不达10 ℃时需要干燥15 min，10～30 ℃时干燥时间为5 min，30 ℃以上时，不需要防霜器，直接采用自然干燥，时间仅为5 min。

第二步：外层镀膜。涂布的操作方法与基层镀膜基本相同，不同之处是将外层镀膜剂A种液与B种液等量喷涂于新换的毛巾上，然后进行涂布。

外层镀膜涂布完成后，应静置2～3 min，使其自然干燥。若温度较低、湿度较重可以采用电吹风对其进行干燥。干燥完成后，使用湿毛巾对外层镀膜进行擦拭，确保镀膜面的清洁。

第三步：泼水检查。镀膜作业全部完成后，可对镀膜效果进行检测，一般通过泼水方式来检测。将水以较低水压喷洒在玻璃上，如果玻璃表面拨水性良好，且玻璃上附着的水分呈水珠状，说明镀膜效果良好。反之，如果水分贴着玻璃流动，即存在亲水状部分，则说明此部分镀膜不佳，可将水擦拭干净，重新镀膜。

（6）验收：检验标准是玻璃无污物、无泥点，光泽好，触摸光滑无粗糙感，泼水效果明显，无亲水小板块出现。

提示：贴有防爆太阳膜的玻璃，有些只能用玻璃清洁剂处理贴膜面，不能用风挡玻璃抛光剂，不然不但不能清洁玻璃，反而会将膜面擦出划痕，影响采光效果。玻璃外侧和倒车镜可以采用风挡玻璃抛光剂进行处理，效果更加理想。

任务3　打蜡与抛光

汽车漆面打蜡与抛光是在车漆表面涂上一层蜡质保护层后，再将车蜡抛出光泽的护理作业。

一、车蜡的作用

汽车漆膜表面打蜡后，蜡质在漆膜表面干燥后会形成一层薄的保护膜，该保护膜可以反射阳光中的紫外线，降低其对漆膜的破坏。蜡质的光滑度能有效防止水分子对涂膜的渗透并具有抗污能力，蜡膜的光泽能提高涂膜的光泽度与丰满度。

1. 上光

上光是车蜡的最基本作用，经过打蜡可改善车身表面光亮程度，使车身恢复亮丽本色。

2. 隔离

上蜡犹如给经常在复杂环境下工作的汽车披上一层外衣，起防水、防风沙、防尘、防划伤等作用。汽车经常暴露在空气中，免不了受风吹雨淋，当水滴存留在车身表面而天气转晴时，在强烈的阳光照射下，每个小水滴就是一个凸透镜，形成聚焦效应，焦点处温度可达 800～1000 ℃，会灼烧漆面形成暗斑，影响漆面质量及使用寿命。同时，水滴易使暴露的金属表面产生锈蚀。

另外，有害气体和有害灰尘会造成车漆变色和老化。车蜡可在车漆与大气之间形成一层保护层，将车漆与有害气体、有害灰尘有效地隔离，起到一种"屏蔽"的作用。车蜡可使车身表面的水滴附着减少 60%～90%，高档车蜡还可使残留在漆面上的水滴平展，呈扁平状，最大限度地减少了水滴对阳光的聚焦，大大降低了车身遭受侵蚀的可能性，使车漆得到保护。

3. 抗高温

车蜡可以对来自不同方向的入射光产生有效反射，防止入射光使漆面老化、变色。

4. 防静电

汽车静电的产生，一是来自纤维织物，如地毯、座椅、衣物等，二是来自汽车行驶过程中，空气中的尘埃与车身金属表面相互摩擦，形成的难以清洗的交通膜。无论是哪种原因产生的静电，都会给乘员带来诸多不便，甚至造成伤害。车蜡防静电作用的原理是隔断尘埃与车身表面金属的摩擦。由于涂覆蜡层的厚度及车蜡本身附着能力的不同，不同车蜡的防静电作用有一定的差别，防静电车蜡在阻断尘埃与漆面摩擦的能力方面优于普通车蜡。

5. 防紫外线

车蜡防紫外线作用与抗高温作用是并行的。紫外线的特性决定了紫外线较易于折射进入漆面。防紫外线车蜡充分考虑了紫外线的特性，可以最大限度地降低紫外线对车身表面的侵害。

6. 研磨抛光作用

含研磨材料的车蜡还具有抛光作用，可改善漆面的光洁程度。

二、车蜡的种类

汽车车蜡按其主要功能分为上光蜡和抛光研磨蜡两种。国产上光蜡的主要添加成分为蜂蜡、松节油等，其外观多为白色或乳白色，主要用于喷漆作业中的表面上光。国产抛光研磨蜡主要添加成分为地蜡、硅藻土、氧化铝、矿物油、乳化剂等，颜色有浅灰色、灰色、乳黄色、黄褐色等多种，主要用于浅划痕处理及漆膜磨平作业，以清除浅划痕、橘纹、填平细小针孔等。

根据车蜡装饰效果不同分类，可分为无色上光蜡和有色上光蜡。无色上光蜡主要以增光为主，有色上光蜡主要以增色为主。

根据车蜡生产国别不同分类，大体分为国产蜡和进口蜡。目前，国产汽车蜡基本上都是低档蜡，绝大部分中高档汽车蜡为进口蜡。常见进口车蜡多来自美国、英国、日本、荷兰等国，例如美国龟博士系列车蜡、英国特使系列车蜡、美国的普乐系列车蜡等。国产车蜡最常用的有即时抛等。

根据车蜡物理状态不同分类，可分为固体蜡、半固态蜡、液体蜡和喷雾蜡四种。这些汽车蜡的黏度越大，光泽越艳丽、持久性越强，但去污性越弱，而且打蜡操作越费力。相反，黏度越小的汽车蜡越便于使用，但持久性越弱。

三、打蜡与抛光的工具及设备

上蜡作业所用到的工具与设备比较少，如果是手工上蜡，只需要不脱毛的纯棉毛巾及打蜡海绵，如果是机械上蜡则需要打蜡机。

打蜡机是把车蜡打在漆面上，并将其抛出光泽的设备。打蜡机以椭圆形旋转，类似卫星绕地球的旋转轨道，故称轨道打蜡机（见图5-11）。轨道打蜡机具有重量轻、做工细、转盘面积大、操作便利等特点。转盘直径有203.2 mm（8英寸）、254 mm（10英寸）和304.8 mm（12英寸）三种。

图 5-11 轨道打蜡机及盘套

1. 打蜡机的种类

轨道打蜡机型号很多，样式不一，大致可分为普通轨道打蜡机和离心式轨道打蜡机。普通轨道打蜡机具有转盘较小，使用材料较差，扶把位置不容易平衡等缺点。离心式轨道打蜡机的动作是靠一种离心式的、无规律的轨道旋转来完成的。这种旋转方式模拟人手工操作，但比手工操作要快得多。

2. 配套材料

轨道式打蜡机的配套材料主要指打蜡盘的各种盘套。打蜡机使用固定的打蜡盘，但盘套却有下列选择：

（1）打蜡盘套。打蜡盘套的作用是把蜡涂在车体上。其结构为外层是毛巾套，底层是皮革，皮革起防渗作用。

（2）抛蜡盘套。抛蜡盘套的作用是将蜡抛出光泽。其材料有三种：一是全棉制品；二是全毛或混纺制品；三是海绵制品。

目前使用最广泛的是全棉盘套，应选择针织密集而且线绒较多的全棉盘套，要有柔和感，越柔和就越能减少发丝划痕，越能把蜡的光泽和深度抛出来。全棉盘套不宜反复使用,很多专业人员打蜡一辆车要换一个新的。即使不换新的,旧的也一定要洗干净,清洗时要使用柔和剂,否则晒干后盘套会发硬。最好是用防静电方式烘干盘套。

3. 利用打蜡机打蜡抛光

(1) 清洁:在给车身涂蜡时,一定要先进行表面清洗,确保表面清洁。因为车身表面若有灰尘,涂蜡后,在抛光时就会把灰尘挤进涂层,或在车身表面起研磨作用,划伤或磨花表面涂膜。

(2) 打蜡:目前的车蜡多为液体蜡,使用前将其摇晃均匀,将少许倒入湿布或海绵上小面积旋转,在车身涂层表面擦拭。上完蜡后,等待几分钟时间,待车蜡凝固。

(3) 擦干:稍干后,使用软洁布反复擦干即可。

(4) 抛光:用抛光机及海绵垫对整个打蜡表面进行仔细抛光。打开打蜡机,将其轻放在车体上横向(或纵向)进行覆盖式抛光(如图5-12、图5-13所示),直至光泽令人满意为止。

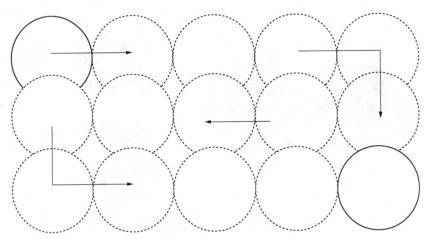

图 5-12　打蜡机的抛光路线

图 5-13　机械抛蜡操作

(5) 擦净:用软毛巾将表面的抛光粉末擦拭干净。

四、注意事项

汽车打蜡的质量,不但同车蜡的品质有关,而且同打蜡作业方法关系密切。要做到正

确打蜡,应注意以下几点:

(1) 在上蜡作业中,绝对要防止烤漆面被刮伤,所以手表、戒指之类的物品最好全部拿下来。

(2) 打蜡作业环境清洁,有良好通风。

(3) 应在阴凉且无风沙处打蜡,避免车表温度高、车蜡附着能力下降,影响打蜡效果。沙尘若附着在车身上,极易产生划痕。

(4) 打蜡时,手工海绵及打蜡机海绵运行路线应该直线往复,不宜环形涂抹,防止由于涂层不均造成强烈的环状漫射;一次作业要连续完成,不可涂涂停停。

(5) 打蜡时应遵循先上后下的原则,即按车顶、前后盖板、车身侧面等的顺序涂抹。

(6) 打蜡时,若海绵上出现与车漆相同的颜色,可能是漆面已经破损,应立即停止,并进行修补处理。

(7) 涂蜡时尽量采用柔细的海绵或软质的不起毛的绒布或棉布进行均匀涂抹。

(8) 抛光作业要待上蜡完成后在规定时间内进行,且抛光运动也是直线往复。未抛光的车辆不允许上路行驶,否则再进行抛光,易造成漆面划伤。

(9) 不要往车窗和风窗玻璃上涂蜡,否则玻璃上形成的油膜很难擦干净。

(10) 抛光结束后,要仔细检查,清除厂牌、标识内空隙及钥匙孔周围、纤细的边缘或转角部分、铁板与铁板之间,以及橡胶制品的边条缝、车牌、车灯、门边等处残存的车蜡,防止产生腐蚀。

(11) 打蜡结束后,设备及用品要做适当清洁处理,妥善保存。

(12) 要掌握好打蜡的频率。由于汽车行驶及停放环境不同,打蜡间隔时间不可按部就班,但可以用手拭车身漆面,若无光滑感,就应该进行再次打蜡。

(13) 冬天容易产生静电,静电会引来灰尘,造成刮伤。可将高级衣物用的静电防止喷剂喷在擦车专用的棉布上,可有效防止静电的产生。

任务4 汽车车身清洁护理

一、车身胶质装配、装饰件的清洁

汽车车身胶质装配、装饰件包括前后保险杠、转向灯、后视镜座、尾灯总成及车身装饰胶条、前风窗玻璃下方的塑胶板等。这些胶质的装配、装饰件,也是决定车辆外观形象的重要一项。至于前照灯总成,因其由玻璃制成,清洁护理工艺参照车窗玻璃的护理方法。

车身胶质装配、装饰件与车身漆面的护理工艺有所不同,车身漆面应使用不含硅油的研磨抛光剂,以便车身漆面因意外受损时可以较快修补。含硅油的保护蜡只能使用于新车表面。干燥后的新车出厂时涂上含硅油的保护蜡后,按车身美容工艺的先后顺序,最终进行镜面釉处理。至于胶质件,可以大量使用专用化学合成剂清洁,要使它们看起来干净,必须连细微的部分都不能漏掉。清洁后可使用含硅油的仪表喷蜡、胶质件润光剂或洁护啫喱等。

施工方法：

取适量胶质件护理剂涂在干净抹布上，或将仪表喷蜡喷在抹布上，再用此抹布仔细擦拭胶质件表面，边打圈边擦拭，顽固污渍或凹凸表面可重复几个来回，直至物体表面呈现光泽。如将含硅油的清洁护理剂直接喷涂在胶质件上，一方面略嫌浪费，另一方面容易"超喷"，造成车身漆面与胶质件接触部分沾满含硅油的蜡剂，给以后的漆面修补造成诸多麻烦。

前挡风玻璃下方的塑胶板、转弯示灯、后视镜座、尾灯总成，及中网（车栅）等胶质装配装饰件及其周围，有很多细小部分及缝隙易存留上蜡残渣，应特别注意仔细清除。如果可以取下，可将其取下擦去污物，如有必要再打上保护蜡。

如果保险杠已经喷漆，可以用与车身漆面相同的清洁、上蜡方法进行打蜡抛光。

二、轮胎及轮毂的清洁护理

轮胎与轮毂是汽车较为引人注意的部位。汽车的轮胎与轮毂需要进行特殊的处理，才能与整个车身相匹配，并凸显汽车的明亮与光洁。

轮胎与轮毂脏污的主要原因是轮胎的老化变色、行驶与制动时扬起的灰尘与粉尘。

轮毂的主要问题表现为因空气与水之间的电化学作用而产生的氧化锈蚀。汽车的轮毂通常为两种材料：合金轮毂与钢制轮毂加合金轮毂。前者是一个整体，清洗起来相对简单，直接用轮毂清洁剂喷至其上，静置几分钟后，用清水冲洗即可，对于特别厚重的污渍可用毛刷刷除。后者的清洗必须使用毛刷进行，因为其钢制轮毂很容易沾染灰尘或油污。轮毂清洁剂不需要稀释使用，稀释反而会影响效果，有碍污垢的清除。

轮胎清洁工作相对简单。需要注意的是，轮胎上除了粘染灰尘和泥土，还有可能被一些酸性或碱性物质污染，这类污染难以用清水和普通清洁剂清洗。需要使用专用的轮胎清洁上光剂来清除渗进轮胎内部的酸性或碱性污染物以及其他有害物质，并给轮胎上光增黑。在进行清洗时，首先用高压水或人工将轮胎上的泥土洗净，擦干水后，直接喷涂轮胎清洁上光剂，等其自然晾干后，就会令轮胎产生自然光亮。若喷后再用毛刷或软布擦拭一遍，轮胎干后虽然不再具有光亮效果，但仍可达到翻新增黑的作用。

施工方法：

结合洗车步骤，在喷洒洗车清洁香波后，用稍软的刷子刷去车轮胎上的泥沙，尽可能不要擦到轮毂上。清洗轮毂时，采用柔软的毛刷或海绵进行擦拭，不要漏掉轮毂的叶片和辐条间隙。对于附着的沥青和焦油，可用专用清洁剂揩抹擦除。然后将呈乳状或泡沫状的轮胎清洁护理上光剂直接喷涂在轮胎上，轮胎上附着的脏污黏附物最后将随着泡沫一起脱落、消除，可等其自然晾干。有时为了进一步将脏物清除，会在泡沫消失后再次用水冲洗干净。轮毂若为喷漆表面，还可进行打磨抛光。

三、汽车底盘的清洁维护

汽车底部通常看不到，由于其位置特殊，车底挡泥板及车身下边缘的弯曲部极易堆积泥污、脏物，堆积附着物的水分又不容易蒸发，时间稍长不做清理则容易生锈、腐蚀。所以，汽车底盘的清洁维护也很重要。

施工方法：

将汽车用举升机抬举至工作高度，或者将汽车开到地沟槽平台上。没有举升机又没有地沟槽设施时，禁止操作人员使用千斤顶升起车身后即钻入车底下进行冲洗作业。

用高压水全面冲洗底盘，最好使用高压热水冲洗机来冲刷以去掉脏物，只用自来水很难冲洗干净。对边缘部分、弯曲部位、四轮的挡泥板等部位更应仔细冲洗，有时还必须配合使用较软的钢丝刷或铲刀来除去顽固残留脏物，但操作要小心，不要损伤保护涂层。

使用工作灯仔细检查车身底部和底盘、悬架等各处有无生锈。如果有生锈或有伤痕，用砂纸打磨去除浮渣、锈污，然后涂上防锈涂料和底盘沥青涂料。

有必要的话，还可对汽车底盘部位全面喷涂"粒粒胶"底盘喷涂保护剂。喷涂之前，应先拆下4只车轮，将轮毂、避振器、排气管、转向节等有相对运动的接合表面，以及其他不得喷涂的部分用防涂纸（报纸或塑胶薄膜等）进行覆盖遮蔽。只有待必要的防涂遮蔽工作完成后，才能开始进行喷涂"粒粒胶"等底盘喷涂作业。

四、发动机和发动机室的清洁维护

发动机（图5-14）是汽车的心脏，所以发动机和发动机室的清洁维护非常重要。许多人不重视发动机的清洗维护，认为发动机舱洗不洗没有关系，这种观点是错误的。换一个角度看，为什么高档汽车的发动机舱底部都有护板？因为护板可以杜绝泥沙进入发动机舱。所以，汽车维护得好不好，看看发动机就知道了。为了让汽车的心脏部分能良好地工作，对发动机进行专业的清洗是十分必要的。

图5-14 发动机

清洗发动机一定要到专业汽车美容店进行。清洁前必须将各种重要接头用薄膜包好，然后用专业的洗涤剂逐个部位进行清洗，再用清水洗净擦干，不能用高压水枪直接冲洗，最后应用各种橡胶件保护剂将发动机舱内各种橡胶上光保护起来才算完毕。

施工方法：

对于熔丝（配电）盒、发动机、汽车控制主电脑等，必须用塑胶薄膜覆盖、包裹，以免清洁作业时沾上水渍，造成电器损伤。

用发动机去污清洁剂喷涂整个发动机室及发动机各部位总成，细小部位须使用刷子刷，使脏物浮起，停留 3～5 min。

当清洁剂的泡沫开始消失时，用自来水或喷水枪仔细冲洗，务必彻底冲洗，使清洁剂不残留。

对于发动机上局部残留的顽固附着污物，可将化油器清洗剂喷涂在干净的抹布上，拿这块抹布去擦拭脏污处，揩抹干净后再喷涂发动机专用去污清洁剂，停留 3～5 min 后用水冲洗干净。

连接处的运动部位，使用清洁除锈剂（如 WD-40）来清洁、除污。必要时拆下油门拉线，将清洁除锈剂直接喷入拉线里面，然后来回拉动拉线进行清理，最后再注入发动机润滑油并且也来回拉几次，确认运作自如后重新装上即可。

发动机的电器部件，必要时可用电器元件专用清洁剂来清洁，作业中不须用水冲洗，只须擦干或任其自然干燥。清洁后再使用多功能防腐润滑剂喷涂一遍，使电器元件的接插头更具抗潮、避水、润滑等多项保护功能。

发动机室周围漆面清洗干净后，用抛光白蜡进行打蜡抛光。前挡风玻璃下方发动机盖与两前翼子板接合处的流水槽，大部分很脏，须清洁干净后打上蜡，作业中亦必须注意观察流水槽是否疏通。此外，副冷却水箱及雨刮水箱能简单地取下，这些部位也很脏，须做清洁后再打上蜡。

发动机盖内表面也必须清洁、打上蜡。线束或塑胶物件，还必须喷涂胶质件润光剂加以保护。蓄电池接线柱变旧会引起接触不良，拧紧接线箍后涂上润滑脂可防止氧化。

任务 5　特殊装饰效果

一、汽车内部装饰

1. 饰品的种类

车内饰品之丰富通常令人目不暇接，按其功能差异大致可分为观赏类饰品与实用类饰品。观赏类饰品是指造型优美、外观漂亮、观赏性强的纯装饰饰品，按照与车体连接形式的不同，可分为吊饰、摆饰与贴饰三类。实用类饰品是指外观精美、且具有一定实用功能的饰品，按其结构形式的不同，可分为垫类饰品、盒类饰品、托盘类饰品、袋类饰品、夹类饰品、架类饰品、套类饰品和钩类饰品。需要注意的是，无论哪种饰品，都不可布置在安全气囊附近，以免饰品因气囊打开弹出时伤人。

（1）吊饰。吊饰也称挂饰，是将饰品通过绳、链等连接件悬挂于车内的一种装饰。吊饰按饰品的不同可分为图片类、徽章类、花果类、玩具类和动物类等，如图 5-15 所示。

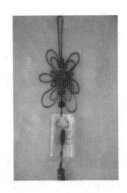

图 5-15 各种吊饰

（2）摆饰。摆饰是将饰品摆放在汽车控制台上的一种装饰。按其功能不同分为展示类和布偶类，如地球仪、水平仪、报时器、国旗及精美的珍藏品等，如图 5-16 所示。

图 5-16 各种摆饰

（3）贴饰。贴饰是将图案和标语制在贴膜上，然后粘贴在车内或车外的装饰。贴饰按其内容的不同分为商标类和图片类。图案主要有名车商标、明星照片、公益广告等，标语主要是对驾驶员及乘员的提醒或警告语，如"车内严禁吸烟"等，如图 5-17 所示。

图 5-17 贴饰

2. 饰品的选购原则

每位车主都有自己的爱好、偏好及审美情趣,在选用饰品时,其选择也各不相同,但应遵循以下原则:

(1) 安全性原则。安全性永远被放在首位,无论何种饰品,都不可对行车安全造成影响。例如车内顶部吊物不可过长、过大、过重;控制台上不能放置过大、过硬、过重的摆饰;前后风窗玻璃上不可粘贴大面积的贴饰,以免遮挡视线,对行车、倒车的安全性造成影响。

(2) 实用性原则。选择车内饰品时,除了考虑其个性化、精巧度和美观度,还应根据车内空间的大小,选择更加实用的饰物。对于杯架、储物袋等饰品,则须保证其质量。

(3) 舒适性原则。饰品应保持干净、卫生,摆放有序,为人们带来轻松、舒适的感觉,饰品色彩和质感应符合车主的审美情趣等。

(4) 协调性原则。协调是指所有饰品都不应破坏车内的整体美感,以配合一致为宜,饰品颜色与汽车颜色相协调为宜,不可盲目追求饰品的高品位和高价值,避免弄巧成拙。

二、汽车外部装饰

1. 车身彩贴

车身彩贴简称车贴(Car Decal),又叫贴花、拉花、车标、贴纸,是指在车身外表粘贴的装饰图案,如图 5-18 所示。它已普遍应用于现代家庭轿车车身上,满足不同人群的需求,是现代汽车不可缺少的靓车元素,也是汽车装饰常见的作业项目。

图 5-18 车身彩贴

(1) 车身彩贴的种类:车身彩贴按材料不同可分为纸质车贴和胶质车贴。车身彩贴按生产工艺不同可分为印刷贴、反光贴和雕刻型三类。车身彩贴按汽车部位不同可分为前挡贴、机盖贴、车身大贴、改装件标贴、后风窗贴、装饰小贴等。车身彩贴按图案不同可分为运动车贴、改装车贴和个性车贴三大类。

运动车贴:主要指赛车运动贴纸。场地赛与拉力赛所用车型和赛道各有不同,汽车贴纸也有相应区别。拉力赛汽车贴纸图案重点突出的是车队的标志及主要赞助商的标志,色彩上搭配该车队的整体设计风格,以便更好地达到宣传效果。场地赛汽车贴纸常常会见到火焰、赛旗、波浪等动感十足的图案，为赛车运动增色不少。

改装车贴：改装车贴是指各个改装厂商为参展或推广新产品，往往为配合某款车型或产品而专门设计的主题贴纸，该贴纸绚丽多彩、引人注目。还有很多图案是改装厂的标志，还有一些是改装品的标志，经过一番精心设计和搭配，与改装过的展车相得益彰。

个性车贴：个性车贴是依照车主个人喜好和品位，量车定做的个性化贴纸，如图 5 - 19 所示。运动化、艺术化、实用化，各种风格不但看起来和谐美观，而且可以自由选择搭配，自行设计，打造出自己的风格。不过个性车贴超过车体单幅面积 20% 即违法，会受到处罚。

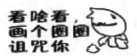

图 5-19　个性车贴

（2）车贴的安装工艺，有湿贴法和干贴法两大类。

湿贴法（大型车贴或小型车贴均建议采用此方法，装贴完工后两三天内不得洗车）的操作步骤：

步骤 1：清洁车身。先用专用清洁剂全车清洗，再进行去残蜡和去柏油处理，最后用橡皮泥深度清洁张贴部位。

步骤 2：喷水。在将要张贴部位上均匀喷一层水雾，以降低贴纸黏度、方便调整位置。如果有条件，可以在喷壶中滴入少许洗洁精，进一步降低贴纸黏度。

步骤 3：粘贴。一边贴、一边轻轻用毛巾抹平或用工具刮平。如果图形实在不大，也可把贴纸全部撕下再贴，但必须小心，不要发生意外粘连。

步骤 4：调整。将图形大体位置确定无误后，遇到门把手或防擦条要根据情况把材料割开并包入。车门和车缝处用美工刀划一刀，向内包服帖，或沿着缝隙边沿将多余的材料切掉。

步骤 5：赶水。用力反复抹（刮）去水和气泡，尽量让车贴里的水分挤出。有条件的，可以适度加热烘干，待透明转移，即将其贴撕下。

步骤 6：检查。仔细检查装贴是否到位，有无折痕，若有则需要撕下重新装贴。不要让车贴和车身有任何分离或突起。

干贴法与湿贴法相比仅少了喷水这一步,改赶水为挤压刮平。即使是很小的贴纸,也很容易出现贴偏的情况,所以不推荐此方法。

2. 车身彩条

车身彩条也称车身装饰彩条。汽车彩条的出现标志着人们审美观的不断提高,其发展前景十分广阔。车身彩条装饰是为使汽车外部更加美观而安装的装饰品,如彩条贴、金边贴、全车金标贴等。在车身上粘贴形状、色彩各异的彩条,不仅能突出车身轮廓线,还能协调车身色彩,给人以丰富的联想和舒适的心理感受,使车身更加多彩艳丽,如图5-20所示。

图5-20 车身彩条

(1) 车身彩条的种类。车身彩条有两种类型。一是没有可撕离表层的贴膜,它由彩条层和背纸层组成,彩条层正面是彩条图案,背面是黏性贴面,如图5-21左边所示。二是有可撕离表层的贴膜,它由背纸层、彩条层、外保护层组成,彩条层也是有彩条图案和黏性贴面,如图5-21右边所示。彩条所用的材料,绝大部分是塑料制品,也有少量的金属制品。

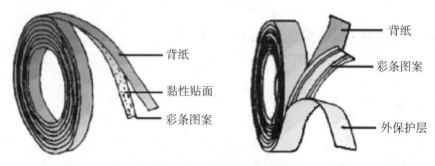

图5-21 汽车彩条的结构

(2) 彩条粘贴,有直线形粘贴、曲线形粘贴和宽幅彩色贴三种方法。

直线形粘贴的操作步骤:

步骤1:测量所需贴膜的长度,将贴膜拉直,并剪下比所需长度长几厘米的胶带。

步骤2:清洗车身,保证车身表面清洗干净。

步骤3:将贴膜的背纸撕去,并将前面几厘米贴到要贴的位置。

步骤4:抓住贴膜的松端,避免手指弄脏贴膜,皮肤上的油脂会影响贴膜附着性能。

步骤5:小心拉紧贴膜,注意不要拉长。如果在粘贴时贴膜被拉长了,就会产生起皱现象。

步骤6：利用车身的轮廓线做对齐的参考线，仔细检查贴膜是否对齐。

步骤7：彩条对齐后，小心地将贴膜剪下，贴到车身表面上。一个长条要一次完成粘贴，不能分段粘贴，以保证直线度。

步骤8：再次检查彩条对齐情况，如果彩条不够直，小心地把贴膜撕开，再试一次。

步骤9：用橡皮滚子或软擦布压擦贴膜。

步骤10：贴膜末端可用小刀或单刃剃刀切割，注意动作要轻，切勿划破车身表面涂层。

曲线形粘贴：当粘贴复杂的曲线时，应使用底图的帮助（如曲线板）或用画线笔绘制导向图，其他粘贴步骤与直线形彩条一样。

宽幅彩色贴：宽幅彩条贴膜一般为有可撕表层的贴膜，当彩条宽度达到或超过76 mm时，最好采用湿贴的方法，其粘贴步骤与车身彩贴一样。

（3）注意事项。

首先，贴车贴的工作环境在15～30 ℃之间进行最好。温度过高会导致车贴变大，溶液迅速蒸发；过低会影响车贴的柔性，从而影响附着效果。

其次，车身表面必须使用水和中性清洗剂彻底清洗干净，无灰尘、蜡和其他脏物。必要时还应进行抛光处理。

最后，在贴车贴的过程中，不要用力拉扯车贴，以防其变形。

3. 汽车保护膜

汽车保护膜也叫"犀牛皮"、防化膜，是采用高科技质感的聚氨酯薄膜制成的，具有极强的韧性，具有抗刮划、抗碰撞的功能。汽车保护膜可以保护车体各部位烤漆表面免遭剥落与划伤，还可防止烤漆表面生锈、发生老化发黄。此外，它还具有防碎石碰撞摩擦与抗击紫外线照射的功能。其材料具有卓越的延展性、透明性和曲面适应性，因此在装贴后，不会对车身外观造成影响。汽车保护膜如今已被越来越多的汽车生产厂商所采用。目前，汽车保护膜被广泛用于前后保险杆、引擎盖板前缘、轮辋前缘、后视镜外缘、门外缘、开门把手内缘、钥匙孔、后备厢，及侧门踏板等部位，如图5-22所示。

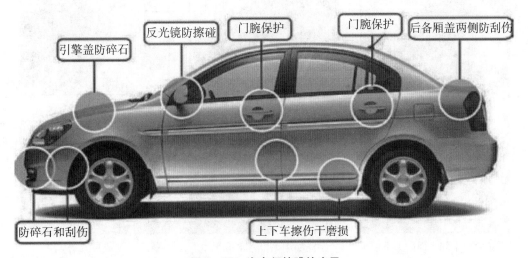

图5-22 汽车保护膜的应用

（1）汽车保护膜的结构特点。

汽车保护膜有三层，分别是透明聚氨酯基层、全透明水溶性丙烯酸胶层与可剥落的隔离层，其外形规格如图5-23所示。汽车保护膜具有高度透明、不易变色、黏性高、操作便捷、耐磨性强、可承受高温，以及保护车身表面、避免损伤的优点。

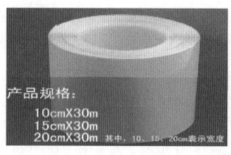

图5-23 汽车保护膜的外形规格

（2）安装方法，如图5-24所示。

步骤1：请把把手凹面擦拭干净（对于已经划伤的，需要更换一把把手。使用前请用沙蜡对凹面稍加处理，效果会更佳）。

步骤2：揭掉产品底纸，用装有清水的喷雾器，在胶面和把手凹面均匀地喷洒少量的雾水。

步骤3：让胶面紧贴凹面，上下左右滑动，调整，对正好位置。

步骤4：两拇指紧压中间表面，成"一"字形逐渐向两边推进，挤压出水。

步骤5：手指紧压中间向上推平，逐渐挤压出水，遇有翘起或皱褶，用热吹风（低温挡）加热，同时抚平即可。

用毛巾擦净表面　　　　　　用清水喷洒门腕内外侧　　　　取一张贴膜贴上去

手指紧压中间表面向上下推平　贴完后用毛巾将水擦干净　　　成果展示

图5-24 汽车保护膜的安装方法

4. 汽车彩绘

汽车彩绘是在车身上用彩色油漆绘制出立体感的图画，实现个性化色彩，使爱车更加漂亮，如图 5-25 所示。它是现代美学艺术与汽车工业艺术的完美结合，由专业美术师参考车主的意见及要求，创造出适合车主个性的一种艺术表现，再通过专业的汽车烤漆工艺而诞生的一种视觉艺术。

图 5-25 汽车彩绘效果

（1）汽车彩绘的种类：按照有效时间可分为永久性彩绘和临时性彩绘两大类。

永久性彩绘：用彩色漆绘制完后，在表面喷涂清漆，使图案靓丽清晰，与车身浑然一体，且图案被清漆覆盖保护，可维持 5~8 年，不变色、不腐蚀，靓丽持久如新。多应用在卡车、轿车、摩托车、飞机、集装箱、车身广告、乐器、电脑机箱、笔记本电脑等众多载体上。

临时汽车彩绘：在不破坏原车漆面的前提下，用特殊的颜料直接在车身表面进行喷绘。具有色彩靓丽、个性突出、视觉效果强烈，可随时更换图案，不影响和破坏原车漆面，方便展示等特点。如果无外界刮蹭磕碰，可维持 2~3 个月，可以满足临时展览要求。适用于新车的销售和展示、新车发布会"4S"店展示、婚车彩绘等。

汽车彩绘按照技术的地域性可分为欧美模板彩绘、日本直喷彩绘、港台多样彩绘和俄罗斯复杂彩绘四大类。其中，日本直喷彩绘是彩绘的初级技术，港台多样彩绘是目前国内彩绘业的新风格，俄罗斯复杂彩绘被誉为彩绘艺术的最高境界。

（2）彩绘的工艺流程：

步骤 1：图案确定。根据客户提供的要求，结合设计效果图，为客户量身打造一个独特的个性彩绘图案，并且与客户签订制作合同。

步骤 2：表面处理。根据客户车辆的使用年限，对彩绘车辆进行绘前检查、打磨（打磨清漆层，去除污点）、遮盖（遮盖不须喷绘的地方）和清洗（用专用清洁剂清洗即将喷绘的地方），从而使车身表面具有最佳的附着力。

步骤 3：彩涂喷绘。在客户图案的基础上，专业技师用各种喷枪和辅助工具进行艺术创作。

步骤 4：喷涂清漆。彩绘后喷涂清漆，起到保护图案的作用，使图案亮度更高，色彩更加绚丽。

步骤 5：镜面处理。清漆全部晾干后进行镜面处理，由专业的抛光封釉或镀晶技师单独操作完成，使最终成型的作品光滑度高，不会出现有厚度的感觉，不会出现污点、粉尘等污染物。

任务6　汽车油漆护理实务

一、轿车漆面处理程序

1. 轿车表面油漆层的构成

轿车表面的油漆一般可分为普通漆和金属漆两类。普通漆的涂层是4层结构，总厚度约为80μm，莫氏硬度为0.4～0.5；金属漆涂层是5层结构，总厚度约为100μm，莫氏硬度在0.5以上。

普通漆轿车和金属漆轿车的装饰性、硬度、抗崩裂性、耐候性、耐潮性、防腐蚀性，及抗老化等功能都需要面漆层来实现。现代轿车漆膜护理的主要目的及意义，不只是为了提升轿车装饰性、保护漆膜而简单地涂一层蜡，而是利用现代科技发展提供的新技术与新产品，进一步提升面漆的理化指标。

2. 轿车表面漆膜发生损伤、老化和失光的原因

（1）自然因素：风尘沙砾的吹打，雨水和泥水的冲刷；经过柏油路面时粘上的沥青；自然界中的树胶、虫鸟粪便；油污的侵害；大气中含有的各种工业排放物、酸、碱经酸雨下落；阳光中紫外线的侵蚀；等等。

（2）人为因素：新车"开蜡"时，没有选用相应的用品或操作方法不对；冲洗车辆时水枪压力过大，大于7 MPa；清洗程序或手法错误；日常随便用抹布擦拭车辆；购入的上光蜡等车漆护理用品质量较差或过度使用抛光蜡；等等。

3. 新车表面的初步护理程序

一般来说，新购的轿车表面往往积存了一些灰尘，很多人都是在现场条件较差的情况下仅用一桶清水、一块棉纱就将尘土除去，往往此刻正是人为因素对油漆表面造成第一次伤害的时候。正确的操作程序应该是：

（1）尽可能利用高压清洗机（压力小于5 MPa）冲掉灰尘，然后再仔细地检查油漆表面有无划痕、流挂、漆坑、锈斑、色差，及漆面下的腐蚀等。这样就能保证轿车出厂时表面涂漆的原有品质。

（2）买来新车后不应急于涂蜡。目前许多汽车美容店采用的涂蜡方式一般有两种：一种是机械式，将车身洗净擦干，然后将车蜡涂在旋转的涂蜡机布轮上，在车漆表面打磨；另一种是手工式，也是将车身洗净擦干后，涂上或喷上车蜡及增光液，最后持干棉布在车身上用力地反复涂擦。这看起来是在做轿车表面涂漆的护理工作，但实际上油漆表面已出现细的划痕。随着如此"护理"次数的增加，抛光色泽越来越显著，直到最后漆膜出现失光、老化和填料层外露等情况。

4. 轿车表面油漆的日常护理程序

在有条件的情况下，轿车应存放在专用车库中，平时应停放在阴凉避风处或加盖车罩，也就是说应避免阳光长时间的曝晒。因为阳光中的紫外线是造成漆膜老化、龟裂及失光的重要因素。如果不具备上述条件，那么了解有关车漆护理的一些常识，进行科学的护理，也可以弥补车辆存放条件不足带来的损失。在对轿车表面油漆进行日常护理时，应注

意以下几点：

（1）在雨中或泥泞道路上行驶过的车辆，应尽可能在漆面的泥水干燥之前用清水冲洗干净。尤其是在北方严冬多雪季节，为了融雪，一般要在道路上洒盐水，在这种道路上行驶过的车辆，隔一两天就要用高压清洗机清洗车辆表面，并认真清洗车辆底盘部位。在清洗车辆时，如车辆过脏，可选用非离子表面活性剂制成的专用汽车清洗液，不要用洗衣粉、肥皂水做汽车清洗液，因为这类产品会使漆膜失光、局部产生色差，使密封橡胶条老化，也容易加速局部油漆脱落部位的金属锈蚀和洞穿等。

（2）一辆没有在泥泞路面上行驶过的轿车表面，如果缺少大量的水清洗，一般只需两桶清水（约40L）就能将其清洗干净。清洗的程序是：先清洗前机器盖，后洗车顶、行李厢盖和车门两侧。展开毛巾放在水桶中，提起毛巾一端在水中上下投洗，提出毛巾不拧，直接放在车辆欲清洗部位，做单方向一次擦拭，然后重复上述步骤。

（3）冲洗过的车辆需要擦拭干净时，应选择干净的棉布、毛巾或麂皮一类的材料。擦车时，向车表面按下的力量不要太重，不要在漆膜表面做反复或旋转擦拭。应尽可能以车头车尾为纵方向直线一次擦拭到底。

（4）清洗过的车辆，可以通过涂用增光乳液、自发光浮液一类的产品，来增加漆膜表面的光洁度，增强装饰效果。此类产品还具有保洁作用，有防紫外线、防酸、防碱及防腐等功能。有些驾驶员以为高分子乳液状的喷涂蜡不如传统的硬度蜡更能有效地保护漆膜，认为在用量上，后一种显然比前一种用量大，使用后有厚重感，这实际上是一种误解。现代高科技创造的高分子乳液虽然作为增光剂喷涂到漆膜表面的用量很少，但它比易分解的矿物蜡或生物蜡类制品更有效。

5. 轿车表面漆膜的特殊护理程序

轿车有时需要进行抛光、深划痕修复、开蜡等特殊护理。对汽车表面漆膜的特殊护理步骤如下：

（1）抛光：轿车经过一段时间的使用以后，自然因素与人为护理失误会令漆膜表面发生氧化和轻微的失光现象。这时需要在专业人士的指导下，选择含有研磨剂的车蜡或直接采用车漆抛光膏来进行处理。需要注意的是，这种处理方法不可过于频繁，并且要根据情况来决定抛光方式是机械抛光还是手工抛光，是在漆面上做旋转式抛光还是做纵向往复式抛光，切忌过于随意，否则汽车美容只会起到反效果，还不如去做一般性的涂蜡保护。

此外，抛光时需要注意的是，不可在新车上打粗蜡并做旋转式的抛光涂蜡。

（2）深度划痕治理：汽车表面极易产生深浅不一的划痕。区分划痕是深是浅，以划伤部位是否露出底漆为标准，露出底漆则称为深划痕，反之则称为浅划痕。深划痕的治理非常重要，产生深划痕后，必须及时修复，否则，深划痕的金属裸露处很快就会产生锈蚀并向划痕周围扩展，进而增加修复难度。现在的汽车美容店在油漆划痕治理方面提出了很多解决方法，如漆笔修复法，即使用相近颜色的漆笔直接涂在划伤处。这种方式快而简单，但工艺并不规范，此外，修复处的漆膜附着力较差，无法持久，达不到彻底修复的目的。又如喷漆法，是将汽车修理厂传统的补漆方式运用在深划痕的修复上，这样做会对原漆造成较大的伤害面积，且修补时间较长、效果不佳。除此之外，还有结合电脑调漆、采用较新工艺方法的修补技术。这是一种技术含量较高的修补方法，对颜色调配准确性要求较高，其修补面积尽可能缩小，再经过特殊溶剂的处理后，令新旧面漆更好地相融，达到最佳的附着力。

（3）开蜡：通常而言，开蜡处理工序并不常用。开蜡是一种通俗的说法，是指去掉轿车在开始长途行驶前所涂的一层保护膜。

开蜡操作的大致原则是：宜在户外温度20 ℃左右时进行；预先准备好高压清洗机、橡胶手套、胶鞋、护目镜等；选择阴凉无风地段并远离草木植被；无须提前清洗车辆即可进行开蜡操作。

开蜡处理的一般程序如下：

步骤1：混合调配开蜡液。将开蜡液依照说明书中的比例进行调配，然后装入手动或电动喷雾器中待用。

步骤2：喷涂开蜡液。用喷雾器从车辆底部开始，以从下到上的顺序喷涂车辆表面，必须保证每个部位都被溶液覆盖。

步骤3：喷洗开蜡液。喷涂开蜡液以后，必须保持湿润等待2～3 min，再用高压水枪冲洗，注意缝隙处也须充分冲洗，不可留有残液。

步骤4：检查。检查车辆表面是否有未洗净的蜡迹残留，发现后须重复上述操作。

步骤5：保洁处理。汽车表面的涂蜡被除净以后，可以选用含有高分子材料的增光乳液或者不含研磨剂的车蜡对汽车表面进行保洁处理，由此保持漆膜的固有品质。

二、车辆面漆刮伤的涂装工艺

对于轿车的涂装护理，要真正做到与原表面完全一致是很困难的，只能尽量一致。对表层面漆稍有刮伤的轿车，在初次外观检查时，由于撞击或刮伤物的油泥污物附着在轿车被刮处的表面，损伤似乎很严重，但若经检查只轻微刮伤了表层面漆，而未刮透面漆层，这时可采用最简便的涂装维修工艺进行修复。其护理修复工艺如下：

1. 表面清洗处理

在轿车面漆的外表层，有一层上光蜡薄膜层、油膜和其他异物，用专用的清洗剂进行清洗。不能用汽油清洗，因为汽油不能溶解石蜡。

2. 打磨抛光

根据刮伤的情况，选用适当的磨石和磨片，如1500号磨石，9 μm的磨片，或1000～1500号的砂纸对刮伤的表面层进行打磨。打磨光滑平整至目测看不出刮痕为止，当然，不能磨穿面漆层。

在此种情况下，有可能出现两种状况：

（1）没有磨穿表面的面漆层，这样就可以不必重新喷涂面漆。

（2）虽然刮伤时未刮穿面漆层，但在打磨刮痕时，却透出中涂漆层。这样就应该喷补面漆层。在打磨抛光时，一般用人工打磨，也可用抛光器或机动打磨器进行打磨抛光。打磨抛光之后，因为面漆层都是原来的涂层，颜色是完全一致的。

3. 打蜡抛光

在上述打磨光洁的面漆涂层上再用抛光蜡打磨（抛光蜡锭状、绿色，捣碎后用汽油热溶，冷却后使用），用洁净的棉纱先蘸汽油湿润，再蘸蜡涂满清理维护的部位并进行擦拭，要反复多次擦拭至漆膜平整光亮为止。在打蜡抛光时，轿车表面同时打蜡抛光一遍。用洁净的棉纱将蜡质全部揩抹洁净后，再抹上光蜡，直至漆膜清晰、光泽、醒目。最后用绒布均匀揩拭一遍即可。

4. 质量检查

经上述处理后的漆装表面，外观质量特别是色泽均与原装完全一样，只要保证了表面清理和打蜡抛光的质量，是不会有问题的。

三、轿车面漆层刮透未伤及底层涂漆的涂装工艺

在进行轿车油漆护理时，如果经检查认定面漆层已被刮透，但未伤及底层涂漆，其护理喷涂工艺如下：

1. 打磨清洗

在底层涂漆附着完好的情况下，对中涂层及面漆层的刮伤部分进行打磨清洗，并加以修整损伤部位的边缘，使其边缘不见有损伤的涂层，并出现附着力良好的部位。

2. 表面处理，确保处理质量

在除去刮伤部分的中涂层及面漆涂层后，打磨使之平整光滑，并对边缘部分适当地扩大面积进行表面处理。用专用清洗剂去除此表面的油污、石蜡及其他异物，并使之干燥。若此部位的面积较大，可用远红外灯进行烘烤，使待涂装的表面达到平整、光滑、干净，达到待涂装的表面质量标准的要求。

3. 表面处理的注意事项

当使用压缩空气吹去待涂表面的粉尘时，空气压缩机必须带有油水分离器，使吹出的压缩空气中不带有油分和水汽。

已进行表面处理、待涂装的表面，不允许用手去触摸。往往手上的油渍会玷污已清洁的表面，从而导致涂层附着不良，影响喷涂质量。

若表面处理工作质量不好，就会产生如下涂层弊病：

（1）当带有强溶剂的涂料喷涂到局部氧化的表面上时，如果表面处理不够干净，或表面有石蜡等物质存在，均可能使涂层起皱。

（2）若喷涂前已处理好的表面，或未彻底清洁处理好的表面落上了碎屑或小颗粒异物，那么，涂装后会出现涂层表面凸凹不平、易见碎屑等现象。

（3）若打磨后的表面未彻底清理，尚有磨料颗粒存在，则会造成涂层呈现出鱼眼状表面。

（4）若喷涂表面不当，车身表面未彻底干燥，有的部位残留有水分，则涂装后的涂层表面会出现涂膜含水珠。

（5）若表面处理不彻底，残留异物侵入会使涂层因分离状况不同而产生细小针状泡。

4. 中涂层喷涂施工

在前面处理好的干燥而清洁的待涂表面上涂装底涂层，待烘干后即可。按要求选定好中涂层涂料施工条件，并进行中涂层喷涂施工。

以 TP-37 高固体分环氧聚酯型氨基汽车中涂层漆为例，其护理涂装工艺如下：

（1）施工工艺参数：施工黏度为（26±3）s/25 ℃（涂-4）手工操作。

稀释率为 (20±5)% (质量); 雾化压力为 (30～50) N/cm² (枪口压); 雾化幅为 25 cm; 涂装距离为 25 cm; 重涂幅为 2/3; 吐出量为 300～500 mL/min; 干燥膜厚为 (35±5) μm (一次性成膜)。

(2) 遮盖好不喷涂的部位。

(3) 使用设备: 室内空气喷涂法使用的主要设备有空气压缩机、油水分离器、压力表及压力控制器、压力空气输送管、涂料输送管、涂料储存罐及喷枪等。空气喷涂法工作原理, 如图 5-26 所示。

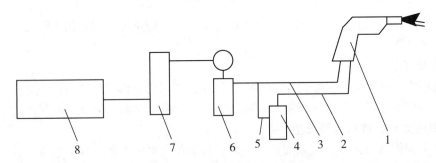

1. 喷枪; 2. 涂料输送管; 3. 压缩空气输送管; 4. 涂料储存罐; 5. 压缩空气输送管; 6. 压力表及压力控制器; 7. 油水分离器; 8. 空气压缩。

图 5-26 空气喷涂法工作原理

汽车喷涂, 特别是维修护理喷涂, 常用有虹吸式杯的喷枪进行喷涂作业。这种喷枪的扳机既控制空气, 又控制涂料。这种喷枪都有一套完整的配套用的喷嘴、喷针和喷杯, 以适应喷涂各种涂料和不同的喷涂量。一般维修护理厂均有多套喷枪, 分别用来喷涂底漆、中涂层漆及面漆, 以更好地保质保量完成喷涂。

(4) 中涂层漆烘干: 若修补面积不大, 可采用室温自然干燥, 但时间较长; 一般常用远红外线干燥灯或远红外线干燥箱 (反射式) 进行局部干燥。

(5) 中涂层漆膜打磨清洁: 在对干燥后的中涂层漆膜进行打磨时, 用 320 号砂纸轻轻打磨补涂的漆膜, 使之光滑平整, 以用手触摸无粗糙感觉为准。可以用干式打磨, 也可用湿式打磨。干式打磨时, 用压缩空气吹净打磨部位, 再用清洁的黏性抹布把浮灰等彻底擦净。用湿式打磨时, 以 320 号的水磨砂纸对修补的中涂面漆进行表面打磨, 同样打磨到用手触摸无粗糙感为止, 并用水冲洗干净, 将水擦干, 晾干或用压缩空气吹干, 最好还是用远红外线灯箱烘干。

5. 喷涂面漆

喷涂面漆时, 要将已选择好的面漆按施工标准要求, 调配到所规定的条件范围以内, 接着再进行喷涂。每次喷涂之间, 需要保留足够的涂膜流平时间, 若选用的面漆是 TM-01 各色氨基烘干汽车面漆, 则涂料的流平时间为 5～8 min。为保证面漆层达到标准厚度, 每次重叠喷涂面漆之间保留的涂膜流平时间应为 5～8 min, 首次喷涂完毕后的流平时间为 10～15 min, 以上数值都基于喷涂室室温在 25 ℃ 的条件下。当室温较低时, 间隔时间则要适当拉长, 具体以涂料的流平状况为准。

TM-01 氨基烘干汽车面漆的施工条件:

（1）使用前必须将面漆搅拌均匀，并用绢布或丝棉布过滤。

（2）施工时以手工喷漆或静电喷涂为主。稀释溶剂必须采用配套的面漆稀释剂。

（3）手工喷涂时，涂料的黏度为 22～24 s/25 ℃（采用涂 –4 黏度计测定）。

（4）面漆手工涂装时，为确保涂膜厚度，要喷涂两次。层间流平时间为 5～8 min；第一次喷涂完后的流平时间为 10～15 min。

（5）本产品配套底漆为 8603 阴极电泳底漆，中间漆为 SM–01 中涂层漆。轿车车身涂层的总厚度为 80～110 μm。一般采用的是两道色漆和一道清漆组成轿车的整个面漆层厚度。面漆层厚度一般为 50～60 μm。第一道面漆喷涂厚度为 30～40 μm，然后流平 10～15 min 后，需要进行烘干。

6. 第一道面漆烘干

由于是维修涂装烘干，与轿车制造时的烘干原理一样。但从经济效益和质量上综合考虑，采用的烘干设备就不可能完全一样。当维修涂装的面积较小时，不要在整车的烘干室内烘烤，因为这样能源浪费太大；一般采用特制的远红外烘烤灯或烘烤箱进行局部烘干。烘烤的温度和时间取决于现场的实际状况，但必须要达到烘烤的质量要求。可用棉球法测定漆膜表面是否实际干燥，实际干燥后，就可进行下道工序施工。

7. 第一道面漆打磨

用 320 号砂纸进行面漆表面打磨，使第二次面漆涂层表面平整光滑，并用抹布、压缩空气边吹边磨洁净。最后用带黏性的抹布将表面彻底擦抹干净，待喷第二道面漆。

8. 喷涂第二道面漆

因为采用第二道面漆的材料没有改变，其工艺方法和施工要求也同第一道面漆喷涂时一样。涂膜厚度 30～40 μm，终了流平时间为 10～15 min。

9. 第二道面漆烘干

第二道面漆烘干的工艺，也同第一道面漆烘烤工艺一样，施工要求和环境条件都没有改变，只是增加了面漆层的总厚度。

10. 第二道面漆打磨

对这次面漆的打磨，应特别注意打磨质量，因为它是直接影响涂层表面质量的最后打磨工序。用 500～600 号砂纸轻轻湿打磨，消除涂膜缺陷，然后进行烘干。

11. 喷涂罩光漆层

将经打磨干燥后的轿车，喷涂一层氨基罩光漆。有的维修厂是将此工序合并到第二道面漆喷涂之中。具体做法是在原面漆施工前加入罩光清漆，加入量不超过 20%，再适当加入稀释剂充分搅拌均匀，以增加其光泽度为目的。

其黏度应适当稀一点，经过滤后才使用。这种工艺能减少一道工序，但从表面涂层的涂装质量而言，肯定是不会相同的。若进行局部涂装修理，此工艺实用价值不大，还应参考轿车原涂层的涂膜结构，若轿车原涂层有罩光层，则应按此工艺进行。

（1）罩光漆的施工：

施工条件：以罩光漆 KH–24 为例，采用专用稀释剂 KH–24；稀释率 14%～16%；稀释黏度 24～25 s/25 ℃（涂–4）；施工固体分质量分数 46%；稳定性静置 48 h 后，轻轻搅拌易恢复。

涂装方法：喷涂 5～6 次，目标厚度 35～40 μm。每次之间流平 3～5 min；最后一次流平时间为 7～10 min。

罩光漆的干燥：干燥条件，在 20 ℃ 条件下，干燥 30 min；若在干燥室内采用保持式干燥，时间为 20 min；若是局部小范围的干燥，采用远红外线加热器进行烘烤，时间以实际干透为止。

12. 打蜡抛光

对车辆进行打蜡抛光，是为了增强其表层涂料的光泽度和保护性，经常定期进行抛光上蜡，可令涂层始终保持光洁耐水，还能延长涂膜的使用寿命。

在进行上蜡抛光工序时，先用棉布、呢绒、海绵等浸润砂蜡（磨光剂）进行磨光擦拭，涂层表面基本上呈现出平坦光滑的状态，但此时光泽并不够亮。在涂上光蜡进行抛光以后，光泽度大大提升，还能保护涂层的耐水性能。上光蜡的质量主要取决于蜡的性能。目前较为常见的上光蜡，是一种含蜡的乳浊液，因其分散粒子较细，其中还存在着乳化剂或少量的有机硅成分，因此抛光时可以有效实现分散、去污，获得更加光亮的效果。

四、底层涂膜和护板损伤的涂装工艺

底层涂膜和护板损伤，在轿车维修护理中是很常见的。若损伤的面积大，甚至比焊装一个新车身还困难。这种情况的装修涂补工作量相当大，工序长，其涂装工艺简介如下。

1. 涂装维修前的准备工作

（1）彻底清除轿车的旧涂层。

（2）用钣金或焊装等方法，修复好已损伤车身并进行护理，达到与原来的形状、尺寸、轮廓相同等要求。

（3）做好涂装前的车身表面处理工作。在涂装前，必须仔细修整气孔、砂眼、矿渣，凹凸不平处，必须使表面光滑、平整、清洁、干燥。

2. 材料的选用

（1）底漆：最好按轿车原底层涂料选用。

底漆主要有：

磷化底漆（配磷化液）：在洁净的金属表面直接涂刷一层磷化液，生成一层磷化膜。

红丹醇酸防锈漆：在磷化膜上加涂防锈漆。

铁红环氧底漆：涂于磷化底漆膜层上和涂于腻子上下层的底漆。

锌黄环氧底漆：在磷化底漆膜上涂于铅及铅合金件的防锈底漆。

铁红醇酸底漆（原名 138 底漆）：可涂于腻子上下底层、铅制件和黑色金属的防锈底漆。

铁红纯酚醛底漆：可自行调制腻子用。

光油：可与醇酸底漆、酚醛底漆混合自行调制腻子用。

胜利牌高级原子灰：此产品是一种高填补力双组份不饱和合成树脂。适合于车身修理填补凹坑、裂缝等，细腻易磨，涂膜表面状态良好，不存在砂眼、气孔，能抵受高温，附着力强、十分坚固、无收缩状况。

（2）面漆：最好按轿车的中涂层和面漆层的涂料品种选用。面漆有 Q04－2 各色硝基外用磁漆、Q04-32 各色硝基半光磁漆、Q01-1 硝基外用清漆、N01000 汽车用丙烯酸硝基修补漆、6200 高耐候性聚酯型氨基汽车面漆、KH-22 汽车用高级丙烯酸金属光泽基色漆、KH-24 汽车用高级丙烯酸金属光泽罩光漆等。

（3）稀释剂：

乙醇、丁醇：按 3:1 比例稀释磷化底漆用。

甲苯：稀释醇酸底漆和环氧底漆用。

硝基漆稀释剂：稀释硝基漆用。

专用稀释剂：N01000、6200、KH-22 及 KH-24 专用配套稀释剂，与配套涂料使用。

（4）辅助材料：

水砂纸：180～220 号砂纸或浮石，第一次水磨腻子用。320～500 号水磨砂纸，第二次腻子和水磨面漆用。

砂布：1 号或 2 号砂布，打磨金属表面为主。

木砂纸：1 号或 1½号木砂纸，打磨底漆层为主。

熟石膏粉及老粉：自行调制腻子用。

汽油：洗涤油污、砂磨金属局部锈蚀。

抛光蜡和上光蜡：轿车外表上蜡抛光用。

自来水：调配腻子和水磨。

3. 设备及工具

（1）喷涂室：备有电源开关及通风除尘装置、安全防火装置、照明装置，能保证喷涂工作进行的有关配套设备。

（2）酸洗室：有酸洗槽、冷水槽、热水槽等，及配套的设备。

（3）喷涂设备：空气压缩机、油水分离器、气压 2～6 N/cm^2、耐压橡胶管及铜制接头整套装置。

（4）烘干室：自动控温烘干室，循环通风、单独排气，有防爆措施，温度最高可达 150 ℃。

（5）仪器及工具，主要包括：

涂-4 号黏度计及秒表。

温度计：0～150 ℃、0～300 ℃各一支。

台秤：精确到 ±0.1 kg。

磷化底漆容器（陶瓷、塑料等非金属容器）。

喷枪、大小油漆刷、牛角刮子、橡胶皮刮子、钢丝刷、绢筛子（筛熟石膏粉）、滤漆筛子（0.08 mm 孔径）、锤头、錾子、工作抹布、棉纱、绒布等。调制腻子板、手腻板、小木板、橡胶块（打水磨用）。

盛漆容器：利用 1 加仑及 5 加仑的盛漆桶，25 加仑和 53 加仑的铁桶，并备抽油桶、滤嘴、大小铁瓢等。

烘干灯和烘干箱等烘烤器具。

打磨机、抛光机等。

干燥检测器、涂膜厚度检测仪、光泽检测仪等。

4. 轿车维修涂装施工操作过程

步骤1：清理表面。在做好表面处理的基础上，使表面光滑平整、清洁、干燥。

步骤2：刷磷化底漆。在无油迹、锈迹、水分的基础上刷涂 X06-1 磷化底漆一层（宜薄）。若是整个车身均涂装，可在磷化槽中进行。

步骤3：刷防锈漆。在磷化底漆膜层上刷涂一层 H53-1 红丹环氧防锈漆或 C53-1 红丹醇酸防锈漆，环氧防锈漆、醇酸防锈漆的稀释剂为甲苯。若是整车可喷涂。

步骤4：刮第一次腻子。刷防锈漆后便可刮腻子。用质量分数为50%的铁红醇酸底漆加上质量分数为50%的光油混合均匀加上熟石膏粉调成腻子后，再适当加水混合调制使用。同时，腻子应调得硬一些，将汽车表面不平之处用大型橡胶刮找补腻子一次。现在，腻子已有专门厂家制造，比较优质的腻子如胜利牌高级原子灰等更适合轿车维修使用。

步骤5：打磨。用2号木砂纸或2号砂布将腻子打磨一次，不平处用嵌刀铲平。吹净灰尘，在涂覆的腻子处刷涂环氧底漆一次。

步骤6：刮第二次腻子。在车身外表平面用大型牛角漆刮刮平，其他部位用橡胶刮子刮涂。腻子要有一定的硬度，刮涂时也要有适当的厚度，并以填平低处为主。

步骤7：打磨。先将腻子不平处用嵌刀铲平，再用2号木砂纸或2号砂布打磨一次，平面用砂布包小木板打磨平整。吹净灰尘，刷涂环氧底漆一层。

步骤8：刮第三次腻子。操作方法与步骤6相同。

步骤9：水磨。用180～220号水砂纸或浮石带水打磨一次。按刮腻子线路打磨，边打磨边水洗至平整为止。最后将腻子浆抹洗洁净，待晾干，也可以用压缩空气吹干。在外表水磨干燥的基础上涂环氧底漆一层。如无环氧底漆，刷涂醇酸底漆也可以。

步骤10：刮第四次腻子。用中型牛角漆刮涂刮表面腻子一层，将不平处刮平整。清理驾驶室内应涂漆部位及其他部位，用小型牛角漆刮找补腻子或满刮腻子。

步骤11：打磨。用1号木砂纸或220号水砂纸打磨一次，按刮腻子线路打磨，不许发生横擦及刮纹现象。用压缩空气吹净尘灰。

步骤12：刮第五次腻子。用中型牛角漆刮将外表全部刮涂一次腻子，刮涂时与小型牛角漆刮交叉进行操作，以刮涂平整、光滑为准。驾驶室内及其他部位，同时处理好底漆层，不能漏涂。

步骤13：水磨。用280～320号水砂纸打磨一次，边打磨边水洗，至既平整又光滑为止。必要时，平面可用水砂纸包上橡胶块打磨，更加易于平整。最后将腻子浆擦洗洁净，晾干或用压缩空气吹干。

步骤14：喷涂前准备。将不涂覆的部分，如前后风窗、侧窗等部位用覆盖的方法进行严实的遮盖，也可用涂覆一层黄油的方法进行涂覆遮盖，然后再粘贴一层纸，防止油污染该涂装的表面。如在水磨后发现有露出金属部位，须补涂环氧底漆。

步骤15：喷涂底漆层。用 Q04-62 各色硝基半光磁漆（选用其中一种）将车身需要涂覆的部位喷涂一层底漆膜，膜厚为30～40 μm，也可以按维修车原底涂层的材料进行喷涂。

步骤16：找补腻子。车身表面若经钣金和焊装等方法进行修复，无论如何操作施工，其表面的平整光滑程度仍然有差异，有残留的轻微锤痕、磨纹，那么，就必须用填补腻子的方法进行补救。涂完底漆之后，还须认真检查，将需要填补的部位，用腻子填补打磨，使之平整光滑无痕迹。

步骤17：轻磨。将找补腻子处及涂漆部位使用280～320号旧水磨砂纸轻轻打磨光滑后，对外壳整体或补涂部位用手抚摸，以无粗糙感觉为准。在施工现场清洁的基础上，用压缩空气边吹边擦抹，使表面清洁无灰尘。

步骤18：喷涂第一次面漆。将已选好的面漆涂料，调配至符合施工要求的黏度，并过滤后再进行喷涂施工。每喷涂一遍之后，应有涂膜需要的流平时间，然后再一遍一遍地进行喷涂，使第一次面漆涂层达到30～40 μm厚度。一般情况下，为了使涂料在涂覆之后有足够的流平和晾干的时间，可以上午喷涂两遍，下午再喷两遍。常温干燥一般2 h以上。喷涂施工的参数，应根据具体使用的面漆涂料而定。

步骤19：湿磨。用280～320号水磨砂纸在喷涂4层的涂膜基础上将涂膜打磨平整光滑。用抹布、压缩空气边吹边擦洁净，并使其表面干燥。可加热干燥，也可自然晾干。但自然晾干时间较长，应注意防止粉尘污染涂膜表面。

步骤20：加喷面漆。在原有面漆内，加硝基清漆（体积分数20%以下），再适当加入稀释剂混合使用，以增加光洁度。其黏度应比原有面漆稍低一些，一般以15 s/25 ℃（涂-4）为宜，经过滤后再使用。加喷面漆时，应涂部位上午喷一次，下午再喷一次。喷后流平性要好，以便第二天易于打蜡抛光，总厚度为80～110 μm。

步骤21：打蜡抛光。从喷涂完且干燥后的车身上拆除涂覆的黄油及遮盖纸，先用400～500号水磨砂纸带水将车身表面满磨至涂膜表面光滑平整为止。打磨长度来回100 mm以内，用抛光蜡打磨。先用抹布将涂层表面磨光擦净，用呢绒、海绵等浸润磨光剂，然后擦净。磨光之后再用上光蜡进行抛光，使其表面更富有均匀的光泽。

步骤22：质量检验。质量检验人员按轿车涂覆的部位及质量要求标准进行检查。不合格时，进行返工修复，以达到合格为止。

以上的轿车涂装修复工艺过程应用很普遍。由于轿车的型号、新旧程度、修复部位和要求均不一样，虽然工艺过程的类型基本一样，但具体施工起来是有一定差别的。特别是涂料的选用，具体操作方法与各美容护理企业的实际条件、设备和技术水平，都有很大的关系。不可能只有一个修复工艺，但存在着最佳工艺。所以，在选用修复工艺时，应以经济效益和质量要求为基本原则进行选择。

项目6　汽车漆施工常见问题及对策

在汽车喷涂过程中,由于各种各样的原因会导致各种缺陷,了解这些缺陷的成因及相应的预防和补救措施,可以更好地适应和掌握这项工作。

一、银粉不均匀

1. 相关现象

银粉发花、阴影、条状浮色、泛色、有花纹,如图6-1所示。

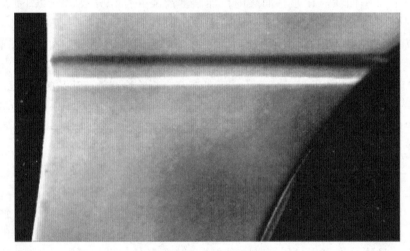

图6-1　银粉不均匀

2. 说明

只发生在金属漆(银粉及珍珠漆)上,银粉片漂浮在一起形成斑点,或呈条带样的斑纹等外观。

3. 原因

(1) 用错稀释剂。

(2) 各成分没有混合均匀。

(3) 喷涂过湿。

(4) 喷枪距工作板面太近。

(5) 喷涂时行枪不均匀。

(6) 喷漆室内温度过低。

(7) 清漆喷在没有充分闪干的色漆层上面。

(8) 涂层受湿空气或潮湿天气影响。
(9) 涂层太厚。

4. 预防

(1) 选择适合所在喷漆房条件的稀释剂稀料并正确混合（在寒冷、潮湿的天气选择快干稀料）。
(2) 彻底搅拌所有色漆，特别是银粉漆和珍珠漆。
(3) 使用正确的喷枪调整技术、喷涂技术及空气压力。
(4) 保持喷枪清洁（特别是控流针阀和空气罩）并处于良好工作状态。
(5) 不要把色漆层喷得太湿。

5. 解决方法

让色漆层干燥，根据不同的色漆连续修饰两道。如果缺陷是在喷清漆后才看得见，则待清漆彻底干燥后，依作业程序，重喷色漆和清漆。

二、起泡、起痱子

1. 相关现象

泡状物、溶剂泡、凸起，如图 6-2 所示。

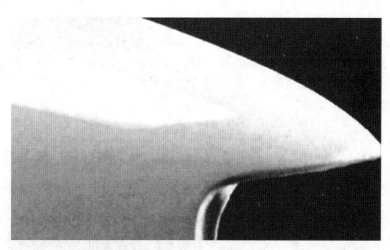

图 6-2 起泡、起痱子

2. 说明

小脓包一样的起泡出现于面漆层内部及表面，数量较多，这种缺陷常因强制干燥或不平衡加热而加剧。

3. 原因

(1) 表面的清洁准备工作操作不当。被涂面的小脏点像海绵一样含有湿气。当漆层在阳光下曝晒、大气压力发生突然变化时，湿气就会因膨胀而产生压力，若压力够大，则会产生气泡。
(2) 稀料使用错误。使用快干稀料或使用了劣质稀料；当喷漆过干或压力过大时，空气和湿气就有可能被封在漆层当中。

(3) 漆层过厚。每道漆之间保留的闪干时间不足，或底漆喷涂过厚，都有可能将溶剂或稀料包裹进去，挥发出来以后便令面漆起泡。

(4) 压缩空气管线较脏，管线中存在油、水和脏物。

(5) 当湿磨聚酯腻子即原子灰、补土后，没有保留足够时间令水分挥发，就急于喷涂面漆。

(6) 各种漆料配套不正确。

(7) 喷涂后烘烤时间过于提前。

(8) 红外烤灯距喷涂面过近，或烘烤温度过高。

4. 预防

(1) 打磨前须彻底清洁表面，在喷涂底漆或面漆前，要确认表面已彻底干燥。不可用手触碰洗净的被涂面，手上的油渍会污染被涂面。

(2) 选择与喷漆房条件相匹配的稀释剂或稀料。

(3) 底漆和面漆都要保留有合理的干燥时间，在每一道漆闪干完全后，再进行下一道的喷涂。

(4) 及时并定期对空压机进行排水和清洁，以除去收集在其中的水分和污物。空压机储气罐也要每日进行排水。

(5) 使用3919S除蜡剂、3920S慢干脱脂剂或3812S快干脱脂剂认真清洁被涂表面。

5. 解决办法

依据气泡的深浅进行判断，若损坏面积较大也较为严重，那么则须将漆除至底漆或金属面，再进行修补。在一般情况下，气泡能够被打磨掉，在重新进行表面处理和重喷面漆后即可完成修补。

三、透色

1. 说明

原车漆使新喷面漆褪色或渗透出新喷面漆的颜色，面漆变色或透色，如图6-3所示。

图6-3 透色

2. 原因

(1) 原漆的颜料与喷在上面的漆的稀料发生反应与溶解。

(2) 污染，重喷漆前通常有可溶染料或颜料在旧漆上，特别常见于单组份红色旧漆上面喷涂浅色新漆。

(3) 旧漆没有很好地封住。

(4) 聚酯腻子、补土用了太多的硬化剂。

3. 预防

(1) 如果预计有可能发生透色，则先在旧漆上喷一小块新漆进行实验，如果确实发生透色，则喷涂封底漆 K51。

(2) 调制聚酯腻子、补土时，使用推荐数量的硬化剂。

4. 解决办法

打磨，用封底漆隔离原漆，然后重喷面漆。

四、裂纹

1. 相关现象

开裂、分裂、角裂，如图 6-4 所示。

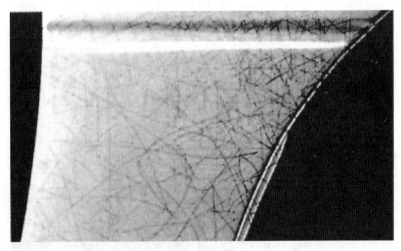

图 6-4 裂纹

2. 说明

一系列深度开裂，像一个干池塘中泥土开裂一样。经常以三叉的形式存在而且样式不定，通常产生于面漆，有时也出现于底漆。

3. 原因

(1) 漆膜太厚。过厚的面漆扩大了正常的张力和应力，在一般条件下就可能造成开裂。

(2) 各种漆料没有混合均匀。

(3) 闪干时间不够。

(4) 添加剂使用不当。
(5) 被涂物表面太热或太冷。
(6) 漆层互相不匹配。
(7) 调制 2K 产品时忘加硬化剂，硬化剂不足或过量。

4. 预防

(1) 不要把面漆喷得太厚，每道涂漆工序之间留有足够的闪干时间，不要用喷枪吹干漆层。
(2) 彻底搅拌所有底漆和面漆。
(3) 阅读并认真按照产品标签的说明来操作（使用非专用的添加剂会降低漆膜质量并更易产生裂纹）。

5. 解决办法

受影响的区域必须磨掉直至光滑的原漆，大多数情况下要打磨至裸露出金属，然后进行修补。

五、腻子印、羽状边（坡口）开裂

1. 说明

外观为沿羽状边或补土的伸展纹（或开裂），产生于面漆干燥后的漆面，如图 6-5 所示。

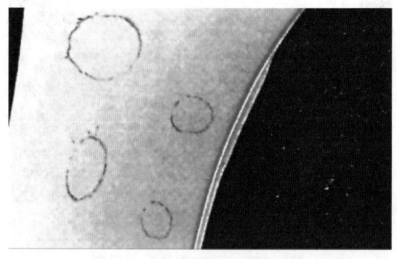

图 6-5 腻子印、羽状边（坡口）开裂

2. 原因

(1) 在底漆上喷涂过厚或过湿的漆层，溶剂被包容在底漆内，而底漆还没有足够时间干燥牢固。
(2) 材料混合不均匀。因为平整底漆颜料成分较高，被稀释后可能会沉降。放置一段时间后如不再搅拌，整个漆使用起来就会使颜料松散并含有孔隙和裂缝，使涂层像泡沫材料。

（3）使用错误的稀释剂。

（4）不当的表面清洁和准备。清洁不当，则润湿性能差，黏结不牢，使平整底漆层在边缘收缩或移位。

（5）干燥不当。用喷枪来吹干底漆和面漆使表面干燥，而底层的稀料或空气还没有释放完全。

（6）过量使用腻子，膜过厚。

（7）腻子质量不良。

3. 预防

（1）正确使用平整底漆，在涂层之间留有足够的时间使稀料和空气挥发掉。

（2）充分搅拌含颜料的漆料，按喷漆房的条件选择稀释剂。

（3）只选用适用于本烤房的推荐用的稀释剂。

（4）打磨前彻底清洁工件表面。

（5）腻子厚度为中等偏薄，每层涂抹之间留有足够时间释放出稀料和空气。

（6）腻子的使用应限于有缺陷的区域，太厚和太多将最终导致羽状边开裂。

（7）视情况改用高质量钣金件腻子760R或770R。

4. 解决方法

除去原漆进行修补。

六、鱼眼

1. 相关现象

鱼眼、蜡眼、硅树脂污染、成碟状的坑、火山口、笑眼、开笑、走珠，如图6-6所示。

图6-6 鱼眼

2. 说明

在喷漆后出现在漆中的小的火山口状的开口。

3. 原因

（1）表面清洁或准备不当。许多上光蜡、亮光蜡含有硅树脂，它是造成鱼眼的一般原因。硅树脂牢固附着于漆面上，即使很少量的硅树脂留在砂纸粉尘上、抹布上或来自附近正在抛光的车上都会造成这种缺陷。

（2）旧漆面的油、蜡或其他异物的污染，可能含有硅树脂，造成新喷的漆被拨开，形成大小火山口缺陷。

（3）空气管线的污染，有水或油。

4. 预防

（1）必须采取预防措施，用919S去蜡剂彻底清除旧漆面的上光蜡。

（2）加鱼眼防止剂459S，一杯盖兑一升漆。

（3）每日排水并清洁空压机，除去潮气和污物，压缩空气罐也要每日排水。

（4）涂装过程中经常使用清洁剂3920S（慢干）或3812S（快干）。

5. 解决办法

待受影响区域的涂层干燥后，喷两道含有推荐数量的鱼眼防止剂的色漆，在严重的情况下，将坏区打磨掉并重新修补。

七、针孔

1. 相关现象

针孔、溶剂残留、麻子迹、点痕、刺孔、针眼，如图6-7所示。

图6-7 针孔

2. 说明

针孔是指在面漆、底漆或腻子（补土）上出现的细小微孔，在干燥过程中表面破裂产生的小麻点，也被称为针孔。其产生原因是残留的溶剂、空气或水分陷入涂膜内部。

3. 原因

（1）错误的表面清洁与准备工序。平整底漆表面的气能穿透面漆形成针孔。

(2）气路污染。气路中的水与油会在喷涂时进入漆层，在干燥时挥发，从而产生针孔。

(3）喷枪调整或使用错误。错误的喷枪调整或喷涂手法导致涂层过湿，或喷枪距被涂对象过近，导致夹杂的空气或过量溶剂在挥发时产生针孔。

(4）稀释剂使用不当。使用过于快干的稀释剂，会令喷漆工不得已将枪更加贴近工作板以得到足够的流量；使用过于慢干的稀释剂，面漆则会将其覆盖在下方。

(5）干燥方式错误。使用喷枪吹干新喷的漆，会将空气吹入漆层；其表面干燥过快，也会产生结皮。在这两种情况下，下面的溶剂和空气在挥发时都会形成针孔。

(6）喷涂过湿或过厚。

4. 预防

(1）彻底清洁被涂对象，喷底漆或面漆前，必须干燥彻底。

(2）每日排水和清洁空压机，除掉分离出的水分和污物，空压机储气罐也需要每日排水。

(3）使用正确的喷枪调整方式、喷涂方式以及合适的空气压力。

(4）选择适合喷漆室环境的稀释剂，若天气寒冷或过于潮湿，则应对喷漆室进行加温。

(5）保留足够的闪干与干燥时间，不可用风扇吹干。

(6）注意喷涂厚度，不可过湿，也不可过厚。

5. 解决办法

打磨不良区域，令原漆和修补漆变得光洁一新。

八、砂纸痕

1. 说明

面漆（色漆层及清漆）溶剂溶胀致使砂纸痕放大，如图6-8所示。

图6-8 砂纸痕

2. 原因

（1）表面清洁或准备工作不恰当。太粗的砂纸或使用不当底漆，会大大加剧稀料渗透，产生溶胀。
（2）稀料不适当，特别是缓干剂、化白水使用不当。
（3）平整底漆稀释不足或稀释剂错误（太快干或太慢干）。
（4）喷色漆前底漆没有干燥。
（5）底漆喷涂过厚。

3. 预防

（1）对所用面漆依序使用适当的砂纸号。
（2）视情况用封底漆消除擦痕扩大，选择适合喷漆房条件的稀料。
（3）选择适用于平整底漆的稀料。
（4）不要将底漆喷涂过厚，而且要确认已全干燥。
（5）使用匹配的涂料系统。

4. 解决办法

打磨至平滑表面，喷涂适合的底漆，然后进行修补。

九、气泡

1. 相关现象

气泡、溶剂泡、凸起，如图6-9所示。

图6-9 气泡

2. 说明

平整底漆表面或面漆中包裹的溶剂干燥过程不当时，会造成漆层中的气泡残留，这种缺陷常会因强制干燥或不平衡加热而加剧。

3. 原因

（1）不正确的表面清洁和准备工作。

(2) 使用错误的稀释剂（使用太快干的或不良的稀释剂）。

(3) 涂膜过厚，每道喷涂之间的干燥时间不够长，底漆喷涂过厚而夹杂溶剂最后溢出，使色漆产生气泡。

(4) 红外线烤灯设备距喷涂面太近。

(5) 空压机空气压力太高或距离喷涂面太近。

(6) 喷涂后与开始烘烤之间的间隔时间太短。

(7) 烘烤温度太高。

4. 预防

(1) 彻底清洁工作板的待喷区域。

(2) 选择适合喷涂室条件的稀料。

(3) 底漆和面漆不要喷涂过厚，留有足够的闪干和干燥时间，保持正确的底漆和面漆干燥时间，让每道平整底漆自然闪干而不要吹风。

5. 解决办法

如果损害严重且面积大，则漆层必须磨掉，按气泡的深浅不同磨至底漆或裸板，再进行修补。情况不严重时，则可打磨，经表面处理，重喷面漆。

十、起皱

1. 相关现象

起皱、咬起，如图 6-10 所示。

图 6-10 起皱

2. 说明

在新漆喷涂过程中，表面起皱纹或干枯皱缩。

3. 原因

(1) 使用不匹配的漆料，新漆中的溶剂攻击旧漆表面就会产生皱缩或皱起。

(2) 闪干时间不充分，当漆膜是醇酸风干漆时会发生起皱。特别是如果曾用醇酸磁漆部分修补过，来自所喷漆层的溶剂引起的溶胀或部分溶解将导致最后表面皱缩。

(3) 干燥不当。如果醇酸风干底漆及腻子没有彻底干燥，风干型面漆会导致皱起。

(4) 旧漆或前次修补漆的干燥不良；在未干燥的风干醇酸漆上喷风干漆会产生皱褶。

(5) 表面清洁或准备不当，发生三明治现象；用醇酸类底漆喷在原来的风干漆上面，而后又喷一层风干漆则会引起皱缩。

(6) 稀料错用。醇酸漆中使用风干稀料会增加基底的溶胀和变形，以致皱起，特别是在双色或重喷的情况下。

(7) 漆层喷涂太厚，而且没有完全干燥。

4. 预防

(1) 避免漆料不匹配。

(2) 面漆不要喷涂过厚，留有足够的闪干和干燥时间。

(3) 选择适合喷漆房条件的、原漆推荐的稀料。

5. 解决办法

(1) 磨去受影响的面漆并重喷修补漆。

(2) 在特别严重的情况下，所有的漆都要除去，进行裸板金属重新修补。

十一、水斑

1. 相关现象

水斑、水点，如图 6-11 所示。

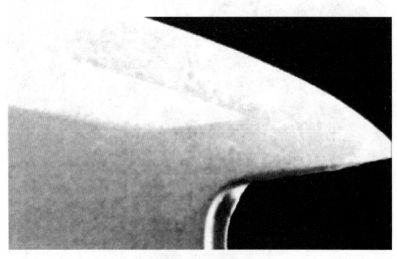

图 6-11 水斑

2. 说明

白色斑状失光或大片斑状失光。

3. 原因

(1) 在漆层彻底干燥之前，漆表面残留有水分。

(2) 在强烈阳光下用水冲洗车辆。

4. 预防

(1) 不要向新喷的湿漆表面喷水,而且新喷漆的车辆要避免雨淋。在将车给客户前留有充分的干燥时间。

(2) 在避光处冲洗车辆并彻底擦干。

5. 解决方法

用抛光蜡抛光,在严重的情况下打磨除去受损区域并重新修补。

十二、剥落

1. 相关现象

剥皮、失去附着力、剥壳、黏接差、附着性差、脱漆,如图 6-12 所示。

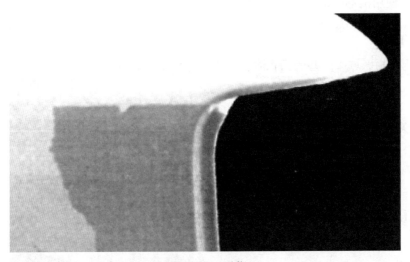

图 6-12 剥落

2. 说明

基底和漆层之间(面漆对底漆和/或旧漆,或底漆对金属)失去附着力,这种缺陷也发生在喷涂房揭去胶带时黏纸不良的情形。

3. 原因

(1) 清洁或准备工作不当,没有除净的砂粒和其他表面污染物会阻碍漆层与基底的附着力。

(2) 金属处理不当。没有正确使用金属处理剂和/或防锈底漆。

(3) 漆料没有混合均匀。

(4) 没有使用恰当的底漆。

(5) 漆膜过厚。

(6) 干喷。

(7) 揭去保护纸的胶带时漆膜太干燥,或黏纸技术不良。

(8) 闪干时间太短。

(9) 处理程序错误,使用廉价的不良稀料。

(10) 打磨不确实。

(11) 喷漆时工件表面温度太高或太低。

4. 预防

(1) 彻底清洁欲喷涂的区域。

(2) 使用正确的金属处理剂,正确选用底漆。

(3) 彻底搅拌所有底漆和面漆。

(4) 推荐使用封底漆来提高面漆的附着力。在某些情况下,例如原风干漆上涂有醇酸风干漆时,必须要用封底漆以防止脱漆。

(5) 不要喷涂太厚的漆层,而且在每道涂层之间要遵循推荐的闪干时间。

(6) 打磨要充分而且确实。

(7) 只使用推荐的稀料。

(8) 按推荐的黏度喷涂。

5. 解决办法

按照比受损区域大一些的面积除去原漆,然后重新修补。

十三、橘子皮

1. 相关现象

流平不良、粗糙表面、平整不良,如图 6-13 所示。

图 6-13 橘子皮

2. 说明

表面不平滑,出现橘子皮样的纹路,其产生原因是漆液雾化后融合不良,漆液微粒在流平之前便已干燥固定。

3. 原因

(1) 喷枪调整或喷涂方式不当,空气压力过大或过小,扇面过宽或与工作表面的距离过远，导致漆液微滴在到达工作表面时已经干燥，从而保持其刚从喷枪嘴喷射出来的形状。

（2）喷漆房温度过高。当温度过高时，漆液微滴会快速丧失大量溶剂，导致其在恰当流平之前就已干燥固定。

（3）干燥不当。在漆液流平之前使用喷枪喷干，会产生橘皮。

（4）每道漆之间的闪干保留间隔时间不合理。

（5）稀释剂选用不当。稀释不足的漆料或快干稀料，都会导致漆液微滴在到达工作表面时过干，造成黏度过高。

（6）稀料偏少。

（7）漆料没有充分混匀。许多漆都由相互反应的不同组分形成，倘若这些组分没有充分混合，就会出现橘皮。

4. 预防

（1）使用正确的喷枪调整方式、喷涂手法和空气压力。

（2）预先安排好喷涂步骤，把控好温度和湿度。

（3）保留足够的闪干和干燥时间间隔，不可使用工具吹干漆面。

（4）保证面漆和底漆有足够的干燥时间（不可过长或过短）。

（5）选择与喷漆室条件相匹配的稀释剂，保证面漆的充分流动和流平。

（6）用稀释剂调整到推荐的黏度。

（7）充分搅拌有颜料的底漆和面漆。

5. 解决办法

情况严重时，须用 1500 号或 2000 号砂纸将橘皮发生处打磨成光滑表面，再按工序进行抛光补漆，注意选用慢干稀料和恰当的空气压力。

十四、垂流

1. 相关现象

流淌、滴下、流泪、流挂，如图 6-14 所示。

2. 说明

喷涂的漆料过厚，没有均匀附着在工作面上，造成垂流现象。

3. 原因

（1）使用的稀释剂不正确。

（2）稀释剂使用太多。

（3）喷涂室光线不够。

（4）工件表面被油、脂等污染。

（5）烤房或工件表面温度太低。

（6）空气压力低（致使雾化不充分），持枪太近或走枪速度太慢。

（7）喷涂技术不正确。

（8）漆从枪中滴下来。

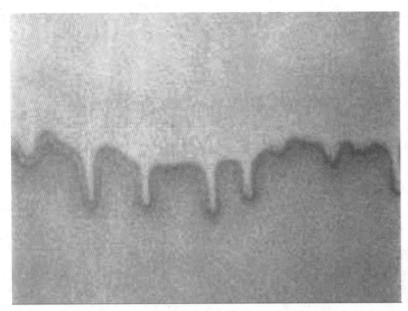

图 6-14 垂流

4. 预防

(1) 使车表面温度至少达到室温,然后再修补。保持喷涂室温度。
(2) 使用正确的喷枪调整技术、喷涂技术和空气压力。
(3) 避免漆层堆积,每道漆之间应留有足够的闪干时间。
(4) 选择适当的稀释剂。
(5) 阅读并遵守标签说明。选择适合所在喷漆房温度的稀释剂。
(6) 喷漆房要安装足够的照明系统。

5. 解决办法

冲洗垂流区域并让其干燥,打磨至平整表面,再抛光或重喷。

十五、颜色不对

1. 相关现象

颜色差、颜色不够鲜艳(彩度不够),如图 6-15 所示。

2. 说明

修补区域的颜色与原车色泽有差距。

3. 原因

(1) 没有使用推荐的配方。
(2) 喷枪调整不当或压力不当。
(3) 原车因曝晒而褪色。
(4) 喷涂技术错误(特别是喷涂金属漆)。
(5) 颜料没有充分搅拌。

4. 预防

(1) 使用正确配方。

图6-15 颜色不对

（2）彻底搅拌涂料。
（3）使用扇形色卡核对原厂漆颜色。
（4）擦光相邻的色卡来检测颜色。
（5）必要的话可按调色指南来与原车色泽匹配。
（6）运用喷涂技术调整，使颜色匹配。
（7）在试验板上试喷然后再喷车。

5. 解决办法

选择正确的颜色或匹配的颜色，通过调色指南修正。

十六、遮蔽力差

1. 相关现象

遮蔽性差，透明膜，如图6-16所示。

图6-16 遮蔽力差

2. 说明

可以从上层涂料看到腻子或填料。

3. 原因

(1) 喷房的光线不足。

(2) 颜料没有经过充分混合或搅拌。

(3) 稀料过多。

(4) 基底的颜色不对。

(5) 用漆量不足。

4. 解决办法

使原漆干燥，然后打磨、重喷。

十七、漆尘

1. 相关现象

喷漆过量，干漆尘，如图6-17所示。

图6-17 漆尘

2. 说明

漆面上黏有漆颗粒，漆颗粒没有完全吸收到漆层中，从而减低亮度。

3. 原因

(1) 喷枪压力过大。

(2) 遮盖不良。

(3) 干的漆尘落在湿的漆层表面。

4. 预防

(1) 使用正确的稀释剂。

(2) 小心遮盖。

(3) 喷涂前安排好喷涂顺序，避免在未干的涂层区域干喷。

5. 解决办法

经抛光可解决。

十八、干喷

1. 说明

涂层表面呈粒状或纤维状,无光泽。这种缺陷一般限于小面积,如图6-18所示。

图6-18 干喷

2. 原因

(1) 黏度不当。
(2) 稀释剂不当或使用太低劣廉价产品。
(3) 喷涂太快。
(4) 空气压力太高。
(5) 喷枪在喷涂时距工件表面太远。
(6) 稀释剂稀释不当。
(7) 喷枪调整不良。

3. 预防

(1) 只用推荐的稀释剂。
(2) 调整喷枪的喷涂性状。
(3) 使用推荐的空气压力。

4. 解决办法

先使漆面干燥,然后打磨,打磨后再视主要毛病区域的情况做重喷或抛光处理。

十九、腐蚀、侵蚀

1. 说明

金属表面有可见的斑点(钢板泛红锈,铝板泛白色氧化膜),如图6-19所示。

图 6-19 腐蚀、侵蚀

2. 原因

（1）喷涂前的金属表面被手印、水分污染。

（2）漆层剥落或划伤等。

（3）金属表面预处理不充分。

（4）修补前锈迹没有清除干净。

（5）因污染而使漆膜毁坏。

3. 预防

（1）用正确的金属处理法处理并施以防锈底漆。

（2）要在生锈之前修复所有的剥片和刮痕。

（3）喷漆施工前彻底清洁汽车。

（4）打磨后留在表面的水分应当擦去。

4. 解决办法

打磨或剥去漆层至裸露的金属，然后喷涂金属处理剂、磷酸、防锈底漆（刻蚀底漆），最后重喷面漆和清漆。

二十、脏点

1. 相关现象

脏点、颗粒、污迹、砂粒、金属（银粉）尖，如图 6-20 所示。

2. 说明

在底漆或色漆表面上沉积有不同大小的可见颗粒。

3. 原因

（1）汽车表面的静电促使表面吸引灰尘。

（2）从干砂纸和布上带来的灰尘和脏物。

（3）劣质遮蔽纸。

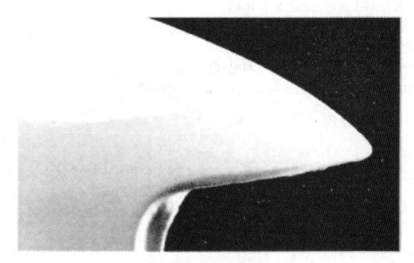

图 6-20 脏点

(4) 在喷漆前没有使用黏尘布擦拭。
(5) 空气过滤不好。
(6) 喷涂时干漆尘落在湿漆上面。
(7) 漆存放在脏的容器或罐内。
(8) 漆没有过滤。
(9) 操作者的服装带有脏物、纤维和灰尘。
(10) 油漆存放超出了规定时间，产生沉淀。
(11) 压缩空气过滤不够充分。
(12) 所用固化剂或稀料不正确。
(13) 汽车没有彻底吹干净。
(14) 色母漆罐或颜料没有充分搅拌。
(15) 喷涂漆尘聚集在喷漆房地面和墙壁。
(16) 使用了过期的 2K 漆料。

4. 预防

(1) 使用防静电流体或将汽车接地。
(2) 尽量保持喷漆房干净，房门关闭。
(3) 穿着专业的喷漆服。
(4) 吹净一切模件和接缝。
(5) 在将汽车开进喷房之前吹干净汽车。
(6) 每层漆喷涂前要立即用黏尘布清洁表面。
(7) 细心保养仪器设备。
(8) 遵照说明书的使用方法（压力、稀料等），避免过度喷涂。
(9) 喷涂开始前要彻底清洁汽车。
(10) 漆罐彻底搅拌，与颜料彻底混合。

（11）2K 漆料不要超过推荐的使用期。
（12）使用高质量的滤网。

5. 解决办法

（1）让原漆完全硬化，然后精细打磨和抛光。
（2）如果缺陷严重则须打磨并重喷。

二十一、银粉泛色

1. 说明

金属色漆（银粉色漆及珍珠色漆）表面的金属颗粒出现于清漆层中，严重的话，会引起变色。

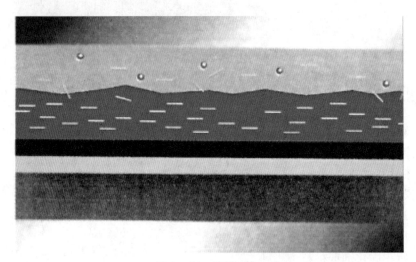

图 6-21　银粉泛色

2. 原因

（1）喷清漆前没有使用黏尘布清洁表面。
（2）色漆和清漆不匹配。
（3）色漆没有足够闪干就喷涂清漆或清漆喷涂过湿。
（4）气压太高。
（5）稀释剂用错。
（6）色漆过于干喷。

3. 预防

（1）尽可能使用黏尘布清洁表面。
（2）只使用推荐的产品和推荐的空气压力。
（3）喷清漆前要使色底充分挥发。
（4）按照厂家要求的施工程序和技术施工。
（5）使用推荐的稀释剂。

4. 解决办法

如果缺陷严重,有必要打磨和重喷。

二十二、慢干

1. 说明

漆层很久不干,如图6-22所示。

图6-22 慢干

2. 原因

(1) 硬化剂用量不当(太少或太多)。
(2) 喷涂过厚。
(3) 稀释剂太慢干或使用太低劣廉价产品。
(4) 干燥条件不好,空气太潮湿,不通风。
(5) 涂层之间干燥时间不够。

3. 预防

(1) 使用推荐的稀释剂。
(2) 按推荐的膜厚喷涂。
(3) 留有足够的挥发时间。
(4) 改进喷涂和干燥条件。

4. 解决办法

(1) 将汽车置于通风及温暖的环境。
(2) 加热以加速干燥过程。

二十三、鸟类侵蚀

1. 相关现象

斑点、昆虫迹、酸迹,如图6-23所示。

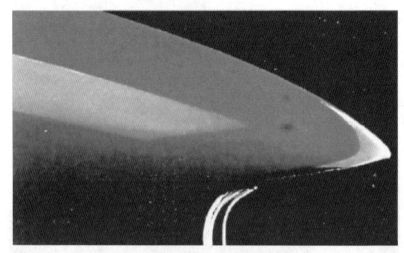

图 6-23 鸟类侵蚀

2. 说明

面漆中的刻蚀痕迹，漆层的颜料褪色形成斑点及失色、凹痕。

3. 原因

来自农业或园艺喷洒药物的喷溅；鸟类侵蚀通常具有季节性和区域性，由鸟类和昆虫排泄物和分泌物造成；缓慢刻蚀会因高温和阳光直射而速度变快，时间和温度也会增加酸的聚集程度，这种损坏会更易发生在吸热的黑色或深黑色漆面上。

4. 预防

（1）经常的冲洗清洁是防护不可见污染的最佳办法。

（2）使用不含硅的抛光剂或蜡来保养汽车面漆。

5. 解决办法

使用菜瓜布沾洗涤剂擦拭污迹部位，用大量清水冲洗车身；使用研磨膏和抛光剂研磨受损区域。在损坏严重的情况下，需要打磨必要的区域并确保腐蚀斑点已被彻底磨掉，之后再喷涂底漆和面漆。

二十四、塑料件脱漆

1. 相关现象

剥皮、失去黏接性、附着不良、剥落、失去柔韧性，如图 6-24 所示。

2. 说明

漆层和聚合物（塑料）部件间失去附着性。该缺陷常发生在喷漆一段时间之后。

3. 原因

（1）清洁和准备不恰当，没有除去脱膜剂。

（2）处理不适当。

（3）底材识别错误。

（4）没有使用正确的封底漆和底漆。

（5）没有使用正确或推荐的面漆系统。

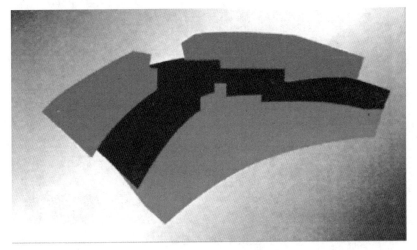

图 6-24　塑料件脱漆

4. 预防

（1）确认聚合物（塑料）底材的类型，并使用相应的底漆和面漆系列。

（2）用推荐使用的系列产品彻底清洁被喷底材。

（3）对该种材料使用正确的、推荐的处理方法。

（4）使用推荐的封底漆和底漆，使用推荐的固化剂、柔软填料和稀料，按恰当比例混合。

（5）喷涂推荐黏度及膜厚的底漆。

（6）使用相应底材推荐使用的面漆和清漆。

5. 解决办法

底材上去除所有的原漆，使用推荐的程序，针对相应底材的涂料再喷。

二十五、起雾

1. 说明

风干漆（如单组份丙烯酸及硝基喷漆）施工中或施工后，在漆表面上立即出现乳白色或雾状现象，如图 6-25 所示。

2. 原因

（1）一般原因：水气凝结在未干透的漆面上，令涂料中的着色剂发生沉淀所致。快速蒸发的稀释剂、高压空气、喷漆房的气流、下雨或潮湿的空气，均有可能造成该类情况的发生。

（2）使用错误的稀释剂：这是最常见的原因。稀释剂蒸发速度过快，会过度降低漆膜的表面温度，而温度的下降，则会令漆膜表面凝结水分。

（3）喷枪调整使用不当：喷枪的空气压力过高也会对潮湿油漆表面产生降温效果，从而令水分凝结。

（4）温度不适：通常会在温度过高时出现。过于暖和的空气中含有较多的湿气，因此很容易在新漆表面上凝结。

图 6-25 起雾

(5) 干燥不当：利用喷枪对潮湿的漆膜进行喷干，这种操作将会加快稀释剂的蒸发速度，令水分凝结于漆膜表面。

3. 预防

(1) 在涂装场所湿度超过 80% 时，须密闭喷漆室，待升温干燥后，再进行后续操作。

(2) 注意使用适宜的稀释剂。

4. 解决办法

在稀释剂中添加 3979S 缓干剂，或改用慢干型稀料；新喷漆，最好能将涂膜重新强制干燥（60 ℃，45 min），再视情况决定进行抛光或重喷。

二十六、烤漆起皱

1. 说明

起皱是烤漆喷涂时漆层表面上发生变形或出现皱纹的现象，或在干燥过程发生这种现象，如图 6-26 所示。

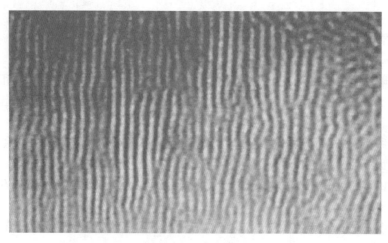

图 6-26 烤漆起皱

2. 原因

（1）一般原因：这种状况是因干燥不均匀而产生的。就一般而论，烤漆的外表面因与空气中的氧接触，或在某种情况下，与暖空气流接触，故凝固较快。当凝固作用过于快速时，潮湿的内层即发生变形现象。

（2）连续喷涂过厚、过湿：当烤漆喷涂过厚时，其底部潮湿层中溶剂的蒸发率及凝固率不能与表面的蒸发率及凝固率相适应，以致发生变形及起皱现象。

（3）温度不适：暖空气流会使烤漆的表面在其底层释放出其溶剂前，先行凝固及起皱，致产生局部不规则形状。

（4）干燥不当：使用喷枪进行强制性干燥，将会使漆层表面较其潮湿的底层更快凝固。此外，烘烤或强制性干燥，亦会使漆层表面先行干燥。

3. 补救办法

打磨起皱褶的烤漆表面，重新喷漆。

二十七、粉状脱落

1. 相关现象

粉化、严重失光，如图 6-27 所示。

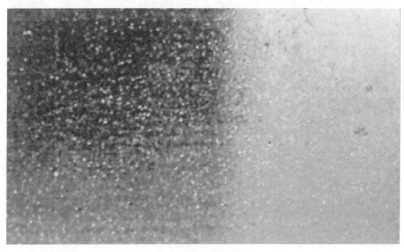

图 6-27　粉状脱落

2. 说明

粉状脱落是因漆膜饱受气候变化而产生，其特点为涂膜表面的颜料粒子脱落或松动。在大多数情况下，出现一种暗色及粉状膜层状况，如图 6-27 所示。

3. 原因

（1）一般原因：当日光破坏了漆膜的基本着色剂时，就会发生粉状脱落现象，而使颜料粒子松动脱落。

（2）暴露于有害物中（最常发生）：漆膜长期暴露于日光中，会使其色漆层发生粉状脱落；在某种情况下，在工业区附近，因其大气环境不良，来自工业区的污染物或化学物侵蚀油漆表面，使漆膜抵抗力减弱，也会使其产生粉状脱落现象。

（3）材料搅拌不均匀：某些重要的涂料着色成分搅拌不均匀或某些辅助成分被遗漏而未能完全发挥其辅助作用，以致发生粉状脱落现象。

（4）稀释比率不当或使用了不良稀释剂：使用不合规定的稀释剂或使用过量的稀释剂，均会使漆膜中残留有害的溶剂，当其暴露于日光中时，此种有害的溶剂会加速漆料的分解而产生毛病。

（5）添加剂使用不当：未按规定使用色漆层用的添加剂，对于最终漆膜也具有损害其抵抗力的作用，致使其对日光的有害影响更为敏感。

4. 补救办法

发生此种情况时，应将油漆表面上颜料的褪色部分及鳞片状部分予以磨除并磨平，再重新喷涂。

二十八、细裂纹

1. 说明

细裂纹为色漆层中的细密或小型裂纹（为 1.6～6.4 mm），如图 6-28 所示。

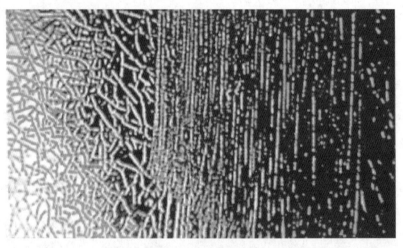

图 6-28 细裂纹

2. 原因

（1）一般原因：该类现象在高品质并经合理喷涂的现代面漆上基本不会出现。细裂纹主要是品质不佳的漆膜在经过长期日晒后不断扩大而产生的。

（2）暴露于有害物中：这种情况最有可能遇到。涂膜表面长期暴露于强烈日光中，就会产生细裂纹。汽车长期暴露在邻近工业区的环境下，因大气环境不佳，来自工业区的污染物或化学物会对涂膜表面造成侵蚀，导致漆膜抵抗力被削弱，因此出现细裂纹。

（3）漆料搅拌不均匀：在喷涂车漆时，某些重要的油漆辅助成分被漏掉，或因搅拌不充分而导致其无法发挥应有的辅助作用，最终导致漆膜张力减弱，产生细裂纹。

（4）硬化剂使用不当：色漆使用了非指定的硬化剂，由此削弱了漆膜的作用，使其更加难以抵抗日光带来的影响。

（5）旧漆或以前修补的影响：已经老化的地方和修补处、旧漆面，均会对新涂的色漆层产生明显的抗力减弱作用，进而削弱新漆膜的性能。

（6）漆膜过厚：因色漆层喷涂过厚，导致其产生超过正常漆膜的张力，进而造成细裂纹的出现。

3. 补救办法

若经过轻微的打磨或粗蜡抛光仍无法令其恢复到可接受的色泽及平滑程度，则须将受影响的部位用砂磨打平，并进行重新喷漆。若情况较为严重，则需要将其打磨至底漆再重新喷漆。